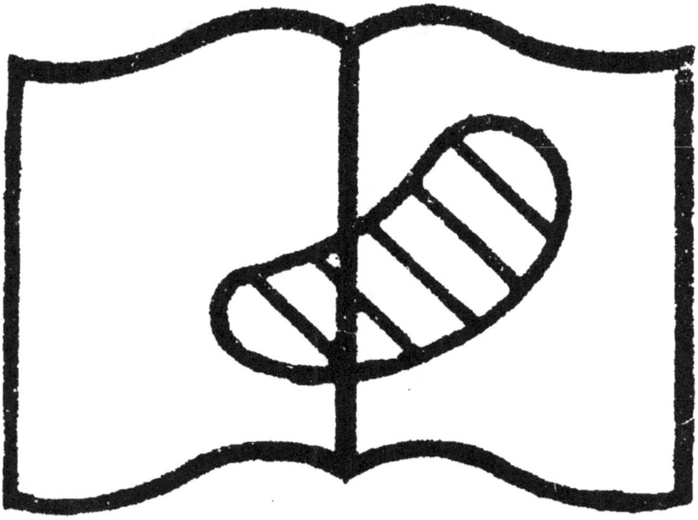

Illisibilité partielle

ALABLE POUR TOUT OU PARTIE
U DOCUMENT REPRODUIT

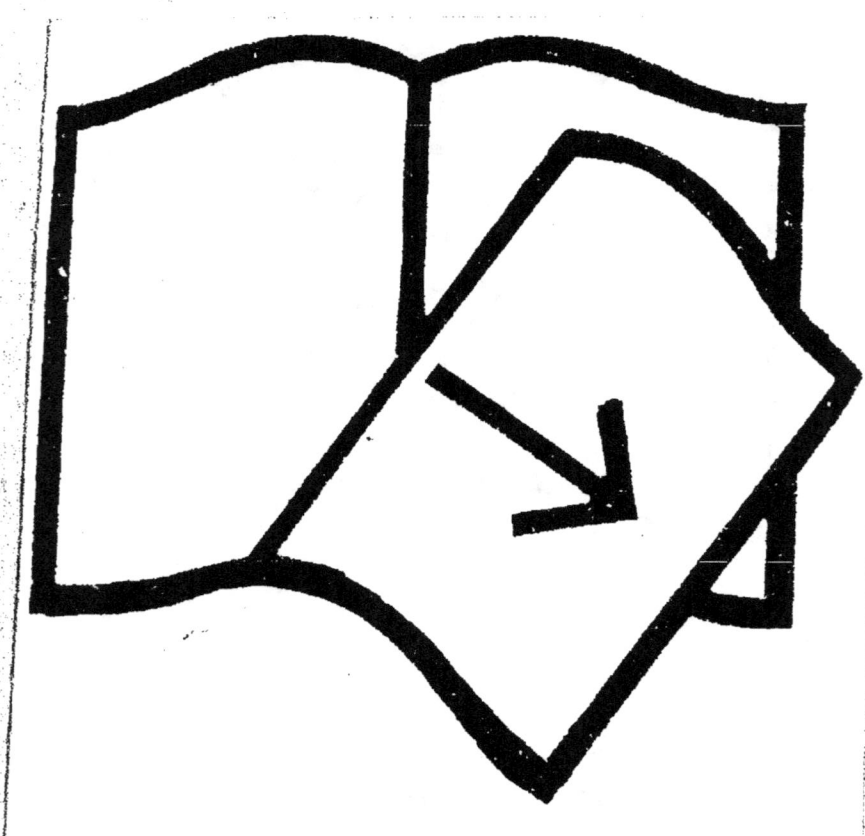

Couvertures supérieure et inférieure manquantes

LES ROMANS

DE

LA TABLE RONDE

II

CE VOLUME CONTIENT :

MERLIN.
ARTUS.

Paris. — Typ. de Ad. Lainé et J. Havard, rue des Saint-Pères, 19.

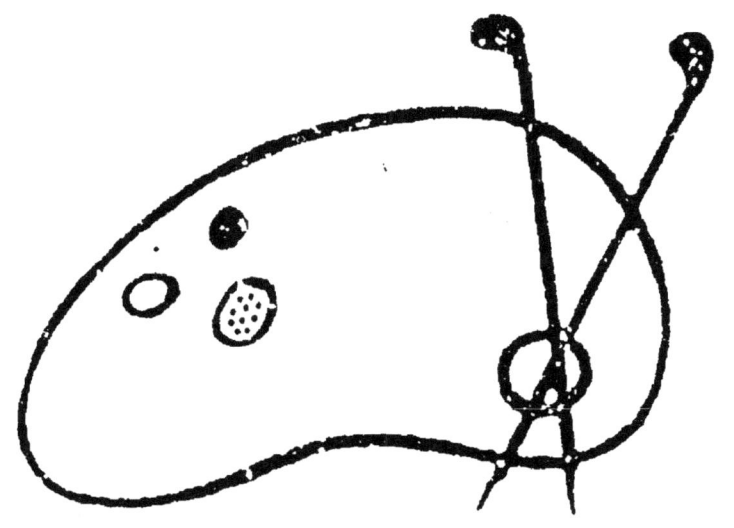

Typographie de couleur

LES ROMANS
DE
LA TABLE RONDE

MIS EN NOUVEAU LANGAGE

ET ACCOMPAGNÉS DE RECHERCHES SUR L'ORIGINE
ET LE CARACTÈRE DE CES GRANDES COMPOSITIONS

PAR

PAULIN PARIS

Membre de l'Institut, Professeur de langue et littérature du Moyen Âge
au Collége de France

TOME DEUXIÈME

PARIS
LEON TECHENER, LIBRAIRE
RUE DE L'ARBRE-SEC, 52

—

MDCCCLXVIII

LIVRE III.

MERLIN

PAR

ROBERT DE BORON.

MERLIN.

I.

CONSEIL DES DÉMONS.

GRANDE fut la colère de l'Ennemi, quand Jésus, du sein de la mort, vint briser les portes d'Enfer, emmener avec lui Adam, Ève et tous les premiers amis de Dieu, pour les transporter des ténèbres douloureuses aux lumineux siéges du Paradis. Les démons éperdus et comme enragés s'amoncelèrent en criant : « Quel est cet esprit, assez « fort pour briser nos portes et renverser nos « forteresses? Nous devions croire qu'aucun « enfant de femme n'esquiverait nos chaînes, « et voilà qu'il est venu faire de l'Enfer une

« solitude ! Comment a-t-il pu lui-même échap-
« per au service qu'il nous devait ? »

Un démon, élevant alors la voix : « Je sais
« l'origine de nos revers : nous avons perdu notre
« cause en croyant la rendre meilleure. Rappe-
« lez-vous les paroles dont nous ont longtemps
« fatigué les prophètes : Le Fils de Dieu, disaient-
« ils, descendra sur la terre ; il apaisera la que-
« relle commencée par Adam ; il sauvera ceux
« qu'il lui plaira de sauver. Hélas ! ils annon-
« çaient ce qui est arrivé. Leur Sauveur est
« venu, qui nous a ravi des âmes à son choix
« et les a reconquises. Nous aurions dû le de-
« viner, le prévenir peut-être. Leur Sauveur a
« fait plus : il efface le péché pris dans le
« flanc maternel, par le moyen de je ne sais
« quelle eau qu'il leur jette au nom du Père,
« du Fils et du Saint-Esprit. Nous perdons ainsi
« tous nos droits, à moins que d'eux-mêmes
« ils ne reviennent à nous. Pour comble de
« malheur, il a laissé sur la terre des ministres
« qui ont pouvoir d'effacer les iniquités succes-
« sives, si l'on vient à se repentir de les avoir
« commises. Ainsi les hommes peuvent tou-
« jours nous échapper. Est-ce là de la justice ?
« Oh ! comme il a dû subtilement ouvrer,
« et quel amour ne lui ont pas inspiré ces
« hommes, pour le décider à prendre chair au
« milieu d'eux, afin de les racheter ! Quand

« ses desseins ont éveillé nos soupçons, nous
« l'avons harcelé ; nous avons tenté de l'induire
« à se mêler de nos œuvres, comme avait fait
« Adam ; nous y avons perdu nos peines. Quel-
« qu'un ici ne trouvera-t-il pas un moyen, non
« de recouvrer ce que nous avons perdu,
« mais au moins de garder ce que nous sommes
« encore en danger de perdre ?

— « Ah ! » s'écrient tous les autres démons,
« si l'homme peut toujours être pardonné, s'il
« lui suffit du repentir d'un jour pour nous
« échapper, notre empire est détruit ; nous
« n'avons plus qu'à souffrir, sans avoir la con-
« solation de voir souffrir les hommes. »

D'autres dirent : « Ce qui nous a le plus nui,
« ce qui a pressé la venue de celui qui devait
« briser l'Enfer, c'est l'effort que nous faisions
« pour réduire au silence, à l'aide de nos tor-
« tures, ceux qui annonçaient sa venue. Plus
« ils parlaient, plus nous les frappions ; et
« leur Sauveur ne s'en est que plus hâté de les
« arracher à nos supplices. Maintenant, si nous
« parvenions à douer un homme de notre
« science et de notre malice, un homme qui
« serait sur la terre ministre de nos intérêts,
« nous pourrions recevoir par lui grand con-
« fort. Comme il saurait tout ce qui s'est dit
« et fait, de près ou de loin, dans les siècles
« passés et présents, il n'aurait pas de peine

« à prendre sur les hommes une autorité sou-
« veraine. »

Un autre ennemi dit alors : « Je n'ai pas le
« pouvoir de faire concevoir une femme ; mais
« si je l'avais, je sais une fille d'Eve qui se prê-
« terait volontiers à nos vues. — Écoutez-moi, »
dit un autre, « il en est un, parmi nous, qui
« prend à son gré la forme humaine et s'ap-
« proche quand il veut des femmes. Ne pour-
« rait-il, à la condition de ne pas laisser soup-
« çonner nos desseins, faire ce que tu deman-
« des? L'être conçu de cette manière pourrait,
« en vivant parmi les hommes, répondre à
« toutes nos espérances. »

Ainsi, dans l'espoir de tromper le Dieu tout-
puissant notre père, le grand Ennemi résolut de
former un homme doué de son sens et de sa
malice. Combien fut étrange en cela sa folie et
son aveuglement, de penser cacher ses trames
au Tout-Puissant qui voit tout! L'assemblée
s'étant séparée après ce grand conseil, l'Esprit
qui disposait à son gré d'une femme (1) alla la
trouver.

---

(1) Cette femme, dans l'ancien poëme anglais dont
Georges Ellis a donné l'extrait, est chaste et belle. Cela
jure avec la pensée de l'auteur original, qui n'admet pas
que Satan pût avoir la moindre influence sur ceux qui
vivaient en bonnes œuvres. — Plus loin, quand la mère
de Merlin conserve son ancienne pureté, après l'attentat

II.

LE PRUD'HOMME ET SA FAMILLE.

ELLE était mariée à un homme riche, maître de grandes terres, ayant vaches, brebis et chevaux. Ils avaient trois filles, belles et avenantes, un fils courtois et bien enseigné. L'Ennemi, afin de parvenir à ses fins, suivit aux champs les valets et tua la plupart des bêtes (1). Quand le maître apprit de ses bergers la nouvelle, il tomba dans une grande tristesse; et l'Ennemi, sachant qu'il ne pouvait mieux l'attirer à lui qu'en le provoquant à la colère, s'en prit à dix chevaux gras et forts, et les tua dans une seule nuit. Le prud'homme, quand les valets lui ra-

---

dont elle a été victime, le démon se désole de ne pas savoir mieux qu'auparavant ce qu'elle fait et ce qu'elle médite; parce qu'il n'a pu souiller son âme en même temps que son corps. Cette théorie psychologique (pardon du mot!) est fort belle; mais n'aurait-elle pas le défaut de faire remonter jusqu'à Dieu le péché originel?

(1) Le mot *bêtes* s'entend particulièrement des moutons. De là le proverbe : *Quatre-vingt-dix-neuf moutons et...* je m'épargne le reste.

contèrent ce nouveau désastre, ne put retenir une folle et vilaine parole ; il donna au diable tout ce qui lui restait. L'Ennemi en conçut une joie extrême, et, mettant à profit l'égarement du prud'homme, il fit main basse sur toutes ses autres bêtes. Le chagrin alors éloigna le malheureux père de famille de toute espèce de compagnie, et l'Ennemi trouva dans cet isolement (1) la facilité de surprendre le fils endormi et de l'étrangler. Le prud'homme ayant ainsi perdu ce qu'il aimait au monde, cessa de croire en Dieu. Pour l'Ennemi, il mit à profit le temps, et revint à la femme: dès qu'elle ressentit sa présence, elle courut à son cellier, monta sur une huche, saisit une corde et la serra autour de son cou. L'Ennemi poussa de son pied la huche, et ne s'éloigna qu'après s'être assuré que la femme était étranglée. Le prudhomme ne supporta pas cette dernière honte : une maladie le prit ; la mort ne tarda

---

(1) Cette croyance au danger de l'isolement est plusieurs fois exprimée dans notre roman. Dans l'épisode du prêtre dont Merlin découvre le commerce criminel avec la mère d'un de ses juges, et qui s'enfuit loin de tous ceux qu'il fréquentait ordinairement, l'auteur fait cette réflexion : « Por ce deffent cis contes « que nus homs fuie les gens; que deables repaire plus « tost et tient compaignie as gens seules que as autres.» (Ms. 747, f° 81, v°.)

guère à le délivrer de toutes les douleurs de ce monde.

De sa triste famille il restait trois filles. Le démon s'occupa de les perdre à leur tour.

Le plus sûr était de les induire à suivre leurs penchants, en poursuivant tous les déduits du corps. Il y avait un jeune varlet vain, frivole et débauché; l'Ennemi le conduisit à la sœur aînée, et tant fit le varlet et pria qu'elle s'abandonna du tout à sa volonté. La chose cependant demeurait secrète; mais l'Ennemi, quand il a séparé quelqu'un de Dieu, n'a pas de plus grand plaisir qu'à tirer de là une occasion de scandale. On sut donc bientôt la méchante conduite de la demoiselle, et comment elle avait perdu sa virginité. Or, en ce temps-là, quand une femme était surprise en délit charnel (1), elle devait se déclarer commune à

(1) « Que on prenoit en avoutire, » dit Boron. Le mot avoutire s'entend de toute œuvre de chair hors mariage. Il est d'ailleurs probable que la peine de mort était appliquée au cas d'adultère, dans les anciennes lois barbares aussi bien que dans celle de Moïse. L'auteur de la Vie de S. Kentegern dit même que la femme non mariée, convaincue d'incontinence, était, chez les Bretons, jetée dans un précipice; chez les Saxons, brûlée vive. On ne devait pas avoir souvent recours à ces anciennes lois; mais elles purent devenir une conséquence du système féodal, et s'appliquer rigoureusement aux femmes héritières ou tenancières de bénéfices. Comme, à défaut d'héritier direct, les fiefs devaient

tous (1), ou l'on en faisait justice ordinaire ; on la lapidait. Les juges, avertis du fait, s'assemblèrent et ne la condamnèrent qu'à regret. « Voyez cette famille, » se dirent-ils; « le père, « il n'y a pas longtemps, était riche, honoré, « entouré d'amis. Quelle méchéance de son fils, « de sa femme et de lui : et maintenant il nous « faut juger sa fille à mort ! » Par pitié et pour l'honneur de leur ancien ami, ils décidèrent qu'on la conduirait dans les champs, et qu'on l'enterrerait vive, de nuit, afin de cacher la chose autant que possible. Nouvel exemple de ce que peuvent attendre de l'Ennemi ceux qui l'honorent et lui obéissent.

retourner au suzerain, la veuve ou l'héritière, mettant au monde un enfant dont la légitimité n'était pas reconnue, faisait tort au suzerain. Aussi voit-on les commères, qui plus tard glosèrent sur la grossesse de Merlin, regretter que tant de fiefs, de maisons et de terres soient au point de lui échapper. « Mar fu si « biaus hebergeages et si bele terre et si bons fiez ; que « ores sera tot perdu. » (Ms. 747, f° 79 v°.) Et « sans « faille, » ajoute le confesseur de la pauvre fille enceinte, « quand li juge le sauront et la justice, il vos « feront prendre pour avoir vos grans édifices, et diront « qu'il feront de vos justice. »

(1) On avait pour la prostituée cette indulgence, parce qu'en avouant cette profession, elle renonçait à sa part dans la succession de famille, et n'était plus une héritière dont le roi pût offrir la main à quelqu'un de ses hommes.

Il y avait au pays un prud'homme, auquel on apprit ce qui se disait partout de cette aventure. Il alla trouver les deux autres sœurs pour les conforter et leur demander comment tant de malheurs leur étaient arrivés : « Nous ne « savons, » dirent-elles, « sinon que Dieu nous « a pris en haine. — Ne parlez jamais ainsi, » répondit le prud'homme ; « vous n'avez rien « perdu de par Dieu ; Dieu gémit au contraire « quand il voit le pécheur se haïr lui-même. « Tout vous est advenu de par l'Ennemi. Mais « étiez-vous informées de la mauvaise vie de « votre sœur ? — Oh ! non, assurément. — « Gardez-vous donc de faire comme elle, car « le mal vient du malfaire, et le bien du bien- « faire. C'est saint Augustin qui l'a dit. »

Ainsi les enseigna le prud'homme. L'aînée l'écoutait avec attention et n'oubliait rien de ses paroles. Il leur apprit sa croyance, comment elles devaient prier Dieu, craindre, adorer et servir Jésus-Christ. « Si vous retenez bien mes « conseils, » leur dit-il, « vous en tirerez grand « profit, l'Ennemi n'aura pas sur vous de pou- « voir. Vous serez mes filles en Dieu ; je pour- « voirai à vos besoins ; quand vous aurez un « conseil à demander, ma maison n'est pas « éloignée, venez à moi, vous ferez que sage. »

Le démon voyait avec chagrin les deux filles prêtes à lui échapper ; et comme il n'espérait plus les decevoir par le moyen d'un homme, il pensa qu'une femme pourrait mieux le servir. Il y en avait une, dans le siècle, qui avait toujours été prête à lui obéir; il alla la trouver, et la pria de visiter la plus jeune des deux demoiselles; car, pour l'aînée, plus sage et plus humble, il savait qu'il n'en devait rien attendre.

La vieille alla donc chez la plus jeune, et commença par s'informer de sa vie et de celle que menait sa sœur. « Vous aime-t-elle ? Vous fait-
« elle toujours bon visage? — C'est, » répondit la jeune pucelle, « la fille la plus triste du
« monde. Elle songe toujours aux malheurs
« de notre famille, elle ne fait accueil à per-
« sonne. Un prud'homme a toute sa confiance,
« il l'entretient dans cette habitude de tristes
« pensées; elle ne voit que lui, elle n'entend
« et n'agit que par lui.

« — Ah! ma douce sœur, » fait la vieille,
« dans quel abîme êtes-vous tombée! Je vous
« plains d'avoir en pure perte une si grande
« beauté : tant que vous aurez une telle com-
« pagnie, vous devez renoncer au bonheur du
« monde. Si vous aviez une seule fois senti la
« joie et le déduit des autres femmes, quand
« elles sont avec leurs amis, vous feriez autant
« de cas de vos plus grandes aises d'aujour-
« d'hui que d'une pomme pourrie. Le bien-

« être véritable, c'est la compagnie de ceux
« que nous aimons; autrement, ce n'est pas
« vivre. Pour moi, j'aimerais mieux manquer
« de pain et sentir près de moi mon ami,
« que posséder sans lui toutes les richesses du
« monde. Le bonheur, c'est l'union de l'homme
« et de la femme. Et sais-tu, ma belle amie,
« pourquoi je te plains? C'est que ta sœur,
« étant l'aînée, aura compagnie d'homme avant
« toi (1); elle voudra trouver la première un
« époux. Quand elle sera mariée, elle ne pren-
« dra pas soin de ton célibat, et tu perdras
« tout ce que tu devais justement attendre de
« tant de beauté.

« — Mais, » dit la jeune fille, « nous avions
« une autre sœur qui, pour avoir fait ce que
« vous conseillez, a subi une mort honteuse.

« — Votre sœur avait manqué d'adresse : et
« si vous voulez vous confier à moi, vous arri-

---

(1) *Si qu'encor de toi en cuira*. Tel est le dernier vers conservé du poëme original de Boron. A la différence de la première partie qui est le *Joseph*, le *Merlin* ne nous a pas été conservé dans son intégrité. Mais, ainsi que nous avons dit, on le réduisit en prose, et les assembleurs l'adoptèrent comme partie intégrante et même nécessaire de leur cycle de la Table ronde. Nous suivrons donc maintenant, à défaut des vers de Robert de Boron, la réduction en prose, que tout porte à nous faire regarder comme fidèle.

« verez, sans aucun danger, à tout ce que vous
« devez et pouvez désirer.

« — Je ne sais, » reprit la jeune fille, « mais
« je tremble que ma sœur aînée ne nous sur-
« prenne. Allez-vous-en ! Un autre jour nous
« reparlerons de cela. »

La vieille s'éloigna ; mais, dès ce moment, la jeune fille fut toute aux discours qu'on lui avait tenus. Le démon, qui commençait à avoir accès près d'elle, lui entendait souvent dire, en regardant la nuit son beau corps : « Oui, la
« bonne femme avait raison : je ne suis pas
« heureuse. » Un jour, elle fit avertir cette vieille de revenir : « Vous disiez bien, » lui dit-elle, « ma sœur ne se soucie pas de moi.

« — Encore mieux vous oubliera-t-elle, » dit la vieille, « quand elle aura ce qu'elle cher-
« che, c'est-à-dire la compagnie d'un homme.
« Car, de là, ma chère fille, vient toute la joie
« du monde.

« — Je le crois, et je suivrais volontiers vos
« avis, si je ne pensais qu'on m'en fera mou-
« rir. — Je sais, » dit la vieille, « un moyen
« de vous ôter cette crainte. Vous sortirez de
« cette maison, en disant que vous ne pouvez
« vous accorder avec votre sœur. Ainsi, vous
« reprendrez la liberté de votre corps, sans
« rien redouter de la justice. Quand vous aurez
« mené cette plaisante vie un certain temps,

« vous trouverez aisément un prud'homme qui
« vous épousera pour votre beauté. »

La pauvre fille suivit ce conseil; elle s'en alla du logis de sa sœur, et abandonna son corps aux hommes.

Grande fut la douleur de la sœur aînée en la voyant s'éloigner d'elle pour mener une pareille vie. Elle alla au prud'homme qui les avait si bien conseillées, et lui raconta en pleurant comment sa sœur l'avait quittée pour suivre une vie de femme abandonnée. « Signez-vous,
« ma fille, » lui dit le prudhomme; « le démon
« est encore à votre piste, il ne sera content
« qu'après vous avoir également abusée. Dieu
« peut vous garder de lui, si vous suivez mes
« enseignements. — Ah! » dit-elle, « j'écou-
« terai tout ce que vous me direz, car j'ai grand'-
« peur de ne pas être assez forte pour me dé-
« fendre seule. — Vous croyez, n'est-ce pas,
« au Père, au Fils et au Saint-Esprit: que ces
« trois vertus sont une même chose en Dieu,
« et que Notre-Seigneur vint en terre pour sau-
« ver ceux qui voudront recevoir le baptême et
« obéir à sainte Église? — Oui, tout cela, je le
« crois. — Alors, » reprit le prud'homme, « le
« démon ne vous trompera pas : gardez-vous
« seulement de céder à la colère; la colère est
« la passion qui sert le mieux la cause de l'En-
« nemi. Quand vous aurez sujet de tristesse,

« venez à moi ; si vous avez des ennuis ou de
« mauvaises pensées, confessez-les, et deman-
« dez-en pardon à Notre-Seigneur, à tous Saints
« et Saintes, à toutes créatures qui croient et
« espèrent en Dieu. Toutes les fois que vous
« entrerez dans votre lit ou que vous en sorti-
« rez, signez-vous au nom du Père et du Fils
« et du Saint-Esprit ; faites une croix sur vous
« en souvenir de celle où le corps de Dieu fut
« attaché ; puis ayez soin que, dans la chambre
« où vous reposez la nuit, il y ait toujours lu-
« mière ; car le diable n'aime que les ténèbres
« et ne vient pas volontiers où il sait de la
« clarté. »

La demoiselle écouta ces enseignements et promit de les suivre. Elle revint à sa maison, se montra de plus en plus humble envers Dieu et les pauvres. Les bonnes gens du pays venant la visiter lui disaient : « Belle amie, quelle
« douleur de ce qui est advenu à votre père,
« votre mère, votre frère et vos sœurs ! Pour-
« tant, ayez bon courage : vous êtes riche,
« vous avez un grand héritage ; un prud'homme,
« si vous vous maintenez en bien, pourra vous
« prendre à femme. » Elle répondait : « Tout
« est en la volonté de Notre-Seigneur ! Il
« sait et me donnera ce qui me convient le
« mieux (1). »

(1) Le poëme publié par Ellis n'a pas conservé une

III.

CONCEPTION DE MERLIN.

Deux ans passèrent sans que le démon trouvât les moyens de l'engigner. Mais, à force de chercher, il pensa que peut-être, en la courrouçant, il lui ferait oublier ce que le prud'homme lui avait appris. Il alla donc prendre la mauvaise sœur et la conduisit un samedi soir au logis de l'autre. Elle choisit pour l'accompagner un troupeau de garçons qui, en entrant dans l'hôtel, firent un bruit grandement déplaisant pour la sage demoiselle, laquelle dit doucement : « Belle sœur, tant « que vous mènerez une telle vie, je vous prie

parfaite innocence à la mère de Merlin. Il attribue grossièrement la querelle des deux sœurs à l'habitude qu'elles avaient prise de boire de l'ale avec excès. Voilà comme les œuvres originales sont souvent travesties. Si la vertu, la simplicité de la mère de Merlin n'avaient pas contrasté avec l'impureté et la malice du démon, Dieu ne serait pas intervenu en faveur de l'enfant, pour opposer les droits de la chaste mère aux droits du père maudit.

« de ne pas venir ici ; vous jetteriez un blâme « sur moi qui n'en ai pas besoin. — Que par- « lez-vous de blâme, » reprend la méchante sœur, « et de mauvaise vie ? La vôtre est pire que « la mienne ; je sais que le faux homme de « Dieu vous tient en mauvaise part, et si les « juges le savaient comme moi, vous seriez « brûlée. »

A ces paroles, la demoiselle se courrouça : elle dit à sa sœur de sortir de la maison. — « La maison est à moi comme à vous ; nous la « tenons de mon père, j'entends y rester. — « Vous sortirez ! » Et, la prenant vivement par le bras, elle allait la jeter dehors, quand les garçons vinrent à la traverse, saisirent la demoiselle et l'accablèrent de coups. Elle leur échappa à grand'peine ; et, rentrant aussitôt dans sa chambre, elle en ferma la porte sur elle. Comment aurait-elle résisté ? il n'y avait dans la maison que sa bagasse (1) !

Dès qu'elle fut enfermée, elle se jeta toute vêtue sur son lit et se mit à pleurer amèrement, en repassant dans son cœur les anciens malheurs de sa famille et la honte qu'elle venait encore de subir ; puis, tout inondée de larmes, elle s'endormit.

Et le démon, voyant que, demeurée seule

---

(1) La fille qui la servait.

et sans lumière, elle avait, dans son chagrin, oublié de se signer, pensa qu'elle était bien hors de la garde de Dieu. « C'est le moment, » dit-il, « de faire venir celui d'entre nous qui a « pouvoir de prendre forme humaine et de con- « naître les femmes. » Ce démon répondit à ce que l'enfer attendait de lui : il vint trouver la jeune fille et se tint avec elle durant son sommeil. Quand elle fut réveillée elle se signa : « Sainte Marie ! que m'est-il arrivé ? Ah ! Vierge « sainte, priez votre cher Fils, votre Père tout- « puissant de garder et défendre mon âme de « l'Ennemi ! » Mais il était trop tard ; le démon en était venu à ses fins, Merlin était conçu.

(Je n'entends pas reproduire ici toute la première partie du roman : il suffira d'en signaler les traits caractéristiques. Mais, avant d'aller plus loin, quelques mots sur le style du prosateur. Le *Saint-Graal* et le *Merlin* nous offrent assurément un des premiers essais de cette prose française, appelée à répandre tant d'éclat, à devenir l'expression de tant de chefs-d'œuvre. Non qu'elle ait encore la force, l'ampleur et la variété qui devront plus tard la distinguer ; mais son allure est déjà facile, harmonieuse : elle a le secret du dialogue, secret charmant qu'aucune autre langue ne devait posséder au même degré. Enfin elle n'a rien de gourmé, elle est libre de toute imitation grecque ou latine. On sent pourtant ici les tâtonnements du premier âge : le récit, dans la crainte d'être incomplet, avance pas à pas, ne fait grâce d'aucun détail, et n'ose franchir d'un bond les landes arides, pour se maintenir constamment dans les vertes prairies. Mais ces lenteurs donnent souvent un air de vie aux personnages, et nos yeux se complaisent à suivre leurs mouvements comme devant le rire et les jeux d'une réunion de beaux enfants. Plus tard, l'écrivain s'armera de ciseaux plus tranchants ; il sacrifiera mainte branche parasite, maint bourgeon inutile, pour donner à l'arbre plus d'élévation, de force, d'élégance : mais les bourgeons et les rameaux tranchés avaient aussi leur beauté. Au moins est-il certain que, dans nos romans de la Table ronde, nous pardonnons aux répétitions, aux longueurs, et nous finissons par nous accoutumer à cette monotonie de formes qui n'arrêtait ni la séve poétique, ni les essors de l'imagination.

Plus nous suivrons les récits, plus les femmes y paraîtront fréquemment, et plus la part de l'amour sera grande dans les aventures. Mais les tableaux de l'amour heureux et satisfait n'empêcheront pas les auteurs de conserver je ne sais quel sentiment de chasteté exquise et de primitive innocence. Quelques mots çà et là pourront bien étonner les lecteurs de notre temps, et colorer d'une rougeur passagère le visage des femmes qui viendraient à lire ces récits ou à les entendre. Mais il ne faut pas espérer de trouver au douzième siècle toutes les extérieures délicatesses du nôtre : les mots qui blessent la pudeur moderne sont aujourd'hui remplacés par d'autres mots qui parfois aussi auraient blessé la pudeur de nos ancêtres. Dans tous les cas, ils représentent des images qui n'ont, aujourd'hui même, rien de bien terrible. On l'a déjà remarqué plus d'une fois : ces mots, proscrits aujourd'hui, ne l'étaient pas dans les temps bibliques, ni dans notre moyen âge. Ce qu'on évitait, c'était une certaine complaisance à retenir la pensée sur les tableaux de l'amour partagé, dans l'intention de produire sur les sens une impression contagieuse. Ce tort, nos romanciers n'en sont pas entièrement innocents; si je le prétendais, on ne manquerait pas de me citer le récit qui entraîna l'égarement de Françoise de Rimini; on en pourrait citer d'autres encore. Mais au moins peut-on assurer que les scènes du genre de la première entrevue de Genièvre et de Lancelot, des amours d'Ygierne, d'Artus et du roi Ban de Benoïc, sont encore enveloppées d'un parfum de pure et naïve poésie.

IV.

NAISSANCE DE MERLIN.

DANS les premiers mots qui vont nous arrêter, en reprenant l'histoire de Merlin où je l'avais laissée, nous trouverons déjà la preuve du respect de certaines convenances à l'usage du douzième siècle aussi bien qu'au nôtre. Dès que la jeune fille, instrument des mauvais desseins du démon, soupçonne le malheur qui lui est arrivé, elle se hâte d'aller tout raconter au saint homme qui la dirigeait. Mais elle ne va pas le trouver seule : « Si apela son serjant (1), que il li ame« nast deus femes ; et quant eles furent venues, « si se mistrent à la voie pour aler au confes-« seur. » Ce détail n'est pas inutile, et je ne sais si toutes les jeunes dévotes de notre temps ont toujours soin de prendre les mêmes précautions.)

Le prud'homme témoigna autant d'incrédu-

(1) Son valet ou serviteur.

lité que le cas le méritait. Enfin, désarmé par l'air de sincérité de la pauvre dolente, il lui prescrivit une pénitence sévère pour le péché de négligence dont elle s'était au moins rendue coupable. « Car, » lui avait-elle dit, « par la
« grant ire, m'obliai à signier; ensi obliai tos
« les comendemens que vos m'aviez fais. Et
« quand je m'esveillai, si me trouvai honie. »
Le prud'homme lui interdit toute distraction profane, toute pensée frivole et déshonnête :
« Je la te defens pour tous jours ; fors celle qui
« avient en dormant, dont nul ne se peut gar-
« der. »

Le démon vit avec rage qu'il avait pu souiller le corps de la vierge sans devenir maître de sa pensée, si bien que « il ne savoit que ele
« faisoit ne que ele disoit plus que se ele n'eust
« onques esté. » Mais il se consola en pensant qu'au moins l'enfant lui appartiendrait. La grossesse de la demoiselle se déclara, et l'on ne tarda guère à s'en apercevoir. Les autres femmes en la regardant : « Dieu! belle dame, » disaient-elles, « eh! que vous est-il arrivé?
« Comme vous prenez du corps ! — C'est la
« vérité, » répondait-elle. — « Seriez-vous donc
« grosse ? — Je le crois. — Et de qui ? — Que
« Dieu ne me fasse pas la grâce d'être délivrée,
« si je le sais. — Avez-vous donc eu affaire à tant
« d'hommes ? — A Dieu ne plaise qu'un seul

« ait jamais jusqu'à présent approché de moi ! »
A ces mots, les femmes se signaient : « Belle
« amie, ce que vous nous dites n'est pas, et n'a
« jamais pu arriver. Vous aimez mieux appa-
« remment celui qui vous a connue, que
« vous ne faites vous-même. Vous ne voulez pas
« l'accuser ; il vous en arrivera malheur ; quand
« la justice le saura, il vous conviendra mourir.
« Faut-il que tant de belles maisons, tant de
« belles terres soient perdues! »

La justice n'attendit même pas la délivrance
de la jeune fille : avertie de ce qu'on publiait,
des sergents vinrent la prendre. Elle fit sans
hésiter l'aveu qui devait la faire condamner.
Le prud'homme, qui ne la perdait pas de vue,
pria les juges d'attendre au moins que l'enfant
fût mis au monde. « Je ne vous dirai pas, » leur
dit-il, « ce que je pense de cette femme ; mais
« le fruit qu'elle a conçu n'est pas coupable.
« Ordonnez donc que la malheureuse mère soit
« enfermée dans une tour, et séparée de tou-
« tes les gens du dehors. Donnez-lui pour
« compagnes deux femmes qui l'aideront au
« moment de sa délivrance, et qui n'auront de
« communication avec personne, avant d'avoir
« rempli cet office. Pour la mère, vous lui ac-
« corderez le temps d'allaiter son enfant, jus-
« qu'au jour où il pourra supporter une autre
« nourriture. Puis vous ferez d'elle tel juge-

NAISSANCE. 25

« ment qu'il vous conviendra. » Les juges accordèrent ce que demandait le prud'homme. On conduisit la demoiselle dans une tour dont toutes les portes furent murées : deux matrones des plus sages furent enfermées avec elle. De la fenêtre pratiquée au haut de la tour descendait une corde à l'aide de laquelle on leur montait tout ce qui leur était nécessaire. En prenant congé, le prud'homme dit à la demoiselle d'avoir soin de faire baptiser l'enfant aussitôt sa naissance, puis de lui faire donner avis du jour où elle serait appelée devant les juges.

Le terme arrivé, elle mit au monde un fils qui semblait devoir appartenir au démon qui l'avait engendré : mais, comme la jeune fille n'avait pas subi volontairement l'odieuse étreinte, Dieu, qui nous a tous rachetés et qui connaît nos vraies pensées, ne souffrit pas que l'enfant fût entièrement acquis à l'Ennemi. Seulement, pour demeurer juste, même envers le démon, Dieu permit que Merlin eût comme son père la connaissance de toutes les choses passées; puis, afin de rétablir la balance entre le ciel et l'enfer, Dieu joignit à la science que l'enfant recevrait de son père celle de l'avenir que Dieu lui accorderait. Ainsi pourra-t-il choisir librement entre ce qu'il tiendrait de l'enfer et ce qu'il tiendrait du ciel.

En telles conditions naquit Merlin. A son

aspect les matrones poussèrent un cri de frayeur, car il était velu comme jamais enfant n'avait été. Pour la mère, en le voyant, elle fit un signe de croix et s'écria : « Pour Dieu, « mes bonnes dames, faites qu'il soit sur-le-« champ baptisé ! — Et quel nom lui voulez-« vous donner ? — Celui de mon père, qui était « Mellin ou Merlin. » Elles le posèrent aussitôt dans le panier que la corde élevait et abaissait, et elles firent entendre aux sergents chargés de communiquer avec elles qu'ils eussent à le faire baptiser sous le nom que la mère avait indiqué.

V.

JUGEMENT DE LA MÈRE DE MERLIN.

Puis Merlin fut ramené à la mère, qui l'allaita durant neuf mois. Cependant les matrones ne pouvaient revenir de leur surprise de le voir si velu et si fort; car à peine fut-il né qu'il semblait avoir plus de deux ans. Au bout de dix-huit mois, elles jugèrent qu'il était temps pour elles de revenir dans leurs logis, car enfin elles ne pouvaient rester toujours enfermées loin de leurs amis et de leur lignage. Après les avoir vainement priées de prolonger leur séjour, la mère pleurait appuyée sur la fenêtre de la tour, en tenant l'enfant dans ses bras : « Ah ! beau fils ! » s'écriait-elle, « je recevrai la mort à cause « de vous; je ne l'ai pas méritée : mais qui « voudra m'en croire ? » L'enfant la regardant alors : « Belle mère, » dit-il, « n'ayez peur; « vous ne mourrez pas pour chose qui de moi « soit avenue. » La mère l'entendit, et dans son émotion laissa choir à terre l'enfant. Les matrones accourent : « Quoi ! » dirent-elles, « le voulez-vous donc tuer? » Elle raconta les mots que venait de prononcer l'enfant; ce fut à qui d'elles trois le ferait encore parler ; mais elles eurent beau l'exciter, il resta silencieux. Quelques jours après, la mère s'adressant aux matrones : « Dites devant lui que je serai brû- « lée en punition du crime de sa naissance; « nous verrons s'il parlera. » Les femmes alors : « Ah ! quel malheur, dame, pour votre « beau corps qui sera brûlé à cause de cet en- « fant ! Maudit le jour de sa naissance ! — Vous « mentez, » cria Merlin, « ma mère vous a « fait ainsi parler ; mais vous êtes plus folles « qu'elle et plus grandes pécheresses. »

Ces paroles les effrayèrent tellement qu'elles

ne voulurent plus rester davantage. Cependant les juges convinrent de prononcer à quarante jours de là leur sentence. Le terme arrivé, la demoiselle se présenta, tenant l'enfant entre ses bras et déclarant, comme elle avait déjà fait, qu'elle ne connaissait pas celui qui l'avait rendue mère. « Mais, » dit le principal juge, « on « prétend que cet enfant parle comme un « homme d'âge: attend-il pour le faire que sa « mère soit brûlée? » L'enfant, se tordant alors aux bras de sa mère, fut mis à terre, et s'approchant du siége des juges : « Pourquoi, » dit-il, « voulez-vous brûler ma mère ? — C'est, » répond le juge, « parce qu'elle t'a conçu à la « honte de son corps et qu'elle ne veut pas « nommer celui qui t'a engendré. Nous ne pou-« vons violer la loi de nos pères. — Ce serait, » reprit l'enfant, « à bon droit, si elle avait fait le « mal qu'on suppose, et si d'autres que l'on ne « punit pas n'en avaient pas fait autant ou plus. — Nous la condamnons, » dit le juge, « parce « qu'elle ne veut pas avouer ton père. — Je con-« nais bien, » dit l'enfant, « de qui je suis fils, et « votre mère sait mieux quel est votre père que « la mienne ne sait quel est le mien. — Que « parles-tu de ma mère ? » dit le juge, « je suis « prêt à entendre tout ce que tu peux en dire. —Eh bien ! si tu faisais droite justice, tu la « condamnerais la première. »

JUGEMENT. 29

Le juge envoya querir la dame; elle venue, il dit en s'adressant au peuple : « Voici ma « mère, écoutez ce que l'enfant va dire d'elle. — Ah ! » dit Merlin « vous êtes moins sage que « vous ne croyez : conduisez votre mère en « chambre fermée; ne laissez entrer près d'elle « que vous, deux de vos conseillers les plus « privés et moi. Mais si vous reconnaissez « qu'elle est plus coupable que ma mère, « jugerez-vous encore que celle-ci mérite la « mort? — Non. — Nous en faisons le ser- « ment, » dirent tous ceux qui siégeaient avec le juge.

Quand ils furent enfermés, Merlin dit : « Vous feriez mieux de reconnaître l'innocence « de ma mère, sans rien enquérir de la vôtre. « — Oh ! » répond le juge, « tu n'échappe- « ras pas ainsi : il faut que tu parles. — Eh « bien, je le répète, votre mère connaît mieux « quel est votre père que ma mère ne sait quel « est le mien.

« — Eh quoi ! belle mère, » dit le juge, « ne suis- « je pas fils de votre loyal époux ? — Mon cher « fils, » répond-elle, « de quel autre pourriez- « vous être né ? — Dame, » dit Merlin, « il vous « faut dire à votre fils la vérité ; vous êtes « veuve, mais son père est encore vivant. C'est « votre prouvaire; à telles enseignes, qu'au mo- « ment de vous abandonner à lui, vous lui dîtes

« que vous aviez peur de concevoir (1). Il vous « rassura en promettant de tenir note des « jours où il vous verrait, pour savoir lui-même « au juste si l'enfant serait à lui, non à quel- « qu'autre dont il avait soupçon et qui n'était « pas votre mari : avant cela, vous viviez sé- « parée de votre baron. — Ah ! mon fils, » interrompit la mère, « pourriez-vous croire de pa- « reilles vilenies, de la bouche de l'Ennemi ! — « Si vous le niez, » reprit Merlin, « je vous dirai « autre chose : quand vous avez reconnu votre « grossesse, vous avez averti le prouvaire; il alla « trouver votre seigneur, et fit tant qu'il vous « réconcilia ; vous avez passé la nuit avec votre « baron, si bien que le prud'homme ne douta « plus que l'enfant ne fût sien. Ainsi les choses « se passent en maint autre lieu. »

Ces dernières paroles confondirent la femme du juge : elle ne trouva plus un seul mot à répondre. Et son fils s'adressant à elle : « Belle « mère, » dit-il, « quel que soit mon père, je « n'oublierai pas que je suis votre fils : dites « donc la vérité. — Eh bien, » dit la mère, « je « ne puis le cacher plus longtemps, la vérité « est dans ce que l'enfant vient de dire.

« S'il en est ainsi, » dit le juge à Merlin, « je « ne punirai pas dans ta mère le crime que je

---

(1) *D'enchargier.* — *Prouvaire*, prêtre, prébendier.

« pardonne à la mienne; mais afin de satisfaire
« le peuple, tu me diras le véritable nom de ton
« père. »

Merlin répondit : « Je confesserai librement
« ce que je n'aurais pas dit de force. Je suis
« né d'un ennemi qui engigna ma mère. Cet
« ordre d'ennemis se nomme *Incubes* ; ils habi-
« tent les régions de l'air, et Dieu leur permet
« de connaître les choses et les paroles passées.
« C'est par lui que j'ai su le secret de ma nais-
« sance. Mais Notre-Seigneur, en raison de la
« bonté de ma mère, de son repentir et de sa
« pénitence, m'a donné la faculté de connaître
« l'avenir; je vais t'en donner la preuve. » Tirant
alors le juge à l'écart : « Ta mère, en sortant
« d'ici, ira trouver celui qui t'a engendré. Elle
« lui apprendra ce que je t'ai découvert; le
« prouvaire aussitôt sentira une telle peur de
« ta vengeance qu'il se laissera conduire par
« le démon à une rivière dans laquelle il se
« noiera. »

Le chose arriva telle que Merlin l'avait annoncée. Le juge déclara au peuple que la mère
avait été justifiée par son fils, l'enfant le plus
sage qu'on eût jamais vu. Le peuple se retira
satisfait, et Merlin, prenant congé du juge, le
pria de raconter tout ce qui venait de se passer
au prud'homme qui avait conseillé sa mère. Il
se nommait Blaise, et ce fut lui que Merlin

devait charger plus tard d'écrire ce qui lui arriverait.

VI.

TRANSITION. — MAITRE BLAISE.

Si Boron n'avait fait que suivre la tradition généralement répandue de son temps sur la conception, la naissance et les facultés célesto-infernales de Merlin, il n'aurait pas eu besoin de chercher un garant de la vérité de son récit. Il lui eût suffi de dire : Cela se trouve dans le *Saint-Graal* ou dans le *Brut*. Mais, comme il ajoutait beaucoup de lui-même à ce qu'on savait déjà du prophète, il se crut obligé d'introduire un grave personnage, confident des secrets de Merlin. Il aurait été non-seulement chargé d'écrire ce que le devin viendrait lui raconter de ses œuvres, il devait encore réunir ces dictées à l'histoire de Joseph d'Arimathie et du Graal. Le rôle de Blaise nous semble aujourd'hui puéril, et peut-être les contemporains de Boron n'y furent-ils pas trompés plus que nous. Mais

Boron ne l'aurait pas introduit s'il eût trouvé la source des aventures et des récits de son *Merlin* dans le *Saint-Graal*, ou dans les traductions du livre de Geoffroy de Monmouth. D'ailleurs, pour apprécier la valeur littéraire du rôle que Blaise remplit, il faut se reporter au douzième siècle. La première précaution que devait prendre alors le trouveur était de fournir un garant de ses récits et d'indiquer les sources auxquelles il avait puisé. Cet expédient, depuis longtemps employé, fit toujours plus ou moins fortune. Le faux Darès avait obtenu plus de crédit que le divin Homère, parce qu'il prétendait avoir assisté au siége de Troie ; le faux Callisthène, en se donnant pour le maître et le confident d'Alexandre, avait été écouté aux dépens d'Arrien, de Plutarque et de Quinte-Curce. Le faux Turpin, aumônier de Charlemagne, avait été compté parmi les chroniqueurs les plus sincères. Maintenant Robert de Boron, après avoir eu pour garant de son Joseph d'Arimathie le grand livre du *Graal* qu'il n'avait peut-être jamais vu, devait dire également comment s'était conservée la mémoire des faits et gestes de Merlin, qui n'avaient rien de commun avec la légende du *Graal*. Il alla donc au-devant des objections, en supposant que Blaise, le confesseur de la mère du prophète, avait, dès les premiers temps, tenu note des actes de Merlin, et les avait ajoutés à la légende de Joseph d'Arimathie.

Suivons cette importante parenthèse du livre de Merlin. Blaise, avant de consentir à recevoir les confidences du prophète et de les écrire, veut être rassuré sur le danger de servir le fils d'un ange déchu. Merlin lui proteste qu'il est dans les voies de Dieu, et qu'il a trouvé grâce devant celui qui connaît le fond des cœurs : « Blaise, » ajoute-t-il, « je t'apprendrai des « choses que Dieu seul et moi pouvons savoir. « Tu en feras un livre, et ceux qui plus tard « l'entendront deviendront meilleurs et plus « éloignés de pécher. »

Et, quand Blaise eut réuni encre et parchemin, Merlin lui conta les amours de Jésus-Christ et de Joseph d'Arimathie ; le lignage de Joseph, le nom de ceux qui avaient la garde du Graal, la vocation d'Alain et le départ de Pétrus, la transmission du saint vaisseau de Joseph à Bron, le riche pêcheur. Il lui dit comment, après tout cela, les diables avaient tenu conseil, et s'étaient accordés à le faire lui-même entrer dans le monde. « Ensi ditta Mellins cest « oevre et la fist faire à Blaise.

« Le livre que tu vas écrire, » dit encore Merlin, « sera partout reproduit et volontiers en- « tendu. Cependant il ne sera pas en autorité, « attendu que tu n'es pas et ne pourrais être

« apôtre. Tout ce que les apôtres ont écrit de
« Notre-Seigneur, ils l'avaient eux-mêmes vu ;
« mais tu dois écrire ce que tu n'auras pas vu,
« et ce que je t'aurai seulement rapporté. Tu
« joindras l'histoire de Joseph d'Arimathie à
« la mienne, et de ces deux récits tu formeras
« un seul livre auquel il ne manquera que les
« paroles secrètes dites à Joseph d'Arimathie
« par Notre-Seigneur Jésus-Christ, et que nul ne
« doit répéter.

« Je vais me rendre dans les contrées d'Oc-
« cident où me conduiront des messagers ve-
« nus pour me prendre, parce qu'ils pensent
« avoir besoin de mon sang. Avant de m'y re-
« joindre, tu suivras le chemin du Northum-
« berland, où résident ceux qui ont la garde
« du Graal, et auquel tu seras un jour réuni,
« en récompense de ta pieuse vie et de l'œuvre
« que je t'aurai fait accomplir (1). »

(1) « Or me covient aler en une terre où cist me sont
venu querre... et tu i venras por acomplir cete oevre
que tu as encomencie. Mais tu n'i venras pas avec
moi, ains iras par toi, et demanderas une terre qui a non
Norhumbellande ; ceste terre est pleine de moult grans
forès, et il a teles parties où nus n'a encore esté... et tu
en auras bon loier ; et t'oevre sera tosjors mais, tant
com li siecles durra, retraite et volentiers oïe. Et
sès-tu dont cele grace venra ? Ele venra de la grace
que nostre sire dona à Joseph. Et quant tu auras bien
traveillé por lui et por ses ancessors et por ses biens,

Il faut bien remarquer que si Merlin envoie Blaise dans la contrée où sont retirés les gardiens du Graal, il ne lui donne pas encore moyen de se réunir à eux. Ce bonheur doit être le prix d'une vie de travail et de bonnes œuvres. Ainsi c'est à Merlin seul que Boron fait ici remonter la dictée non-seulement de son poëme de Merlin, mais du poëme de Joseph d'Arimathie; car il ne peut avoir entendu parler du roman du Graal en prose, que son auteur anonyme donne comme transcrit sur l'original autographe de Jésus-Christ.

Quel avait été le lieu de la naissance de Merlin? Où les messagers de Vortigern viendront-ils le découvrir? Geoffroy de Monmouth et

---

et tu auras tant de bones œvres faites que tu devras estre en lor compagnie, je t'enseignerai là où il seront, et verras les belles sodées que Joseph ot por le cors Jhesu crist qui li fut donné... » (f° 84 v°).

Le msc. 749, f° 132, ajoute : » Des crestiens qui avoient esté en cele terre (avant la venue de Joseph) ne me covient à retraire; se non come à cel oevre tient. Et qui vouroit oïr conter des rois qui devant furent et lor vie vouroit oïr, si regarde en l'estoire de Bretaigne que on appelle *Brutus*, que messire Martin de Rocester translata de latin en roman où il le trouva; si le porra savoir vraiement. »

Je ne connais pas d'autre mention de ce Martin de Rochester, émule de Pierre de Langtorf et de notre Wace.

Giraud de Galles désignent la ville de Caermarthen, dans la partie méridionale du pays de Galles; Robert de Boron semble d'une opinion toute différente. D'après son texte, on pourrait proposer la Petite-Bretagne. En effet, Merlin dit à Blaise : « Je serai envoyé querre « *vers Occident,* » et, chez lui, l'Occident est toujours la Grande-Bretagne. Il n'y était donc pas quand il parlait ainsi; l'Armorique, la France, sont pour lui l'*Orient*. Mais, je le répète, il y a beaucoup de vague dans cette indication.

Toujours est-il qu'en suivant ainsi pas à pas la composition romanesque, on voit s'évanouir ces plans réfléchis, ces théories profondes dont on a fait trop souvent honneur à leurs auteurs. La donnée religieuse représente sans doute quelque tradition nationale liée à la généalogie réelle ou fictive des anciens rois bretons; mais on ne doit y chercher aucune intention philosophique ou mystique. La seule portée de la légende du Saint-Graal fut de donner à la première prédication de l'Évangile dans l'île de Bretagne une origine asiatique, et de justifier contre la prétention contraire les formes anciennes de la liturgie bretonne.

Mais pour ce qui, dans les Romans de la Table ronde, se trouve en dehors de la légende pieuse, on en aperçoit toujours le point de départ dans les traductions de l'*Historia Britonum* et dans les anciens lais chantés longtemps avant l'œuvre de Monmouth dans toutes les parties de la France. Robert de Boron, je le répète, n'a pas eu d'autre secours, n'a pas puisé à d'autre source : les heureuses additions qu'il a faites aux récits populaires sont dues à son imagination, à son génie. La légende, bretonne, galloise ou latine, de Joseph d'Arimathie existait avant son poëme. Mais Geoffroy de Monmouth ayant concentré, pour ainsi dire, l'attention et la curiosité littéraire de son siècle sur les aventures d'Artus et de Merlin, Robert de Boron et ses continuateurs posèrent graduellement sur ce fondement l'édifice enchanté des Romans de la Table ronde, et donnèrent à toutes ces créations successives une sorte d'unité, en les rattachant à la première donnée religieuse. Ce fut pour eux un moyen d'entrer en matière et de conclure : deux choses fort difficiles et fort embarrassantes dans tous les genres de composition.

Mais jamais ces immortels créateurs de la romancerie n'eurent la pensée de fonder un nouveau système d'*esthétique* sur les ruines de celui qui existait avant eux. J'en demande donc pardon à un écrivain moderne très-ingénieux, qui, tout en promettant de faire mieux connaître l'esprit et le caractère de nos romans, a réellement grossi les ténèbres qui les environnaient. Non, quoi qu'en ait dit M. Louis Moland, l'Église ne conçut jamais la chevalerie comme une institution religieuse, un sacerdoce militaire, une prêtrise armée, dont le modèle aurait été la chevalerie de la Table ronde. L'Église n'a contribué en rien à la naissance de tous ces héros, et le système militaire de la féodalité s'est formé dans un esprit parfaitement étranger à l'esprit de l'Église et du Clergé. Il est surtout plus que douteux que « le livre du Saint-Graal ait jamais eu rien « de commun avec l'ordre des Templiers. » Tout cela s'écrit et se répète de notre temps, où la critique veut tout expliquer par un procédé *synthétique;* mais rien de tout cela ne soutient la présence des œuvres mêmes auxquelles on le rapporte.

VII.

VORTIGERN. — VOYAGE DE MERLIN. — LE VILAIN AUX SOULIERS NEUFS. — L'ENFANT QU'ON PORTE EN TERRE. — LES DEUX DRAGONS.

Je reprends le récit de Robert de Boron.

Merlin est conçu; il est né; il a confondu les juges qui voulaient condamner sa mère. Les sept premières années de sa vie s'écoulent sans aventures. La mère vit retirée dans une maison religieuse, et le bonhomme Blaise les a suivis dans leur pieuse retraite.

Cependant que se passait-il dans l'île de Bretagne? Le roi Constant avait, en mourant, laissé trois fils. L'aîné, Ambrosius, surnommé Moine, avait été mis à mort à l'instigation secrète de Vortigern le sénéchal, usurpateur de sa couronne.

Les deux jeunes frères de Moine s'étaient réfugiés « vers Orient, por ce que de là étoient « venus lor ancessor ». En effet, suivant Geoffroy de Monmouth, Constantin, aïeul des trois frères Moine, Pendragon et Uter, était frère d'Audran ou Aldroen, roi de la petite Bretagne (1).

Bientôt Vortigern, menacé par une partie de ses sujets, appelle à son secours les Saisnes ou Saxons, dont le chef se nommait Engis (Hengist): « Engis, » dit Robert de Boron, « pour-
« chaça maintes choses que je ne doi retraire.
« Mais ce vous puis-je bien dire que il fist tant
« vers Vortigier que il prist une soe fille à femme;
« et sachent tuit-cil qui cest conte orront que
« ce fu celle qui premierement en cest roiaume
« dist *Guersil*. » (Variantes : *Garsoil*. *Guerseil*) (2).

La consultation de Wortigern à ses sages, ses clercs et ses astronomes, pour découvrir ce qui s'oppose à la construction de sa forteresse, est ici plus développée que dans Nennius et dans Geoffroy: si les devins donnent le conseil de tuer l'enfant né sans père, pour arroser de son sang les fondements de la tour, c'est que les astres leur annonçaient que cet enfant causerait leur mort. Écoutez comment

---

(1) Le msc. 749 porte : « Car de là vindrent notre ancesseur... En une anchienne cité que on claime au tenz qui ore est Bohorges en Berri furent norri, grant tens. » (f° 133.)

(2) Voyez tome I, page 54.

les messagers envoyés par Vortigern font rencontre de Merlin :

« Il avint un jor que li messagier passerent
« un grant champ à l'entrée d'une vile, et en
« cel champ avoit grant plenté d'enfans qui
« jouoient à la coule. Et Merlins qui toutes les
« choses savoit vit cils qui le requeroient ; si se
« trest près de l'un des plus riches de la vile,
« porce que il savoit bien que cil le mesame-
« roit. Si hauce la croce, et fiert l'enfant en la
« jambe, et cil comence à plorer et à Merlin
« reprochier qu'il est nés sans pere. Quant cil
« qui esgardoient l'oïrent, si alerent vers celui
« qui ploroit et demanderent : Qui est cil qui t'a
« feru? Et il lor dist : Ce est le fil d'une femme
« qui onques ne sot qui l'ot engendré. Quant
« Merlins l'oï, si vint vers els riant et lor dist :
« Je sui cil que vous querez ; et vous avez
« juré au roi Vortigern que vos m'ocirez et
« que vos li porterez mon sanc..... »

Le retour des messagers est embelli d'agréables preuves de la prescience de Merlin. Après avoir traversé le marché d'une ville, ils rencontrent un vilain qui venait d'acheter des souliers neufs et une large pièce de cuir. Merlin, en le voyant passer, se prend à rire, et les messagers du roi lui en demandent la raison. — « Vous voyez ce vilain ? » dit-il ; « suivez-le, il sera « mort avant de rentrer dans a maison. » Deux des messagers, ayant rejoint le vilain, lui demandent ce qu'il veut faire de son emplette : « Je « dois, » dit-il, « aller en pèlerinage ; j'ai acheté « des souliers neufs, et du cuir pour les rac- « commoder quand ils seront usés. » Les messagers reviennent à Merlin : « Nous avons parlé « à cet homme, il est parfaitement sain et bien « portant.—Suivez-le cependant, » dit Merlin. Ils n'eurent pas fait une lieue qu'ils voient le vilain s'arrêter, fléchir et tomber sans mouvement : ils approchent, il était mort.

Cette histoire du pèlerin se trouvait déjà, comme on a vu plus haut (page 85), dans le poëme de la *Vita Merlini;* mais elle est ici mieux à sa place que dans le poëme qui l'a inspirée.

Dans le cours de leur voyage, une seconde aventure semble faire double emploi avec l'histoire de la mère du Juge. — En traversant une ville, ils voient un grand deuil d'hommes et de femmes autour de la tombe d'un enfant qu'on portait en terre. Merlin se met à rire ; on lui en demanda la raison : « Voyez-vous, » dit-il, « ce prud'homme qui « témoigne d'une si grande douleur? — Oui. « — Voyez-vous le prouvaire qui chante là de- « vant les autres ? Le prud'homme ne devrait « pas pleurer, et le prouvaire devrait mener « le deuil; c'est le véritable père de l'enfant.

« Allez à la femme, demandez-lui pourquoi son
« baron fait si grand deuil. Elle vous répondra :
« Pour son fils qui est mort. Mais (direz-vous
« à votre tour) vous savez bien que le père de
« cet enfant est le prouvaire ; lui-même le
« sait fort bien, à telle enseigne qu'il avait gardé
« note du jour où il l'avait engendré. » La femme
ainsi découverte ne tarda guère à tout avouer,
en priant les messagers de ne rien dire à son
seigneur, qui la tuerait sur-le-champ.

L'entrevue de Merlin et de Vortigern, la
confusion des astrologues, la découverte et
l'explication de la lutte du dragon blanc victorieux du dragon rouge, tout cela se trouvait
déjà dans Geoffroy de Monmouth, et même en
partie dans le Nennius. Mais ce dernier, et
nous ne devons pas l'oublier, ne prononce pas
une seule fois le nom de Merlin, et chez lui
l'enfant qu'on disait né sans père déclare
se nommer Ambrosius et être fils d'un consul
romain.

Cela est d'autant plus remarquable que, dans
le temps même de la composition du poëme
et du roman de Merlin, paraissait une rédaction romane du fameux livre oriental de *Sendebad*, traduit en hébreu sous le titre des *Paraboles de Sendebar*, en grec sous celui de *Syntipas*, en latin sous celui d'*Historia Septem sapientium*, et en français sous celui de

Roman des Sept Sages de Rome. Le roman français remonte vraisemblablement au douzième siècle ; et l'on y retrouve une aventure dont le héros, nommé Merlin, est né sans père, et confond les sages ou devins du roi. La donnée des deux récits n'est pas la même ; mais les différences n'empêchent pas la critique de reconnaître à l'un et à l'autre la même origine. Si le nom de Mellin ou Merlin, si l'aventure du fils sans père et de la punition des Sages était également dans l'original de Sendebad, il faudrait rechercher en Orient, soit dans l'Inde soit dans la Perse, l'origine de la légende de notre prophète. Mais nous penchons à croire, jusqu'à preuve contraire, que ce nom de Merlin fut introduit pour la première fois dans le *Roman des Sept Sages*, par un moine fort au courant des traditions bretonnes, lequel aura jugé bon, de sa propre autorité, de ne faire qu'un seul personnage du devin dont parlait le texte grec ou hébreu qu'il suivait, et du devin dont avait parlé Geoffroy de Monmouth. C'était alors un usage assez ordinaire, de changer le nom des héros dont on reproduisait les aventures déjà racontées ailleurs. Par exemple, dans les textes du livre de Sendebad, l'empereur, son fils et son gouverneur ont changé de nom autant de fois que leur histoire est passée d'une langue dans une autre. L'empereur est tantôt Cyrus, tantôt Poncianus et tantôt Hérode; le fils, tantôt Dioclétien, tantôt Lucinien; le gouverneur, tantôt Syntipas, tantôt Caton, etc. On ne pourrait donc s'étonner que le nom de Merlin eût également pris la place d'un autre nom, persan ou indien.

Quoi qu'il en soit, voici l'analyse de l'aventure du *Roman des Sept Sages*, composé par nos trouvères plutôt d'après des récits populaires venus d'Orient, que d'après un livre traduit de l'arabe, du grec, de l'hébreu ou du latin.

Un empereur de Rome, nommé Hérode, avait sept sages qui interprétaient les songes en exigeant un besant d'or de ceux qui les interrogeaient. Ils avaient acquis ainsi des richesses pour le moins égales à celles de l'empereur. Or il arriva que l'empereur se trouva frappé d'aveuglement, toutes les fois qu'il voulait sortir des portes de Rome. Il fit venir les Sages pour leur demander ce qui pouvait être cause de cet accident. Ceux-ci réclamèrent huit jours pour répondre. Le terme écoulé, ils découvrirent qu'un enfant né sans père pourrait seul résoudre la question. Ils se mettent en quête, et trouvent hors de Rome un enfant auquel ses compagnons reprochaient de n'avoir pas de père. Les Sages l'arrêtent et demandent son nom ; il s'appelait Mellin. On le conduit à la cour.: chemin faisant, il donne gratuitement à un prud'homme l'explication d'un songe qui lui révélait l'existence d'un trésor caché sous son foyer. Arrivés devant l'empereur, les Sages lui disent que cet enfant va rendre raison de ce qu'il demande. Hérode le conduit dans sa chambre : « Sire, » dit Mellin, « il y a sous « votre lit une chaudière d'eau bouillante, ali- « mentée par sept diables. Tant qu'elle y sera, « vous ne pourrez rien voir en dehors de Rome, « et si vous l'ôtez sans éteindre les sept bouil- « lons de flammes, vous ne verrez pas plus « dans Rome que hors de la ville. —Apprenez- « moi donc ce que je dois faire, » dit l'empe- reur. — « Sire, il faut détourner votre lit, et « faire creuser dessous. » Vingt ouvriers arri- vent, ouvrent le sol et trouvent la chaudière : « Voilà qui est admirable, » dit Hérode. « Ton « conseil sera désormais la règle de mes ac- « tions. Parle, et tu seras obéi.

« — Faites donc éloigner d'abord, » dit Mellin, « tous les gens qui vous entourent. « Sire, » dit-il ensuite, « les bouillons de la « chaudière indiquent la présence des sept « diables que vous gardez près de vous. — Ah ! « Dieu ! » fait Hérode, « et qui sont-ils ? — « Ce sont les Sept Sages. Ils sont devenus plus « riches que vous, par une méchante coutume

« qui leur fait exiger un besant d'or de tous
« ceux qui demandent l'explication de leurs
« songes. Et c'est pour avoir toléré ce détes-
« table usage que vous êtes privé de la vue dès
« que vous sortez de Rome. Maintenant, pre-
« nez le plus vieux des sept et faites-lui couper
« la tête. Vous verrez le plus gros bouillon
« s'éteindre. — Ma foi! » dit Hérode, « je ne
« demande pas mieux, qu'on me l'amène. »
Le vieillard fut en effet décapité, et le plus
gros bouillon s'éteignit aussitôt. Les autres
Sages, amenés les uns après les autres, subirent
le même sort, et avec le dernier cessa de bouil-
lir l'eau de la chaudière. « Il ne s'agit plus
« maintenant, » dit Mellin, « que de laver vos
« mains et de faire remettre votre lit en place.
« Puis, vous monterez à cheval, et vous sor-
« tirez de Rome. » Les selles furent mises aussitôt; l'empereur, accompagné de Mellin,
franchissant le seuil de la maîtresse-porte de la
ville, vit tout aussi bien qu'avant de sortir. Il
prit alors Merlin entre ses bras et lui fit tous
les honneurs du monde.

Comment ici distinguer l'invention de l'imitation? Les chantres et conteurs bretons avaient-
ils puisé aux sources orientales? Les auteurs
orientaux du livre de Sendebad, ou seulement
l'auteur du roman des *Sept Sages*, ont-ils enrichi leur texte d'une légende armoricaine? Sans

prétendre résoudre la question, je dirai que cette partie du livre de Merlin, quand elle serait empruntée aux légendes orientales, n'empêcherait pas Merlin d'avoir existé réellement en Nothumberland, et d'avoir été l'occasion de traditions purement nationales. D'après ces traditions, Merlin n'est pas nécessairement le fils sans père; c'est surtout un homme sauvage, né et nourri dans les forêts, entraîné par une force invincible vers la solitude des bois. Que le grand clerc Geoffroy de Monmouth, avant de revenir, dans son poëme, à la tradition qui faisait de Merlin l'homme des bois, ait, dans son histoire, préféré celle qui lui donnait pour père un ange déchu; que cette dernière tradition ait été d'origine étrangère, cela ne peut nous conduire avec Warton, en Orient, pour y chercher l'origine et l'invention des romans de la Table ronde. Nous aurons occasion de revenir sur cette difficulté.

VIII.

MERLIN A LA COUR D'UTER. — LA DANSE DES GÉANTS OU STONEHENGE. — Ire TABLE RONDE.

MERLIN prit congé de Wortigern en lui annonçant que les fils de Constant allaient bientôt aborder dans la « Bleue Bretagne, » pour venger leur frère. Pendragon, en effet, arriva et contraignit le tyran à s'enfermer dans une forteresse où il périt au milieu des flammes. Le nouveau roi ne tarda pas à comprendre l'utilité des conseils et de la protection de Merlin. Pendant qu'il tient les Saisnes assiégés dans leur place de sûreté, le devin prend un malin plaisir à se laisser entrevoir, puis disparaître avant d'être tout à fait découvert. Il croise le chemin de ceux qui le cherchent, déguisé en bûcheron, la coignée au cou, les grands souliers aux pieds, la cotte percée, les cheveux hérissés, la barbe longue et sordide. « Vous « faites mal, » dit-il, « la besogne de votre « maître ; vous ne trouverez pas celui que « vous cherchez. — Eh quoi ! le connaissez-

« vous? — Assurément, je sais sa demeure. Il
« m'a même donné charge de vous dire que
« ce n'est pas vous qu'il veut suivre. Annoncez
« à votre seigneur qu'il ne prendra pas le
« château des Saisnes tant qu'Hengist sera vi-
« vant, et que, s'il veut voir Merlin, il faut qu'il
« vienne lui-même le chercher dans cette forêt. »

Pendragon, sur le rapport de ses messagers, laisse à son frère Uter le soin de continuer le siége et s'enfonce dans la forêt de Northumberland.

« Si avint que uns de sa gent trouva grant
« plenté de bestes et un home moult lait et
« moult hidos qui ces bestes gardoit et de-
« manda dont il estoit? Cil li dist : de Nor-
« humbelland, serjant à un prodome. Et de-
« manda li serjans : Sauriés-me vous nouvelles
« dire de un home qui a nom Merlin? Et li bons
« hom respont : Nenil, mais je sers un homme
« qui dist que li rois le vendroit querre hui en
« cest bois. Est-il venus ; ne savés-en vous rien ?
« Et il respont que li rois le quiert. Sauroies-le
« tu enseigner? Et cil dist : Je dirai le roi tel
« chose que je ne vous dirai mie. Et cil res-
« pont : Et je te menroi là où li rois est. Et il
« dist : Dont garderoie-je mauvaisement mes
« bestes; ne je n'ai nul besoing de lui. Mais se
« il venoit à moi, je li diroie bien celui qu'il
« vait querant. Et cil dist : Je le t'amenrai.

« Lors se parti de lui et quiert tant le roi qu'il
« le trouva. Et quant il l'ot trouvé, si li conta
« ce qu'il ot veu et trouvé. Et li rois dist :
« Moine-moi à lui. Lors le maine cil là où il
« avoit trouvé l'ome. Si li dist : Vez-ci le roi
« que je vous ameine. Et cil respont : Sire,
« je sai bien que vous querez Merlin ; mais
« vos nel porés ensi trouver devant que il
« voille que vos le truissiez. Alez-vous en à
« une de vos bones viles ci près, et il vendra à
« vos quant il saura que vos l'atendez. Lors
« dit li rois : Comment saurai-je que tu me
« dies voir? Et il respont : Se vous ne me
« créés, si ne faites pas ce que je vos di. Car il
« est folie de croire mauvais consoil. Et quant
« li rois l'oï, si li demanda : Dis-tu donc que
« tes consaus est mauvés? Et il dist : Naie, mais
« tu le dis. Et tant saiches-tu que je te con-
« seille de ceste euvre quant tu méismes ne
« t'en sauroies conseillier. Et li rois dist : Je
« te crerai (1). »

Le roi n'en avait pas fini avec les petites

---

(1) Ces petits détails, la scène elle-même tout entière, ont assurément un faible intérêt. Le conteur
pouvait mettre tout de suite Merlin et Pendragon en
présence. Mais le dialogue a pourtant sa grâce et sa
raison d'être. Il nous fait connaître les dispositions ha-
bituelles de Merlin, qui ne veut pas donner de conseil
chez lui ni découvrir l'endroit de son repaire.

façons de Merlin. Dans la ville où il espérait le voir arriver, vient un prud'homme bien vêtu, bien chaussé et de bonne mine, qui demande à être conduit devant le roi. C'était Merlin. « Sire, » lui dit-il, « je viens de la part de « Merlin ; il veut bien t'apprendre que le pâ- « tre qui gardait ses bêtes n'était autre que « lui-même. Il se montrerait volontiers, mais « tu n'as pas encore besoin de lui. — Ah ! » reprend le roi, « j'en ai le plus grand besoin « et le plus grand désir. — S'il est ainsi, il « me charge de te donner de bonnes nouvelles. « Hengist est mort, c'est ton frère Uter qui « l'a tué. »

On envoie vérifier la nouvelle, et le prud'homme disparaît. A quelque temps de là vint un autre prud'homme encore mieux vêtu que le premier, lequel, après avoir longtemps mis en défaut tous ceux qui entouraient le roi, se nomme ; c'est lui, c'est Merlin. De nouvelles transformations se succèdent. Comme messager d'amour, il présente à Uter une lettre de la dame qu'il aimait ; revenu dans sa première forme, il promet de les servir de tout son pouvoir, et de reparaître toutes les fois qu'ils auront vraiment besoin de lui.

Mais, comme c'est l'ordinaire, tous les barons qui formaient la cour de Pendragon ne virent pas de très-bon œil le grand crédit de

Merlin et la part qu'il avait dans les affaires. Un d'entre eux, qui pouvait être de bonne foi dans son incrédulité, propose de soumettre la science du devin à une épreuve décisive. Il fait le malade, et quand le bruit de sa mort prochaine est bien répandu, il demande à Merlin, en présence du roi, de quelle mort il doit mourir. « Je vais vous le dire, » répondit tranquillement le devin, « vous tomberez d'un « cheval et vous briserez le col. »

Merlin retiré : « Il n'y a pas, » dit le prud'homme au roi, « la moindre apparence au « genre de mort que votre devin indique. Per« mettez-moi de l'éprouver une seconde fois. » Pendragon consent; le prud'homme quitte la ville, puis revient à quelque temps de là couvert d'humbles vêtements, l'âge et le visage entièrement contrefaits : il se met au lit et fait prier le roi de lui amener son devin. « Mer« lin, » dit Pendragon, « vous plairait-il de « m'accompagner au logis d'un pauvre ma« lade? Nous y mènerons tel que vous dési« gnerez. — Sire, » répondit Merlin, « le roi « doit être partout accompagné de vingt hom« mes pour le moins. » Ils arrivent au logis indiqué ; la femme du malade, à leur approche, se jette aux genoux du roi : « Ah ! Sire, « priez votre devin de nous dire si mon « cher seigneur doit mourir de cette maladie.

— Non, » dit Merlin, « la maladie de cet
« homme n'est pas de celles dont on meurt. —
« Mais, seigneur devin, » crie alors le malade,
« dites de quelle mort je dois mourir. — A
« ton dernier jour, » dit Merlin, « tu seras
« trouvé pendu. » Ces mots prononcés, il s'éloigne.

« Sire, » dit le baron, « voici une meilleure
« preuve encore de l'imposture de votre devin;
« comment pourrais-je mourir d'une chute de
« cheval et être pendu? Je désire pourtant
« l'éprouver une troisième fois. »

Il se rendit dans une abbaye, obtint de l'abbé
de passer pour un de ses moines. Puis, s'étant
mis au lit, l'abbé vint prier le roi de visiter sa
maison et d'amener avec lui son sage devin.

« Ensi chevauchierent tant que il vindrent à
« l'abbaïe, un biau matin, ainsi que la messe fu
« chantée; et quant li rois ot la messe oïe, li abbes vint à li ovec grant compaignie de moines,
« et pria le roi por Dieu que il venist veoir un lor
« moine malade, et que il menast son devin.
« Ensi vindrent là où li abbes les mena, et de-
« manda au roi : Sire, por Dieu, faites-moi dire
« à votre devin se jamais cest prodom porra ga-
« rir. Et Merlins fait semblant que il se cor-
« rout, et dist : Il se peut lever; il n'a nul mal,
« et por noient mésaisa; mais saichent bien
« tuit que le jor qu'il morra, il se brisera le

« col, et pendra et noiera. Et qui vivra, il le
« verra. Et cil se lieve en son séant, et dist
« au roi : Sire, or poez-vous bien cognoistre
« sa folie; car il ne set ce que il dit. Comment
« porroit ce estre que il poïst dire que le jor que
« je morrai, je me briserai le col, et que pendrai et
« que je noierai? Or esgardez, sire, se vos estes sa-
« ges, qui tel home créez et faites seignor de vos-
« tre conseil. Et li rois respont : Je nel mescrerai
« tant que je saiche de quel mort vos morrois. »
Cette histoire que Robert de Boron avait également empruntée à la *Vita Merlini* de Geoffroy
de Monmouth est célèbre. Longtemps après, le
prud'homme, chevauchant en grande compagnie,
vint à traverser un pont de bois jeté sur une
grande rivière; son cheval fait un faux pas, et
le cavalier, lancé en avant, tombe et se brise le
cou. Le corps tourne de telle manière que le
manteau s'embarrasse dans une des pièces du
pont; l'homme est retenu par les pieds tandis
que sa tête demeure plongée dans la rivière.
Le bruit de l'aventure fut grand. Pour Merlin,
après avoir reproché aux deux princes la complaisance qu'ils avaient montrée pour des en-
vieux, il déclare que les questions qu'on ne cesse
de lui adresser lui déplaisent et le fatiguent; à
l'avenir il ne fera plus que des prédictions dont
on ne reconnaîtra le sens qu'après leur accomplissement. « Je ne parlerai plus devant le

« peuple ne en cort, se obscurément non ; que
« il ne sauront que je dirai devant que il le
« verront. » Merlin a tenu parfaitement sa parole, et tous les devins, ses devanciers ou successeurs, ont imité son exemple.

Mais le roi Pendragon et tous les hommes informés de la résolution de Merlin commencèrent dès ce moment à garder note de ce qu'il avait dit ou dirait encore. « Lors dist chascuns
« par soi que jamès ne li oront chose dire, qui
« à avenir soit, que il ne la metent en escrit. Et
« ensi fu commenciés li livres des Prophecies
« de Merlin; ce que il dist du roi d'Engleterre
« et de toutes les autres choses dont il parla
« puis. Et por ce, ne dist pas icest livres qui
« Merlins est ne qui il fu, que il ne metoient
« en escrit se ce non que il disoit..... Et quand
« Merlins dist à Blaise que il devoient metre en
« escrit ses paroles; Blaises li demanda : Feront-il tel livre comme je? Et Merlins respont : Nenil ; il ne metront en escrit se ce non
« que il ne porront conoistre jusque il soit
« avenu. Et Merlins comença lors à dire les
« oscures paroles dont li livres fu fais de ses
« prophecies, si que l'en ne les poïst conoistre
« tant que elles fussent avenues (1). »

(1) Boron veut expliquer ici comment le livre des *Prophéties* (déjà rédigé plus ou moins sincèrement en latin par Geoffroy de Monmouth, d'après la tradi-

Nous arrivons à la fameuse légende de Stonehenge, cette enceinte de pierres druidiques dressée dans la plaine de Salisbury. C'est une tradition que l'histoire ne donne aucun moyen d'expliquer et de justifier. Geoffroy de Monmouth et Robert de Boron la rattachent également à l'histoire de Merlin; ils font tous deux venir les pierres, d'Irlande en Grande-Bretagne; mais Geoffroy place l'événement sous le règne d'Aurélius Ambroise (le Pendragon de Robert), qui aurait ainsi désiré consacrer le lieu où reposaient les illustres Bretons morts en combattant les Saxons. Robert de Boron veut, au contraire, que le transport des pierres n'ait eu lieu que sous Uter, frère et successeur de

tion bretonne), avait été composé, et comment il se faisait qu'on ne trouvât pas, dans ce livre des *Prophéties*, tout ce que lui-même allait raconter des faits et gestes du prophète. Il veut aller ainsi, suivant sa coutume, au-devant des objections et de la défiance des lecteurs. « Ce que vous nous racontez là, » pouvait-on lui dire, « est de votre invention, car on ne le trouve pas dans le livre des prophéties, que nous connaissons tous. — Il est vrai, » répondait Boron; « mais le livre des prophéties n'a pas été rédigé par Merlin; ceux qui l'ont fait, sans son aveu, n'ont voulu que consigner ce qu'il disait, pour le comparer aux événements, à mesure qu'ils s'accompliraient. Ils n'ont donc pu raconter la vie de Merlin, qui seul pouvait la dicter, comme il a fait dans le livre que je mets aujourd'hui sous vos yeux. »

A cela, il n'y avait rien à répondre.

Pendragon : nouvelle preuve que, dans les œu_
vres littéraires, les conteurs de fables ne s'accordent guère mieux entre eux que les historiens.

Aurélius Ambroise, dit Geoffroy, était allé visiter près de Kaercaradoc, aujourd'hui Salisbury, la sépulture des comtes et principaux guerriers égorgés par l'ordre d'Hengist. A la vue de cette longue suite de tombeaux, le roi n'avait pu retenir ses larmes, et avait pris la résolution d'élever un monument durable à la mémoire de tant de généreuses victimes. Il mande charpentiers et maçons, qui se déclarent incapables de répondre à ses vœux. « Il n'y a « que Merlin, » dit alors Tremoun, l'archevêque de Carleon, « qui puisse faire ce que vous « souhaitez. » On cherche longtemps Merlin; on le trouve enfin près de la fontaine de Galabus, dans le pays des Gewisseans. Quand il est arrivé, le roi commence par l'inviter à prophétiser. — « Sire, » dit Merlin, « on ne doit décou- « vrir l'avenir qu'en cas de grande nécessité. Si « je satisfaisais une vaine ostentation, l'esprit « qui me visite cesserait de m'inspirer et ne re- « viendrait plus une autre fois. » Le roi n'insista pas, et lui parla du monument qu'il entendait élever. Merlin dit : « Si vous voulez « dignement honorer la sépulture de ces hom- « mes illustres, faites prendre la *Danse du Géant*

« sur la montagne de Killaraus, en Irlande.
« C'est un assemblage de pierres qui ne peu-
« vent être ébranlées que par la connaissance
« profonde de l'art mécanique. Si l'on parvient
« à les replacer ici dans l'ordre où elles sont
« maintenant, elles y resteront jusqu'à la fin
« des siècles. »

Le roi se prit à rire : « Le moyen, » dit-il,
« de transporter d'aussi pesantes masses à pa-
« reille distance ! la Bretagne n'a-t-elle pas
« assez de pierres ? — Ne riez pas, » reprit
Merlin, « ces pierres d'Irlande ont des proprié-
« tés mystérieuses, de grandes vertus médicina-
« les. Les géants du temps passé les avaient
« transportées de la côte d'Afrique la plus
« éloignée en Irlande, quand ils habitaient cette
« île. Leur projet était de les disposer en cuves,
« et d'y établir des bains pour les malades (1);
« car c'est aux bains qu'ils demandaient la cure
« de tous leurs maux. C'est encore ainsi qu'ils
« guérissaient toutes les blessures, en mêlant
« à l'eau le suc de certaines herbes. Il n'est pas
« une de ces pierres qui ne soit douée de quel-
« que vertu particulière. »

Les Bretons résolurent d'aller prendre ces
pierres, et de combattre les Irlandais s'ils es-

---

(1) La forme la plus ordinaire des sarcophages a pu donner l'idée d'en faire des baignoires.

sayaient de les défendre. Uter, frère d'Ambrosius, partit avec quinze mille guerriers, et, ce qui valait mieux encore, accompagné de Merlin. Les vaisseaux abordèrent en Irlande. Le roi du pays, nommé Gillomanius, en apprenant le motif de l'arrivée des Bretons, ne put s'empêcher de rire. « En vérité, » dit-il, « il ne faut
« plus nous étonner que les Bretons aient été
« subjugués par une couarde race étrangère,
« quand ils sont assez brutes et assez fous pour
« venir nous attaquer afin de nous enlever des
« pierres qui ne valent pas mieux que celles de
« leur pays. » Il y eut un grand combat, les Bretons, vainqueurs, coururent à la montagne de Killaraus et contemplèrent avec une grande admiration la *Danse du Géant*. « Maintenant, » dit Merlin, « voyez comment vous
« pourrez mouvoir ces pierres. » Tous se mettent à l'œuvre ; on emploie des câbles, des roues, des leviers, mais le tout en vain. Le devin riait de leurs vains efforts ; enfin il comprit qu'il fallait un peu les aider. Il prit chacune des pierres l'une après l'autre, et, les soulevant avec une merveilleuse facilité, alla les déposer dans les vaisseaux. Les Bretons revinrent triomphants ; les pierres, aisément transportées dans le cimetière de Salisbury, furent disposées par Merlin lui-même dans le même ordre qu'elles gardaient sur le mont Killaraus. Il ne pouvait, dit en

terminant Geoffroy de Monmouth, donner une preuve plus manifeste de la supériorité de l'art sur la force corporelle.

Venons maintenant au récit de Robert de Boron. Merlin avait prévu la prochaine arrivée d'une flotte de Saxons impatients de venger la mort d'Hengist et de conquérir une seconde fois l'île de Bretagne. Le roi Pendragon avait fait les meilleures dispositions pour bien les recevoir et les attirer loin des rivières. Les Saxons, ne trouvant d'abord aucune résistance, s'avancèrent dans les terres, pendant qu'Uter venait se placer entre eux et la mer, de façon à les pousser jusqu'au milieu des plaines de Salisbury. Alors, ils trouvèrent devant eux et le long de la Tamise l'armée de Pendragon, tandis que celle d'Uter s'étendait derrière eux, prête à leur disputer le retour. Or, Merlin avait averti les deux princes bretons d'attaquer résolument les Saxons dès qu'ils apercevraient dans l'air un dragon rouge, lançant des flammes de sa gueule béante. Le signal ne se fit pas attendre ; la bataille fut terrible, et, comme Merlin en avait informé Uter, le roi Pendragon y fut tué. De l'armée des Saxons, il n'échappa pas un seul guerrier.

Le premier soin d'Uter fut de faire recueillir les corps de tous les chevaliers mortellement frappés dans cette grande bataille. « Chascuns

« i mist le cors de ses amis, les uns près des au-
« tres par tropiaus ; et Uter fist aporter le cors de
« son frere en la compaignie de ses homes, et
« chascuns fist escrire sur la tombe de ses amis
« qui il étoit ; et Uter fist son frere lever plus
« haut des autres, et dist qu'il ne feroit sur lui
« escrire le sien nom ; car moult seroient fol cil
« qui sa tombe verroient et ne cognoistroient que
« ce estoist la tombe au seignor de cels qui là
« gisoient. »

Cela fait, Uter se rendit à Londres ; les barons le couronnèrent et les prélats le sacrèrent. Merlin vint le trouver à quinze jours de là, et lui dit que le dragon qu'il avait vu flotter avait annoncé la mort prochaine du roi son frère, et que lui-même, en raison de ce que le dragon lui avait paru comme *suspendu* dans l'air, devait ajouter à son nom d'*Uter* celui de *Pendragon*.

Peu de temps après fut instituée la Table ronde, et nous dirons tout de suite qu'en rapportant cette création capitale au règne d'Uter-Pendragon, et en choisissant parmi des guerriers assez obscurs les premiers convives de la Table ronde, Robert de Boron prouve déjà qu'il est resté étranger à la composition de la seconde partie du roman de Merlin. Car, dans cette deuxième partie, ces chevaliers, naguère si prud'hommes, si exempts de mauvaises passions, si fortement unis entre eux et avec Uter-Pendragon, leur souverain, deviennent déloyaux, jaloux, ennemis d'Artus, et cèdent enfin leurs siéges à de plus vertueux et à de plus vaillants. Les continuateurs auraient assurément supprimé ce premier essai stérile, si la publication du poëme de Robert et de sa réduction en prose n'avait pas devancé celle de leur roman et ne leur en avait ôté les moyens.

Le système qui offrait comme principal but de cette troisième Table la Quête du Graal est indiqué ici; mais probablement après coup. La place demeurée vide ne sera occupée que par celui qui devra remplir également celle de la Table de Joseph. La *Table ronde* est ici la réunion des vassaux, des hommes du roi, aux quatre grandes fêtes de l'année, Noël, Pâques, la Pentecôte et la Saint-Jean; et l'intention manifeste des romanciers est encore ici de rapporter à l'ancienne cour des rois bretons l'origine de tous les usages auxquels se conformaient les grands souverains du douzième siècle, Louis VII, Philippe-Auguste et Henry d'Angleterre. *Tenir cour* et *tenir Table ronde* était alors une même chose, dont on voulait que le premier exemple remontât au prophète Merlin, et au roi Uter-Pendragon, comme aussi l'usage de distribuer des livrées et de faire des présents aux dames qui venaient embellir de leur présence ces grandes réunions. Les deux frères Pendragon et Uter auraient aussi, les premiers, fait précéder leurs armées en campagne de l'enseigne ou étendard du Dragon d'or, qu'on portait encore au premier rang de l'armée française, dans le onzième siècle. Nous verrons ainsi l'origine de la plupart des grandes coutumes des temps féodaux gratuitement rapportées aux fabuleux usages de la cour d'Artus. Dans cet ordre d'idées, la troisième *Table ronde* exprime une intention essentiellement laïque et mondaine; elle est instituée en faveur de ceux qui tiennent à la vie des cours et aux honneurs du siècle.

La place qui y demeurait inoccupée, comme aux deux premières, ne devait être remplie que plus tard; c'est là ce que Merlin a soin d'expliquer à Uter-Pendragon : « Et ce ne aven-
« dra mie à ton tens; mais au tens du roi
« qui après toi vendra. Mais je te pri que
« tu faces desormais tes asamblées et tes grans
« cors en ceste ville (Carduel en Galles), et
« que tu i tienges ta cour trois fois l'an et toutes
« les festes annuieus. Et li rois respont : Je le
« ferai. »

Je passerai rapidement sur l'épreuve du siége vide, tentée par un des familiers du roi, et punie aussitôt comme l'avait été celle de Moïse à la Table du Graal. La laisse suivante nous ramène au texte de Geoffroy de Monmouth, dont elle offre l'habile et poétique développement. C'est le récit de l'amour du roi Uter-Pendragon pour Ygierne.

IX.

AMOURS D'UTER-PENDRAGON ET D'YGIERNE. CONCEPTION ET NAISSANCE D'ARTUS.

A l'une des fêtes que le roi donnait à Carduel (1) depuis l'institution de la Table ronde, il remarqua, parmi les dames, la belle Ygierne, femme du duc de Tintagel (2). Il se contenta d'abord de la regarder avec un grand plaisir; la dame s'en aperçut, et, comme elle était aussi sage que belle, elle évita, tant qu'elle put, de se trouver seule avec lui. Uter envoya des présents de joyaux à toutes les femmes, pour avoir moyen

---

(1) A Londres, suivant Geoffroy de Monmouth.

(2) Geoffroy de Monmouth nomme ce duc Gorlois. Tintagel était sur la côte de Cornoaille, au-dessous de Lothwhith : on y voit aujourd'hui d'imposantes ruines.

d'en adresser à la duchesse (1). Elle ne put trouver de raisons pour les refuser, tout en soupçonnant les véritables intentions du roi.

Les fêtes terminées, le roi reconduisit assez loin le duc de Tintagel, et ne manqua pas de lui donner les marques d'amitié les plus flatteuses; puis, s'approchant d'Ygierne, il dit assez bas qu'elle emportait son cœur avec lui. La dame ne fit pas semblant de l'entendre. Aux réunions suivantes, Uter n'eut pas lieu d'être plus satisfait; mais cet amour le préoccupait tellement qu'il ne put s'empêcher d'en parler à deux de ses plus privés serviteurs. Ulfin (2) lui dit : « Sire, vous entreprenez une tâche qui demande « grand secret. Si vous allez à la demeure de « la dame, vous risquerez d'être blâmé. Il vaut « mieux tenir d'autres grandes cours et inviter « vos barons à venir passer à Carduel quinze « jours, eux, leurs femmes et toute leur suite. »

Mais, à la prochaine réunion, la belle Ygierne prit grand soin d'éviter le roi. Elle se tenait au milieu des dames; Uter-Pendragon ne gardait

---

(1) Geoffroy de Monmouth ne dit pas si la duchesse accueillit ou non l'amour du roi. Gorlois s'en aperçoit, sans qu'elle lui en ait parlé, et la jalousie le décide à quitter la cour. Robert de Boron a senti qu'il fallait jeter plus d'intérêt sur celle qui devait mettre Artus au monde.

(2) Ulfin de Ricaradoc (G. de M.).

une lueur d'espérance qu'en s'entretenant d'elle avec Ulfin : « Tosjors cuidoit-il morir quant il ne la véoit, et quant il la véoit, si li allegeoit un poi sa dolor, et longuement ne povoit-il vivre se il n'avoit confort de s'amor. » Ulfin pour le réconforter lui dit : « Sire, vous êtes moult
« mauvais, quant por le désir d'une feme cuidiez
« morir ; je, qui sui un povre home, se je l'a-
« mois autant com vos faites, n'en cuideroie
« pas morir ; car je n'oi onques parler de feme,
« qui se poïst defendre se ele estoit bien priée
« et l'en li poïst doner joiaus, et amer et honerer
« tous ceus et toutes celes qui sont entour li. »
Ulfin, qui donnait de si bons avis, fut chargé du soin d'adoucir les rigueurs de la belle duchesse. Pendant que le roi redoublait d'attention auprès du duc de Tintagel, lui ne quittait pas les traces d'Ygierne à laquelle il offrait sans cesse de nouveaux présents : « Tant que
« un jour avint que Ygierne tint à conseil Ulfin
« et li dist : Pourquoi me voulez-vous donner
« ces joiaux et ces grans dons ? Ulfin res-
« pont : Pour votre grant sen, votre beauté et
« votre simple contenance. Je ne vous puis rien
« doner ; quar tuit li avoir du roiaume de Lo-
« gres sont à vostre volonté, tuit li cors des
« homes à votre plaisir. Et ele respont :
« Coment ? Et Ulfin dist : Pour ce que vous
« avez le cuer de celuy à cui tous les au-

« tres doivent obéir. Et Ygierne respont : De
« quel cuer me dites-vous? Et Ulfin li dist :
« Celuy du roy. Et celle lieve sa main, si se
« seigne et dist : Dieus! com est cis rois trai-
« tres, quant il fait semblant de mon seignor
« amer et moy veult honir! Ulfin, garde que
« jamès ne t'aviegne que tieus paroles me dies,
« que saches-tu bien que je le diroie au duc
« mon seignor, et se il le savoit il t'en convien-
« droit mourir, et je ne te celerai que ceste
« fois. Ulfin respont : Ce seroit mon ho-
« nor de mourir pour mon seignor; n'onques
« mès dame ne se deffendi de tel chose que
« vous refusez; mais espoir, vous vous gabez.
« Dame, pour Dieu! aiés merci de mon seignor
« et de vous meismes, car se vous n'en avez
« merci, vous en verrez grans mous avenir, ne
« li dus vostre sire ne vous porra deffendre
« contre la volonté de nostre seignor le roi.
« Et Ygierne respont en pleurant : Se Dieu
« plaist, non ferai et je m'en deffendrai bien. »
Ce mauvais succès ne découragea pas le roi:
« Ensi, » dit-il, « devoit bonne dame respon-
« dre, et jamès bonne dame ne fu si tost vain-
« cue. » La fête à laquelle il avait convié
ses hommes touchait à sa fin. Le onzième jour,
sur l'avis d'Ulfin, Uter avait fait asseoir le
duc à sa droite, et remarquant une très-belle
coupe d'or près de lui : « Voyez-vous, » dit-il

au duc, « voy-ci bele coupe : mandez Ygierne
« vostre femme qu'ele la preigne et que ele
« boive pour l'amour de moi, et je la li envoie-
« rai toute pleine de cest bon vin par un de vos
« chevaliers. Le duc respondi com cil qui à
« nul mal ne pensoit : Sire, grans merci! ele le
« prendra volentiers. Et li dus apelle un sien
« chevalier qui moult estoit bien de lui et li dist:
« Bretel, prenez celle coupe, si la portez vos-
« tre dame, de par le roi, si li dites que je li
« mant que ele por l'amor de moi et de li i boive.
« Bretel prent la coupe, si vint en la chambre où
« Ygierne mengeoit, si s'agenouille devant ele et
« lui dist : Dame, li rois vous envoie ceste
« coupe, et mes sire vous mande que vous la
« preignois et que vous i buvois por l'amor de
« li. » Quant ele l'entendi, si a moult grant
« honte et rougist, et n'osa refuser les comande-
« mens le duc; si prist la coupe et i but et la re-
« voust par ce lui-meisme renvoier le roi, et Bre-
« tel li dist : Dame, mes sire a comandé que vous
« la reteigniez. Quant ele l'oï, si set que à
« prendre li convient. Et Bretel s'en revint au
« roi, si l'en mercie de par Ygierne qui onques
« mot n'en avoit sonné. »

Ulfin, bientôt après, vint dans la chambre où
elle était pour juger de sa contenance. Il la trouva
pensive et irritée : « Votre seigneur, » lui dit-
elle, « m'a envoié ceste coupe, mais je veus bien

« que vous sachiez qu'il n'y gagnera rien, si ce
« n'est grande honte. Demain mon seigneur le
« duc saura la trahison que vous et lui pour-
« chassez. — Ah! dame, répond Ulfin, vous
« n'êtes pas si folle! Vous savez bien que jamais
« mari ne conserve sa fiance à la femme qui
« lui fait de tels aveux. — Honte à qui s'en
« gardera! » répondit-elle.

Quand le roi eut mangé et lavé, il prit le duc par la main : « Allons voir ces dames, » lui dit-il en riant. Ils vinrent dans la chambre où Ygierne avait mangé avec les autres dames; mais elle ne fit aucun semblant de tristesse ou de joie, et dévora son chagrin jusqu'à la nuit, quand l'heure vint de retourner à son hôtel.

« Li dus i vint, si la trouva pleurant et grant
« duel faisant en sa chambre. Li dus s'en mer-
« veilla moult et la prist entre ses bras com cil
« qui moult l'amoit. Et ele dist qu'ele vouroit
« estre morte. Li dus li demande pourquoi. Je
« nel vous celerai mie, quar il n'est rien que
« je tant ame com vous. Li rois dist qu'il m'aime,
« et toutes ces corz qu'il fait et toutes ces au-
« tres dames qu'il mande et fait venir, il dist
« que ne le fait se por moi non, et por avoir
« achoison que vous m'i amaigniés, et dès
« l'autre feste, le sai-je bien; et je m'estoie de
« lui et de ses dons moult bien deffendue; on-
« ques n'en avoie riens pris; mès ores m'avés

« fait prendre la coupe et me mandastes par
« Bretel que je i béusse pour l'amor de li; et
« pour ce voudroie-je estre morte. Et je vous
« prie et vous requier, com mon seignor, que
« vous m'enmeigniés à Tintagel, que je ne voil
« plus estre en ceste ville. »

Le duc indigné rassembla aussitôt ses amis, leur ordonna de seller leurs chevaux, et s'éloigna sans prendre congé. Le roi ressentit un grand chagrin de son départ; il se plaignit de l'insulte prétendue que lui faisait le duc, et bientôt il alla l'assiéger dans une des deux forteresses de Cornouailles où il pensait que la duchesse devait être avec lui. Le siége traîna fort en longueur, et le roi, qui avait appris qu'Ygierne avait quitté ce château pour s'enfermer dans Tintagel, avait grand'peine à vivre si longtemps loin des lieux où se tenait l'objet de son amour. « Tant que un jor avint qu'il estoit
« en son pavillon où il ploroit; et quant ses
« gens le virent plourer, si s'en fouirent et le
« laissierent tout seul. Ulfin vint, si li demanda
« por quoi il plouroit. Li rois respondi : Vous
« devez bien savoir pour quoi; que je muir
« por l'amor d'Ygierne, et voi bien que à
« morir me convendra, quar j'ai perdu le boire
« et le manger et le dormir; et por ce si ai
« pitié de moi-méismes. Quant Ulfin ot le
« roi bien entendu, si dist : Vos estes moult

« de foible cuer et de lasche, quant vous
« cuidiez morir por l'amor d'une femme.
« Mais faites querre Merlin, il ne porroit pas
« estre qu'il ne vos séust aucun conseil doner,
« se vos li doniez tout à devise quanques ses
« cuers vouroit. »

La difficulté était de trouver Merlin, car il avait recommandé au roi de ne pas essayer de le faire venir, lui-même sachant quand il lui conviendrait d'arriver. Un jour, au milieu du camp, Ulfin fait rencontre d'un inconnu qui demande à lui parler à l'écart. « Je suis, » lui dit-il, « un vieil homme: on me tenoit assez
« pour sage dans ma jeunesse. J'arrive de Tin-
« tagel où j'ai appris d'un prud'homme que
« votre roi aimoit la femme du duc; si vous me
« promettiez une bonne récompense, je vous
« conduirois à celui qui sauroit bien conseiller
« le roi de ses amours. »

Ulfin va conter cette rencontre au roi qui, le lendemain, accompagne Ulfin au rendez-vous du vieil homme. Comme ils sortaient du camp, ils aperçoivent un boiteux, en apparence aveugle, lequel s'écrie à leur passage:
« Roi, Dieu te donne ce que tu désires le plus!
« et accorde-moi la chose que tu as le plus en
« gré. » Le roi s'adressant à Ulfin: « Serais-tu
« disposé à faire beaucoup pour moi? — Tout,
« jusqu'au mourir. — Eh bien! approche de

« ce *contrait*, dis-lui que je lui donne l'homme
« que j'aime le mieux au monde. »

« Ulfin ne parole onques, ains se va donner
« au contrait. Et quant li contrais le vit, si li de-
« mande : Que venez-vous querre? Et Ulfin dit :
« Li rois m'envoie à vous que je soie vostre.
« Quant il l'entent, si s'en rist, et dist à Ulfin :
« Li rois s'est aperçu, et me connoist mieux
« que tu ne fais. Li viez homs que tu véis hier
« m'avoit envoié à toi. Va au roi, si li di que
« je voi bien qu'il feroit grant meschief pour
« avoir sa volonté, et que tost s'est aperçu; et
« que mieux li en sera. Et Ulfin dist : Je ne vous
« oserois demander de vostre estre.—Demande-
« le au roi, dit le contrait, il te le dira. »

Le roi avait en effet deviné que c'était Merlin qui se *gaboit* d'eux. Le prophète parut bientôt sous sa forme ordinaire dans la tente du roi. Merlin, sachant tout ce que désirait le roi, ne voulut rien promettre avant d'avoir fait jurer au roi et à Ulfin, « sur les haus sainctuaires les meillours qu'il avoit et sur un livre, » qu'ils lui accorderaient ce qu'il leur demanderait, le lendemain du jour où il aurait vu Ygierne et obtenu l'accomplissement de tous ses désirs.

« Lors dist Merlins (1) : Il vous convien-

(1) Boron suit maintenant le récit de Geoffroy de Monmouth.

« dra aller en fiere maniere ; que ele est moult
« sage femme, et moult loial vers son seignor.
« Mais je vous baillerai la semblance du duc,
« si bien que jà n'i aura nul que de luy vous
« connoisse. Et li dus a deus chevaliers qui
« sont bien prisiés de lui ; si a non li uns Bre-
« teil, et li autres Jordain. Je baillerai à Ulfin
« la semblance Jordain, et prendrai la sem-
« blance Breteil ; je ferai ovrir les portes et
« vous ferai gesir laiens. Mais il vous convien-
« dra moult matin issir hors, et quant nous
« istrons, nou orrons bien estranges no-
« velles.

« Et li rois se haste le plus qu'il peut, et, quant
« il ot fet, si vient à Merlin et dist : J'ai fait
« mon afaire, or pensez du vostre. Et Merlin
« dist : Or n'i a que dou movoir. Si chevau-
« chierent tant qu'il vindrent à Tintaguel, et dist
« Merlins au roi : Or remanez ici, et nous irons
« ça moi et Ulfin. Et quant il les ot desassem-
« blés, si vint au roi et li porta une erbe et li
« dist : Frottez de ceste erbe vostre vis et vos
« mains. Et li rois la prist et s'en frotta, si ot
« tost et apertement la semblance dou duc ; et
« dist Merlins : Or vous souviengne si vos on-
« ques véistes Jordain. Et li rois dist : Jel
« conois moult bien. Et Merlins revint arrières
« à Ulfin, si le transfigura en la semblance de
« Jordain devant le roi, et quant Ulfins vit le roi

« si se signa, et li rois li demande : Ulfin, que
« t'est avis de moi? Ulfin dist : Je ne vous con-
« nois por nul home se por le duc non. Et quant
« il orent ensi un poi esté, si regarderent Mer-
« lin et lor fu bien avis que ce fust Breteil ve-
« raiement. Et quant il fu anuitiés, si vindrent
« à la porte de Tintaguel : et Merlins appela ; et
« li portiers et les gens qui gardoient la porte
« vindrent et il lor dist : Ovrez ! vez-ci le duc ;
« et il ovrirent, car il cuidierent apertement
« que ce fu Breteil et le duc et Jordain. Assez
« furent qui l'alerent dire à la duchesse, et il
« chevauchierent jusqu'au palais. Ensi vindrent
« laiens tous troi, jusque en la chambre où
« Ygierne gisoit, qui là estoit couchiée. Au
« plus tost qu'il porent si firent lor seignor
« deschaucier et couchier, et s'en revindrent à
« l'uis et i furent jusqu'au matin.

« Ensi et par icele maniere vint Uter-Pendra-
« gons à Ygierne ; et cele nuit engendra le bon
« roi qui puis ot à non Artus. Au matin à l'en-
« jornée, vindrent les noveles en la vile que li
« dus estoit mors et ses chastiaus pris, et quant
« cil qui à l'uis gisoient l'oïrent, si saillirent sus
« et vindrent là où lor sire gisoit : Levez ! si vos
« en alez à vostre castel, que vos gens cuident
« que vous soiez mors. Et il saut sus et dit :
« Ce n'est pas merveille se il le cuident, que
« je issis de mon chasteau, que onques nus n'en

« sot. Il prist congié à Ygierne et la baisa,
« voiant cels qui furent à son départir.

« Ensi chevauchierent à une riviere, et là
« Merlins les fist laver, si r'orent lor veraie
« semblance. »

Il s'agissait maintenant de voir comment le roi donnerait satisfaction aux hommes de Tintagel. Car la mort du duc était un châtiment plus grave que son départ de la cour ne le méritait. Ce point, très-longuement traité dans le roman, fait connaître les usages et les procédés de la féodalité au commencement du douzième siècle.

Ulfin commence par assembler les barons du roi, pour leur demander comment Uter « doit amender cette honte à la dame et à ses amis. » Les barons, qui ne savent pas ce qui avait pu justifier la retraite du duc de Tintagel, ne devinent pas non plus quel genre de satisfaction pourrait exiger la duchesse Ygierne. « Vous êtes
« l'ami du roi, « disent-ils à Ulfin, » éclairez-
« nous, dites-nous ce que nous devons con-
« seiller. — Je dirais au roi, répond Ulfin, ce que
« je vous dirais à vous-mêmes. Il faut ôter tout
« sujet de plainte et de querelle entre les ba-
« rons, la dame et le roi. Je voudrais que le
« roi mandât devant Tintagel tous les amis du
« duc, et que, là, il offrît à la dame une satis-
« faction que nul ne pût raisonnablement refu-

« ser. » Les barons approuvèrent le conseil ; ils vont le redire au roi, qui, pour suivre leur avis, envoie proposer aux hommes de la duchesse un parlement devant Tintagel pour y traiter d'un accommodement.

La dame, invitée à se rendre au camp du roi, prend l'avis de ses barons et accepte le sauf-conduit d'Uter-Pendragon.

« Quant ele fu venue en l'ost, li rois fist tous
« ses barons assembler et fist demander à la dame
« et à son conseil que il voudroient requerre d'en-
« droit cele pais. Li consaus à la dame respondi :
« Sire, la dame n'est pas ci venue por deman-
« der, mais por oïr que l'en li offerra de la
« mort de son seignor. » Il y eut de nouveaux conseils ; les barons du roi, voulant avant de se prononcer connaître ce qu'il entendait offrir, et le roi répétant qu'il s'en rapportait à tout ce qu'ils conseilleraient. Enfin ils chargèrent Ulfin d'être leur interprète, et celui-ci, qui se gardait bien de paraître rien savoir des intentions du roi, dit à Uter-Pendragon : « Sire, je voil bien
« que vous sachiez que nus rois ne nus princes
« terriens ne puet estre trop amés de ses homes,
« et se il sont prodome, bien se doit envers
« els humelier por avoir lor cuers. » La duchesse et ses hommes promettent d'accepter le jugement des barons. « Quant il orent par
« tot cerchié, et chascuns ot dit son avis, si rede-

« manderent Ulfin que il en looit, et Ulfin respont :
« J'en dirai mon avis, et ce que je en dirai ici,
« j'en dirai partout. Vous savez que li dus est
« mors par le roi et par sa force; quelque tort
« qu'il eust envers le roi, il n'avoit pas forfait
« chose dont il deust morir. Et vous savez que
« sa feme est remés chargiée d'enfans et que li
« rois li a sa terre gastée et destruite, et savez
« que ce est la mieudre dame de cest regne et
« la plus bele et la plus sage : et savez que li
« parent le duc ont moult perdu en sa mort.
« Si est bien drois que li rois lor rende partie
« de lor perte. D'autre part, vos savez que li
« rois est sans feme, si di-je en droit moi que
« il ne peut amander à la dame son domaige se
« il ne la prent. Et quant il aura ce fait, que il,
« tout errament, marie l'ainznée fille le duc au
« roi Loth d'Orcanie qui ci est, et as autres
« amis face tant que chascuns le teigne por pro-
« dome et por loial. Or, avés oï le mien conseil;
« si faites autre, se vos volez. — Et cil respon-
« dent tout ensemble : Vos avez dit le plus
« hardi conseil que nus osast loer, et se li rois
« s'i acort, nos nos i acordons moult volon-
« tiers. »

Ils se rendent alors vers le roi : « Et vos, Sire, »
dit Ulfin, « que en dites? ne loez-vous l'acort
« de vos barons? Li rois respont : Oïl, moult
« le loe et voil, se la dame et si ami s'en

« tienent apaié, et se li rois Loth por moi voille
« prendre la fille le duc. Lors respont li rois
« Loth : Sire, vos ne me pourrois de chose
« requerre por vostre honor et por vostre pais
« que je ne face moult volontiers. Lors parla
« Ulfins, oiant tous, à celui qui les paroles à la
« dame menoit, et li demande : Loez-vous
« ceste pais? Et cil regarde la dame et son
« conseil qui furent si morne et si piteus que
« l'iaue dou cuer lor estoit montée as oils, si que
« il ploroient de pitié et de joie; et il de-
« manda à la dame cui parole il disoit et as
« parens le duc : Loez-vous ceste pais? La
« dame se taist et li parent parolent et dient
« tout ensemble : Il n'est home qui Dieu croie
« qui ne la doie loer, et nos la loons bien.
« Ensi fu créanté d'une part et d'autre. »

Il est impossible de ne pas reconnaître ici l'art avec lequel l'auteur nous conduit au mariage d'Ygierne. La vertu, l'honneur de la duchesse sont constamment respectés : victime des sortiléges de Merlin, la jeune veuve est un modèle accompli de vertu conjugale. Elle se révolte à la pensée d'avoir vidé la coupe d'or que le roi lui avait présentée : elle crie vengeance contre une simple tentative de séduction non suivie d'effet, et son cœur reste fidèle à tous ses devoirs d'épouse. La retraite du duc de Tintagel, l'ajournement qui lui est donné, l'aide et les conseils qu'ils réclament, lui et le roi, de leurs vassaux respectifs; enfin la satisfaction offerte par le roi, tout cela représente exactement le jeu de l'ancienne législation. On pèse la position de la partie lésée : la duchesse a deux filles, elle a perdu les moyens de les bien établir ; le duc avait des parents auxquels la mort du duc portait dommage, ils ont droit à une compensation : c'est en suivant toutes les formes de la procédure féodale que le roi voit ses vœux les plus chers accomplis.

Assurément, cette histoire de la conception d'Artus est peu édifiante; c'est une légende renouvelée du *Livre des Rois* et de la comédie gréco-latine d'Amphitryon. Toutefois le sentiment moral est ici, je ne dirai pas mieux respecté, mais moins blessé. Dans le *Livre des Rois*, David, ayant vu la femme d'Urie, un de ses plus braves guerriers, qui se baignait devant les fenêtres de son palais, la trouve belle, la fait venir et dort avec elle. Il écrit ensuite à Joab, chef de son armée : « Mettez Urie à la « tête de vos gens, où le combat sera le plus rude, « et faites en sorte qu'il soit abandonné et qu'il « y périsse. » Joab fait ce qui lui est demandé, Urie est tué, et David épouse Bethsabée.

Dans la fable païenne, le grand Jupiter abuse lâchement de sa toute-puissance pour prendre la figure d'Amphitryon, et pour séduire, avec l'aide de Mercure, la femme du roi de Thèbes. Amphitryon, à son retour, reconnaît le fils qui lui est né, et ce récit, dans lequel les dieux jouent un si triste rôle, faisait partie de l'histoire consacrée de la naissance d'Hercule et du culte que l'on rendait à Jupiter, à Mercure, à Hercule (1). La poésie bretonne, en adoptant la légende païenne, en a bien adouci le scandale. Uter s'éprend de la beauté d'Ygierne, mais celle-ci reste fidèle à ses devoirs. Il lui envoie des présents, mais elle les refuse, et son indignation éclate à l'idée de l'engagement involontaire qu'elle a pris en vidant la coupe d'or du roi. Elle déclare à son mari le danger qui menace leur honneur commun; elle le décide à quitter la cour, et, si le duc de Tintagel meurt en défendant son château, comme Urie sous les murs de Rabba, au moins le coupable roi

---

(1) « Les Romains, peut-être au sortir du Capitole, où ils venaient adresser au Très-bon et Très-grand des actions de grâces ou des supplications, allaient applaudir les histrions qui bafouaient Jupiter avec son fils sur le proscénium ; contradiction d'autant plus étrange que les jeux scéniques ne se donnaient qu'aux fêtes solennelles et que toutes ces fêtes étaient religieuses. » Cette remarque de l'un des traducteurs de Plaute est bonne, sauf le mot *bafouer*, qui semble assez mal s'appliquer à Jupiter. C'est Amphitryon et Sosie, deux simples hommes, que l'on se plaisait à voir bafouer par le maître des dieux.

témoigne-t-il un certain chagrin de sa mort, et n'épouse-t-il la duchesse qu'après avoir accordé pleine et entière satisfaction aux hommes et aux parents du duc de Tintagel. Quelle différence à l'avantage de notre romancier dans ce simple, chaste et fier caractère d'Ygierne ; et combien, en dépit de son crime, Uter est supérieur au dieu Jupiter et au roi David ! N'est-ce pas déjà une preuve que les mœurs étaient au douzième siècle moins rudes et plus épurées que dans l'antiquité juive, grecque et romaine ?

X.

UTER-PENDRAGON ÉPOUSE YGIERNE. — LEURS ENFANTS. — MORT D'UTER. — ÉPREUVE DU PERRON A L'ENCLUME. — COURONNEMENT D'ARTUS.

ROBERT de Boron a raconté en peu de mots le mariage d'Ygierne avec le roi, et celui des deux filles, alors sans doute fort jeunes, du duc de Tintagel. La première, mariée au roi Loth d'Orcanie (les îles Orcades), eut quatre fils appelés à jouer un grand rôle dans la suite de l'histoire. Le premier fut Gauvain, le second Agravain, le troisième Guerres et le quatrième Gaheriet.

La seconde fille du duc de Tintagel était bâtarde, et, par conséquent, n'avait avec Artus aucun lien de parenté; elle se nommait Morgain. Cédant aux conseils des amis de son père, le roi Uter-Pendragon lui fit apprendre les lettres en maison de religion. « Et tant en « aprist et si bien, que ele sot des ars et sot à « merveilles d'un art que l'on appelle astrono- « mie, et moult en ouvra tous jours, et sot moult « de fisique; et pour cele maistrie de clergie fu « ele apelée Morgain la fée. » D'après la promesse du roi, consacrée par un serment, Merlin devait avoir la disposition de l'enfant conçu dans le sein d'Ygierne. L'enfant lui fut en effet confié aussitôt sa naissance. La reine le vit à peine; on se hâta de l'envelopper de langes, et on le remit aux mains de Merlin, qui, sous les traits d'un vieillard, l'attendait aux portes du palais. Il le conduisit chez un preux et honnête chevalier nommé Antor, prévenu d'avance et qui avait décidé sa femme, nouvellement délivrée, à donner une nourrice étrangère à son propre fils, pour réserver son lait au jeune enfant dont elle et son mari ignoraient la famille. Le premier soin d'Antor fut de baptiser l'enfant qu'on leur confiait, et de lui donner, d'après l'avis de Merlin, le nom d'Artus. Quant au fils d'Antor, ce fut le fameux Keu, objet constant de l'indulgence et de l'affection d'Artus.

Nous ne nous arrêterons pas sur les circonstances de la mort d'Uter-Pendragon, annoncée par Merlin. Le roi ne laissait pas d'enfants, car le jeune Artus, enlevé par Merlin, passait pour le fils du preux chevalier Antor. Les barons de la terre, dans leur embarras, allèrent consulter Merlin qui, pour toute réponse, les engagea à attendre la prochaine fête de Noël, qu'un manuscrit appelle « le jor des estraignes, » pour demander à Dieu d'éclairer leur jugement sur le choix du successeur d'Uter-Pendragon.

Ils allèrent ensuite aux archevêques et évêques, lesquels se mirent en oraison et firent prier dans toutes les églises pour obtenir de Dieu les lumières dont tous avaient besoin. Il fut convenu qu'on se réunirait à Logres le jour de la naissance du Sauveur; et, dès la semaine qui précéda, arrivèrent dans cette ville tous les barons de la terre et tous ceux qui tenaient quelque chose de la couronne. Antor y vint avec ses deux enfants; l'aîné, Keu, avait été à la dernière Toussaint armé chevalier. « La « veille de la feste, si com est drois, furent à « la messe de la mienuit, et quant il l'orent « oïe, si s'en alerent; et tiels i ot qui remes-

« rent ou mostier, et ensi atendirent la messe
« dou jor. »

Cette messe fut célébrée par l'archevêque Dubricius, personnage discret et pieux qui leur fit une exhortation pour leur donner confiance dans le secours du Saint-Esprit.

« Et quant il ot la messe chantée jusques à
« l'Évangile, et il orent offert, si s'en issirent
« tiels i ot; et devant le moustier si avoit une
« grant place voide. Lors virent devant la mais-
« tre porte de l'eglise enmi la place un perron
« tot quarré, et ne sorent onques connoistre de
« quel pierre il estoit; si distrent qu'il estoit de
« marbre : et seur cest perron en milieu avoit
« une enclume de fer de demi pié haut, et
« parmi cele enclume avoit une espée ferue
« jusques au perron. »

L'archevêque, averti de la merveille, sortit de l'église avec de l'eau bénite et les principaux sanctuaires; en se baissant, il lut sur l'acier de l'épée les mots suivants en lettres d'or : *Cil qui ostera celle espée sera rois de la terre, par l'election Jhesucrist.*

C'était là le signe qu'ils attendaient du ciel; il ne s'agissait plus que de tenter l'épreuve et de reconnaître celui que Jésus-Christ destinait au siége royal. On convint d'établir pour gardiens du perron dix prud'hommes, dont cinq seraient clercs, et cinq laïques. Puis on rentra

dans l'église pour entendre une nouvelle messe et pour chanter *Te Deum laudamus*. L'archevêque leur dit dans un beau sermon que nul d'entre eux ne devait espérer la couronne en raison de sa puissance, de sa richesse ou de sa haute origine, mais qu'ils devaient tous être dès ce moment décidés à reconnaître pour roi celui qui accomplirait l'épreuve de l'épée. Ils en tombèrent d'accord; seulement tous voulaient en même temps les premiers tenter cette épreuve. L'archevêque parvint à leur faire entendre raison en les avertissant que le premier essai pourrait bien ne pas être le plus heureux. Il leur dit encore que l'épée était le signe de la puissance souveraine, et que la Chevalerie avait été chargée de la tenir pour rendre justice à tous et protéger la sainte Église. « Nostre sire, quant
« il comanda jostice terriene, si la mist en
« glaive d'espée, et la jostice qui sor les gens
« lais doit estre si est par l'espée ; et l'espée fu
« bailliée, au commandement des trois ordres,
« à chevaliers, por deffendre sainte Eglise et
« droite jostice à tenir. »

L'archevêque choisit ensuite deux cent cinquante chevaliers, de ceux qu'on estimait les plus prud'hommes et les plus considérables, pour tenter l'épreuve l'un après l'autre : ils portèrent la main sur la poignée de l'épée, mais nul d'eux n'eut le pouvoir de l'ébranler. Alors le perron fut laissé en garde aux dix prud'hommes, et chacun put s'approcher et tenter également l'épreuve. Il n'y eut personne pour ainsi dire qui, ce jour-là et les jours suivants, ne se présentât devant le perron et ne fît d'inutiles efforts pour lever l'épée. Au jour de la Circoncision, nouveau sermon de l'archevêque, nouvelles tentatives infructueuses, nouvelle promesse des barons d'accepter pour roi celui qui séparerait l'épée de l'enclume et serait ainsi désigné par Notre-Seigneur lui-même.

« Ensi fu la messe chantée, et alerent li baron
« et tuit li autre chascuns mangier à son hostel.
« Et après mangier, si com l'en souloit faire en
« ce tems, alèrent li chevalier behorder hors de
« la ville en un champ, et si i ala li plus de la
« ville; et li dis prodomes qui gardoient l'espée
« i alèrent aussi pour la behour veoir. Et quant
« li chevalier orent behourdé une grant piece,
« si baillerent lor escus à lor vallés qui tant
« béhorderent que entre els leva une mellée
« moult grant, si que toutes les gens de la ville
« i acorurent, et armé et désarmé.

« Antor avoit fait chevalier de son fil Keu à
« la Toussaint. Quant la messe fu commencie,
« Keus apela son frere et lui dist : Va moi querre
« m'espée à nostre ostel. Cil fu moult preus
« et moult serviables, si respondi : Sire, moult
« volentiers. Lors fiert des esperons et ala à

LE PERRON A L'ENCLUME. 89

« l'ostel, si quiert l'espée son frere ou une
« autre; mais il n'en pot nule avoir, que la
« dame de l'ostel les avoit reportées en sa
« chambre, et ele estoit alée veoir le behordeiz
« et la mellée avec les autres gens. Et quant cil
« vit qu'il n'en porroit nules avoir, si plora et
« fu moult destrois et angoisseus; et lors s'en
« revint par devant le mostier, en la place où
« li perrons estoit, et vit l'espée où il n'avoit
« onques essaié. Lors se pensa que se il povoit,
« il la porteroit à son frere; si vint par iqui à
« cheval, si la prent par le poing et si l'em-
« porte et la couvre dou pan de sa cote. Et ses
« freres qui l'atendoit hors de la meslée le vit
« venir, si ala à l'encontre et li demanda l'es-
« pée ; cil respondit qu'il ne la porroit avoir,
« mais il en aportoit une autre. Si la traist-
« il de sos le pan de sa cote, et Keus li de-
« mande où il l'a prise, et cil dist que ce est
« l'espée du perron. Keus la prent, si la met
« sous le pan de la soue cote et quiert son pere
« tant que il le trouve, si li dist : Sire, je serai
« rois : ves-ci l'espée du perron. Li peres s'es-
« merveilla moult et demanda comment il
« l'avoit eue, et il dist qu'il l'avoit prise el
« perron meisme. Antor ne le crut pas, ains
« li dit qu'il mentoit; lors s'en alerent entre
« aus deus vers l'eglise, et li vallés Artus après.
« Lors dist Antor : « Keus, biaus fils, ne me

« mentez mie; dites-moi comment vos avés
« celle espée eue, car se vos me mentiriez, je
« le sauroie bien, et je ne vos ameroie jamais.
« Et Keus respond com cil qui ot grant honte :
« Sire, certes, je ne vous mentirai ja; Artus
« mes freres la m'aporta, quant je li demandai
« la moie; ce ne sai-je coment il l'ot. Antor
« respont : Baillez-la moi, biaus dous fils, que
« vous n'i avez nul droit. Et quand il la tient,
« si garde derrier soi et vit Artu qui les sivoit.
« Lors l'apela : Biaus fils, ça venez, et me dites
« coment vos avez ceste espée. Artus li conte
« et li preudons li dist : Tenez l'espée, si la
« remétés là où vous la préistes. Cil la prent,
« et la renclume, et ele se tint aussi bien com
« ele avoit onques fait. Et Antor comanda à
« Keu son fil que il i essaiast; cil i essaia, si
« ne pot. Lors, s'en ala Antor au mostier, et
« les apela ambedeus et dist à Keu son fils :
« Je savoie bien que vos n'aviés pas l'espée
« ostée. »

Antor prit alors le jeune Artus entre ses
bras : « Écoutez-moi, beau sire, » lui dit-il,
si je venais à vous faire élire roi, quel avantage m'en reviendrait-il ? — Tous les avantages que je pourrais avoir moi-même sont
les vôtres, cher père. — Sire, respont Antor,
je ne suis que votre père de nourriture, et je
ne sais pas qui vous engendra. » Artus se mit

alors à pleurer : « Que deviendrai-je, si je n'ai pas de père ! — Vous en avez un certainement, » reprit Antor, « seulement il n'a pas voulu se faire connaître. Vous m'avez été remis le jour même de votre naissance ; ma femme vous a préféré à son propre fils pour vous donner son lait, et si je vous rappelle cela, ce n'est pas afin de réclamer une part dans le royaume dont vous pourrez être roi, mais pour vous recommander d'avoir toujours pour mon fils une vraie tendresse.

« Je ne vous demanderai mie vostre terre,
« mais tant vous requiers que se vous estes rois,
« vous fassiez de Keu vostre frere le seneschal
« de vostre terre ; en tel manieré que vos, por
« forfet que il fasse ne à vous ne à home ne à
« femme de vostre terre, ne puisse perdre sa
« seneschalcie. Et se il est fol et vilains et fel,
« vous le devés bien soufrir ; que ces mau-
« veses teches a-il eues par vous et prises en
« la garce qui l'alaita ; et por vous norrir est-il
« desnaturés. Et Artus respont : Je li doing
« moult volentiers. Lors le menerent à l'autel,
« si lor jura à bien et foi à tenir. »

On voit que ce caractère de Keu ne pouvait être mieux introduit. Il va maintenant avoir sa place dans la plupart des épisodes. S'il est querelleur, vanteur, médisant, présomptueux, Artus doit le lui pardonner : car il a juré de ne jamais le traiter avec rigueur; il est son frère, non de lait, mais de maison. S'il a de mauvaises inclinations, c'est pour avoir été séparé du sein maternel, et Artus a profité de la bonne et saine nourriture morale qui revenait naturellement à Keu. Remarquons encore que Geoffroy de Monmouth parle une fois de Keu pour lui attribuer le royaume ou le duché d'Anjou. Or les comtes d'Anjou étaient au douzième siècle en possession de la charge héréditaire de grands sénéchaux de la couronne. Leur droit à cette charge, parfaitement établi depuis la fin du dixième siècle, leur semblait-il remonter jusqu'à messire Keu? Je croirais plutôt que ce fut pour donner à cette grande charge une origine reculée que Monmouth aura fait investir Keu, le sénéchal d'Artus, de la comté d'Anjou.

Cependant Antor conduisit Artus à l'archevêque, et lui demanda pour le jeune écuyer la permission d'essayer l'épreuve de l'enclume en présence des barons, des clercs et du peuple. Artus leva facilement l'épée et la présenta au prélat, qui le prit entre ses bras et entonna un second *Te Deum laudamus*. Le peuple reconnut au même moment le choix de Dieu; mais il n'en fut pas de même des barons, qui ne pouvaient se résigner à mettre la couronne de Logres sur la tête d'un enfant de naissance obscure. L'archevêque avertit alors Artus de replacer l'épée sur l'enclume, et l'enclume se rapprochant aussitôt de la lame, le prélat invita les barons à faire tour à tour un nouvel essai. Ils ne parvinrent pas mieux à ébranler l'épée, et s'inclinèrent en demandant seulement que l'épreuve fût recommencée à la prochaine Chandeleur. « Car il nos est moult estrange « que uns garçons soit sire de nous! » L'archevêque y consentit. Les essais se renouvellèrent donc à la Chandeleur, et donnèrent le même résultat. Artus seul leva l'épée qu'il remit aux mains de l'archevêque. Les barons insistèrent encore ; ils reconnaîtront dans Artus l'élu du Seigneur, si d'ici aux Pâques prochaines personne ne vient à bout de l'épreuve aussi bien que lui. Les Pâques arrivent ; et quand Artus a de nouveau levé l'épée, les barons, prenant à part l'archevêque, lui déclarent qu'ils se soumettent à la volonté de Dieu, et consentent à élire Artus, mais à la condition que le sacre soit renvoyé à la prochaine Pentecôte. Artus jouirait, en attendant, de tout l'exercice de l'autorité royale ; et s'ils venaient, dans l'intervalle, à reconnaître que le nouvel élu ne possède pas les qualités nécessaires à un roi, ils pourraient déclarer nulle une élection que le sacre n'aurait pas sanctionnée. Ce passage est curieux. « Lors dirent : Sire nous véons bien

« et savons que nostre sire volt que vous seiez
« sire de nos, et dès que il le vuelt, nos le
« voulons bien ; si, vous tenons et tenrons por
« seignor, et voulons prendre nos fiés et nos
« heritaiges et nos honors de vos ; mais nos
« vos prions comme seignor que vostre sacre
« respitiez jusques à la Pentecoste. Ne jà por
« ce ne serez moins sire dou regne et de nous ;
« et voulons que vous nos en respondiez vostre
« volenté sans conseil. Et Artus respont : De
« ce que vos me dites que je preigne vos ho-
« maiges et que je vos rende vos honors, et
« que vous les teingniéis de moi, ce ne puis-je
« faire ne ne doi. Je ne puis vos honors ne les
« autres baillier, tant que je aie la moie ; et de
« ce que vos dites que soie sire dou regne, ce
« ne peut estre, davant que je aie le sacre et la
« corone et l'onor de la corone ; mais je res-
« pite ce que vous me demandez d'endroit le
« sacre, et le vourai-je moult volentiers. Car je
« ne voil avoir sacre ne onor se je ne le puis
« avoir de par Dieu et de par vous. »

Il fut donc convenu, à la satisfaction générale, que l'élection et le sacre se feraient à la
prochaine Pentecôte ; et en attendant, pour
essayer les dispositions du futur roi, on lui
mit entre les mains de grandes richesses, des
armes et des joyaux de toute espèce. Il n'en
garda rien pour lui ; mais, après s'être enquis

des mœurs et des façons de vivre de chacun, il distribua « aux bons chevaliers les chevaus,
« et aus jolis et aus envoisiés qui estoient amo-
« ros donoit ses joiaus ; et aus avars donoit
« deniers, et or et argent ; et aus prodomes
« saiges et larges et bon vivandiers tenoit com-
« paignie, et faisoit enquerre de l'un par l'autre
« quel chose li plaisoit miaus.

« Et la Pentecoste arrivant, li arcevesques
« apareilla la corone et le sacre. Et la veille de
« la feste, devant vespres, par le commun con-
« soil et par l'accort dou plus des barons, fist
« l'arcevesques Artu chevalier, et celle nuit
« veilla Artus à la mestre Eglise jusques au
« jour. Lors parla li arcevesques et dist : Véez
« ci un home que Nostre sire a eslit ; et véez ci
« les vestemens roiaus, et la corone ; si voil
« par vos bouches meismes oïr s'il i a nul home
« de vous qui prodom soit qui contre ceste
« eslection voille estre, si le die. Et il res-
« ponnent ensemble tout en haut : Nous l'ac-
« cordons et le voulons, et que il soit en te
« maniere que se il i avoit nus de nos vers cui
« il éust mauvaise volenté, por ce quil ont
« esté contre le sacre et contre l'election, que
« il lor pardonne. Et lors s'agenoillent tous
« ensemble, et Artus pleure de pitié, si se rage-
« noille vers els et lor dist au plus haut qu'il
« puet : Je vous le pardoing bien et loiau-

« ment. Lors se leverent tout communement
« et li haut home pristrent Artu entre lor bras et
« l'amenerent là où li vestement roial estoient,
« si les li vestent; et quant il fu vestus, li arce-
« vesques appareilliés por la messe chanter dist
« à Artu : Allez querre l'espée et la jostise
« dont vos devez defendre Saincte Eglise et
« la crestianté sauver.

« Lors alla la procession au perron, et là,
« demanda li arcevesques à Artu, se il est tiels
« que il osast jurer et créanter Dieu et madame
« Sainte Marie et à tous Sains et toutes Saintes,
« Sainte Eglise à sauver et à maintenir, et à tous
« povres homes et toutes povres femmes pais et
« loiauté tenir, et conseillier tous desconseil-
« liés, et avoier tous desvoiés, et maintenir
« toutes droitures et droite justice à tenir, si
« alast avant et préist l'espée dont nostre sire
« avoit fait de lui election. Et Artus plora et
« dist : « *Ensi voirement com Dieus est sire*
« *de toutes les choses, me doint-il force et povoir*
« *de ce maintenir que vous avez dit.* Il fu à
« genols et prit l'espée à jointes mains et la
« leva de l'enclume ausi voirement com se ele
« ne tenist à riens ; et lors, l'espée toute droite,
« l'enmenerent à l'autel et la mist sus ; et lors
« il le pristrent et sacrerent et l'enoindrent, et
« li firent toutes iceles choses que l'en doit faire
« à roi. Et quant il issirent hors du moustier,

SACRE ET COURONNEMENT D'ARTUS.

« si ne sorent que li perrons fu devenus. »
« Ensi fu Artus eslis et fais rois dou roiaume
« de Logres. Et tint' la terre et le regne lonc
« tans en pais. »

Ici nous prenons un dernier congé de Robert de Boron, pour aborder les continuateurs de son œuvre.

LIVRE IV.

LE ROI ARTUS.

LE ROI ARTUS.

I.

GUERRE DES ROIS FEUDATAIRES. — COMMENT FURENT CONÇUS MORDRET, LOOS ET HECTOR DES MARES.

ROBERT de Boron avait, en prenant congé de nous, fait reconnaître Artus comme roi de Logres, par le peuple, le clergé et la baronnie du royaume. « Ensi fu-il elus roi et tint-il la terre et le royaume « lonc temps en pais. »

Il nous avait dit que le duc de Tintagel avait, en mourant, laissé plusieurs filles; que l'aînée avait été mariée au roi Loth d'Orcanie, que l'autre, bâtarde, avait été mise aux lettres et nommée Morgan.

Il avait fait remonter l'institution du Dragon, comme enseigne des armées, à l'époque de la bataille de Salisbury, gagnée par les deux frères Pendragon et Uter.

Il avait investi Keu, le frère nourricier d'Artus, de l'office de sénéchal du royaume, à compter du jour où le jeune Artus avait détaché l'épée de l'enclume.

Il est maintenant aisé de voir, dès le début du quatrième livre, que ce n'est plus la même voix qui dicte ou la même main qui écrit. Je demande la permission de le répéter ici, comme je l'ai dit précédemment, t. I, p. 358.

Les rois feudataires, invités par leur nouveau suzerain aux fêtes du couronnement, arrivent à Carlion, et s'accordent à ne pas reconnaître un aventurier qui leur semble indigne de l'honneur suprême (1). La reine Ygierne de-

---

(1) Pour éviter cette contradiction, les éditions imprimées portent que la révolte des six rois eut lieu *après un long espace de temps*. Les manuscrits ne justifient pas cette interpolation. Plusieurs rapportent la première convocation d'Artus à la fin du mois d'août, c'est-à-dire à trois mois de distance du couronnement ; mais le motif de la révolte indique assez qu'elle dut se manifester à la nouvelle de ce couronnement. Une fois pour toutes, les éditions imprimées ne méritent aucune confiance.

vient, sous la plume des continuateurs, moins intéressante ; elle aurait été deux fois mariée avant d'épouser Uter-Pendragon : ce qui ne s'accorde guère avec la passion qu'elle avait inspirée à ce prince ; de ce double mariage seraient nées cinq filles : la reine d'Orcanie, femme de Loth ; la reine de Garlot, femme de Nautre ; la reine de Galles, femme d'Urien ; la reine d'Écosse, veuve de Briadan et mère du roi Aguisel ; enfin la sage Morgan, surnommée la Fée.

C'est pour Artus, non pour son père, que Merlin inaugure l'enseigne du Dragon, et c'est au moment d'attaquer les six rois rebelles qu'il confie à Keu, son frère de lait, la charge de sénéchal. Or Robert de Boron n'aura pu se contredire ainsi, à quelques feuillets de distance ; et de tels contrastes suffiraient, quand même nous n'aurions pas l'*explicit* de notre excellent manuscrit 747 (voy. t. I, p. 357), pour marquer le point où s'est arrêté le premier auteur, en laissant à d'autres le soin de continuer le roman.

Je vais présenter, comme je l'ai fait déjà et le ferai toujours pour les récits qui ne perdent rien à être abrégés, une analyse rapide de cette continuation du *Merlin* à laquelle je restitue son véritable titre : *le Livre d'Artus*.

Les rois qui refusent de reconnaître Artus

et qui, au lieu de l'hommage lige qu'ils lui doivent, viennent le défier dans sa ville de Carlion, sont d'abord au nombre de six. C'est Loth d'Orcanie, Aguisel d'Écosse, fils de Briadan, Ydier de Cornouaille, Urien de Gorre ou plutôt de Galles, Nautre de Garlot et Caradoc Briebras de la terre d'Estrangore. Loth, Nautre et Urien étaient, comme on vient de le voir, beaux-frères d'Artus ; Aguisel était son neveu. Mais ces liens de parenté n'étaient connus que de Merlin ; Artus, à leurs yeux, n'appartenait pas à la race des anciens rois. Ils veulent bien cependant lui accorder une audience, et quand il vient répondre à leur appel, ils se dressent « encontre lui, « parce que il estoit sacrés. »

Les débuts d'Artus dans la carrière héroïque ne sont pas éclatants. Dès que les six rois l'ont défié, il se réfugie dans la forteresse de Carlion bientôt assiégée. Merlin vient alors à son secours : il jette sur le camp ennemi un enchantement qui le réduit en cendres, tandis qu'Artus, profitant du désordre et de l'effroi causé par l'incendie, fait une sortie vigoureuse, et remporte une victoire longtemps disputée. Deux fois abattu de cheval, il est deux fois remonté, grâce à la valeur de Keu, d'Ulfin, Bretel et Antor. On le voit armé de la grande épée qu'il avait arrachée de l'enclume ; elle jette une si grande clarté qu'on eût cru voir allumés trente cierges. Les lettres disaient qu'elle avait nom *Escalibor*, mot hébreu qui sonne en français : *Tranche bois, fer et acier*.

De tous les romanciers, le continuateur de *Merlin* est celui qui nous représente le sénéchal Keu sous les traits les plus favorables. Ce n'est pas qu'il lui conteste les ridicules devenus inséparables de son nom ; mais ils sont rachetés par une valeur guerrière qui le maintient au premier rang des héros bretons. Il eût été, dit notre auteur, un chevalier accompli, sans une certaine incontinence de paroles qui l'entraînait involontairement et lui faisait perdre les bonnes grâces de ceux qui vivaient avec lui. Il avait pris ce défaut, cette disposition à la médisance, non de sa bonne et sage mère, mais de la nourrice qu'on lui avait donnée. D'ailleurs, bon et joyeux compagnon, qui plaisait à ceux qu'il n'attaquait pas de ses *gaberies* (1). Keu

---

(1) Dans une autre laisse, quand Keu arrive avec Gauvain au secours d'Artus, rudement mené par le roi Loth, le romancier ajoute : «Il n'eut guères meillor che« valier en la cort Artu, se ne fust qu'il parloit trop « volentiers, por la grant joliveté qu'il ot en lui, et ga« berres estoit, des meillors qui onques fust. Et por « ce qu'il gaboit volentiers le haïrent maint chevalier « qui honte avoient de sa parole : et li chevalier qu'il « avoit gabez li firent en mains lieus de grans annuiz. « Mais loiaus chevaliers fu vers son Seigneur et vers la « Roïne, ne onques en sa vie ne fist traïson, que une

est un personnage heureusement jeté au milieu de cette grande comédie de la Table ronde, pour en varier les scènes et souvent en préparer les dénouements.

Les six rois ainsi déconfits, Merlin « mit Artus à raison », pour lui raconter comment un esprit incube avait fait concevoir sa mère; l'histoire des deux dragons, l'amour d'Uter-Pendragon pour Ygierne. Le héros apprend ainsi le secret de sa naissance, la destinée de ses sœurs et le nom des enfants nés des quatre premières. Ceux de la reine d'Orcanie, femme du roi Loth, sont : Gauvain, qui devait être le plus beau, le plus loyal chevalier du monde; Guirre, Gaheriet et Agravain. Pour le cinquième, il n'était pas fils du roi Loth, mais bien d'Artus lui-même, et l'histoire de sa conception est ailleurs ainsi racontée :

Quand le roi Loth était venu à Carduel (1), aussitôt après la mort d'Uter-Pendragon, pour concourir au choix de son successeur, il avait au nombre de ses familiers le bon Antor et son fils présumé, le jeune Artus. Loth et Antor occupaient de nuit deux chambres contiguës, et le

---

« seule fois, et ce fut de Lohot, le fil au roi Artu, qu'il
« ocist par envie en la grant forest périlleuse. Et dist li
« contes que Percevaus l'encusa à cort, ensi que uns her-
« mites lui reconta, qui l'y avoit veu ocire et tuer. »

(1) A Londres, suivant un autre passage.

lit d'Artus était posé devant l'huis de la chambre du roi, comme il convient à l'écuyer de service. Il était beau valet et subtil ; il ne tarda pas à remarquer la beauté, l'agréable et frais embonpoint de la reine et en devint amoureux. La dame ne s'en donnait garde, tous ses sentiments allant au roi. Un jour les barons eurent à tenir un conseil de nuit. Loth avertit les écuyers de mettre les selles, à la chute du jour, et de n'en parler à personne. A minuit, le roi se lève doucement sans éveiller la reine, demeurée seule avec une jeune fille couchée de l'autre côté de la chambre.

Dès que Loth fut sorti de l'hôtel, Artus, qui de tout s'était donné garde, s'en va au lit de la reine, se glisse sous les draps, mais sans oser d'abord faire autre chose que de tourner et retourner. La dame s'éveilla d'elle-même, et, comme femme épousée qui se croit auprès de son mari, lui jeta les bras autour du corps et le serra, demi-endormie, contre elle. Artus lui rendit son étreinte et prit d'elle son plaisir. Puis, quand la dame fut rendormie, il revint doucement à son lit. La reine n'aurait jamais eu le moindre soupçon de l'aventure, sans le jeune écuyer qui le lui fit entendre le lendemain, comme il taillait au dîner devant elle. La reine le voyant à genoux : « Sire damoisel, » lui dit-elle, « levez-vous, c'est assez vous incli-

« ner. — Ah! madame, » répond Artus à voix basse, « comment vous remercier de vos « bontés! — Quelles bontés? dit-elle. — Je « m'en tairai, si vous ne me fiancez de ne pas le « répéter. » Elle le fiança. Alors il lui dit en l'oreille ce qui s'était passé la nuit. La dame sentit la honte rougir son visage; elle laissa le manger, et se retira dans ses chambres, mais n'en parla jamais à personne. Seulement elle ne put douter que le jeune varlet, qu'elle croyait fils d'Antor, ne fût le père de l'enfant dont elle se trouva grosse; cet enfant devait être Mordret.

Robert de Boron avait déjà recueilli la même tradition de la conception de Mordret, mais avec des circonstances différentes. « Artus, » dit-il, « l'avait engendré de sa sœur, une nuit qu'il « croyait tenir dans ses bras la belle dame d'Ir- « lande; et, quand ils surent la méprise, ils en « eurent tous deux un grand repentir. » On ne sait, et Boron ne le dit pas, quelle était cette dame d'Irlande.

Les autres neveux d'Artus dont Merlin lui révèle l'existence sont Galegantin ou Galeschin, fils du roi Nautre de Garlot, et Yvain le Grand, fils d'Urien, roi de Galles. Yvain égalera la prouesse et la bonté de son cousin Gauvain.

Merlin avertit encore Artus de réclamer le secours des deux vaillants rois de la Petite-

Bretagne, qui lui devaient hommage et avaient épousé les deux sœurs germaines. L'un était Ban de Benoyc, l'autre son frère Bohor de Gaunes ou Gannes. Ils ont pour voisin le félon roi Claudas, qui les inquiète en ce moment et plus tard leur causera de plus grands maux : mais il ne doit rien entreprendre contre eux pendant qu'ils seront dans la Grande-Bretagne, pour répondre à la prière qui leur en sera faite. Pour Artus, il trouvera dans ces deux princes les meilleurs soutiens de sa couronne ; il les aura pour compagnons de ses travaux.

Les deux rois, pères, le premier de Lancelot du Lac et d'Hector des Mares, le second de Lionel et du jeune Bohor, sont ici désignés comme souverains de la Petite-Bretagne. Cette attribution doit être la plus ancienne, la plus conforme aux traditions primitives. On a droit alors de conjecturer que le félon voisin de ces deux rois, Claudas, roi de la Terre déserte, ou Berry, pourrait bien être le roi des Francs Clovis, ou Clotaire Ier son successeur, qui, d'après un passage célèbre et assez mal interprété de Grégoire de Tours, semblerait avoir obligé les rois bretons à reconnaître son autorité (1). Il est vrai que plus loin l'ignorance

---

(1) « Nam Britanni sub Francorum potestate fuerunt post obitum regis Chlodowei, et comites, non reges ap-

de la véritable histoire fera chanceler le romancier. Claudas ne sera plus que le roi de Bourges ou du Berry ; il sera vassal du roi des Francs, et celui-ci de l'empereur de Rome : mais il faut rechercher sous le texte de nos romans les souvenirs à demi effacés qui ont dû les inspirer.

Ainsi nous croyons que, dans la tradition la moins oblitérée, Benoyc n'est pas Bourges, mais pourrait bien être Vannes, en Bretagne. Le V initiale serait devenu B, comme *Trebes*, au lieu de *Trèves*. Les Bretons prononcent aujourd'hui *Guenet* ou *Venet*. Si Benoyc est de deux syllabes, il doit se prononcer à peu près de même.

La guerre semble avoir été soulevée entre les rois Ban et Claudas de la Déserte, à l'occasion du château de Trebes, que le premier avait fait construire sur la limite des deux États. Les détails assez uniformes que l'on donne plusieurs fois sur la situation de cette place, baignée par les eaux de la Loire, nous la font reconnaître aujourd'hui dans le petit bourg de Trèves, à (deux lieues de Saumur, vers le nord),

---

pellati sunt. » (Greg. Tur., lib. IV, ch. III. A° 549.) Ils s'appelaient donc *rois* auparavant, et ce passage confirme, au lieu de l'affaiblir, l'opinion qui recule jusqu'au quatrième siècle l'époque de l'établissement des Bretons insulaires dans l'Armorique.

dont la haute tour crénelée, reste de l'ancien château, subsiste encore (1). Ainsi Trebes était sur les marches des royaumes de Benoyc et de Berry. Par la fortune de la guerre, Ban avait d'abord conquis sur son ennemi la ville de Bourges ; il y résidait, quand les fidèles messagers d'Artus, Ulfin et Bretel, le vinrent trouver après l'avoir inutilement cherché à Trebes, où il se tenait d'ordinaire. Voilà donc la topographie de la Gaule arturienne bien établie. La Terre déserte est le Berry, dont la capitale est Bourges et le roi Claudas. Le pouvoir de Claudas s'étendait sur la Touraine et partie du Saumurois. Le domaine de Bohor est l'Anjou ; Ganne, sa capitale, est Angers (Andegavensis). Le royaume de Benoyc réunissait les diocèses de Vannes et de Nantes, avec une partie du Saumurois. On ne peut trop répéter que nos romanciers ne se rendaient pas compte des localités : ils n'inventaient pas les noms, mais ils n'en recherchaient pas la valeur exacte. Tout ce qu'on peut donc assurer, c'est que la scène des récits qui touchent à la France embrasse la Touraine, l'Anjou, le Poitou, la Marche, la Bretagne, une partie de l'Auvergne et de la basse Bourgogne. Les noms d'Arles, de Bordeaux, de Toulouse ou de Marseille n'y sont

(1) Elle est reproduite dans le bel ouvrage de M. Godard-Faultrier : *l'Anjou et ses monuments*, tome II.

pas une seule fois prononcés, ce qui semble assez bien prouver que ni le Languedoc ni la Provence n'ont participé à l'inspiration ou à la composition de ces ouvrages.

Mais, puisque j'en suis à la désignation des principaux héros de la Table ronde, et que j'ai déjà prononcé le nom d'Hector, je veux tout de suite raconter les circonstances de sa naissance, comme j'ai rappelé celles de la naissance de Mordret.

C'était quand les deux rois Ban et Bohor, après avoir concouru à la complète déconfiture des Saisnes ou Saxons, retournèrent dans leurs États, accompagnés de Merlin. A la chute du jour qui suivit leur départ de Logres, ils arrivent devant un château entouré d'un grand marais, et qui pouvait défier tous les assauts du monde. Au-delà des eaux étaient les premières palissades ou barbacanes, puis deux paires de grandes et fortes murailles garnies de quatre tours très-élevées et de la tour du donjon, plus haute encore. Elles étaient entourées de mares fangeuses et profondes, qu'on traversait par une étroite chaussée faite de sable et de ciment, et coupée de distance en distance par des ponts de planches faciles à lever, quand on voulait interdire le passage. Enfin, devant le marais, se dressait un pin dont les vastes rameaux symétriquement arrondis pouvaient ombrager cent chevaliers; à l'une des branches les moins élevées pendait un cor qu'il fallait apparemment sonner, pour demander ou la joûte ou l'entrée du château.

Nos deux rois devinaient bien l'usage de ce cor, mais le château était à si grande distance qu'ils n'espéraient pas être entendus s'ils venaient à s'en servir. Ils apprirent de Merlin qu'ils étaient devant le château des Mares, et que le seigneur en était Agravadain le Noir, chevalier puissant, preux et hardi aux armes. « J'ai, » dit le roi Ban, « souvent entendu par-
« ler d'Agravadain le Noir; il peut se vanter de
« posséder le plus fort château que j'aie jamais
« vu, et j'y passerais volontiers une nuit. —
« Vous vous soumettrez donc à la condition
« imposée à tous les chevaliers étrangers : vous
« sonnerez du cor avant de faire un pas sur le
« gué, si mieux n'aimez avoir à livrer combat.
« — Y eût-il danger, » reprit le roi Ban, « je le
« sonnerais encore. » Ce disant, il détacha le cor et en tira un son des plus retentissants. L'écho le répète plusieurs fois et le fait arrivir à l'ouïe du seigneur du château. Agravadain demande ses armes, et cependant le roi Ban donnait trois nouvelles halenées ; Agravadain impatienté monte à cheval, l'écu au cou, la lance sur feutre. On lui ouvre la chaussée, il arrive devant le gué, en face des deux rois et de

7.

leur suite. « Quelles gens êtes-vous? » cria-t-il.
— « Sire châtelain, » répond le roi Ban, « nous
« sommes chevaliers, nous hébergerions vo-
« lontiers chez vous une nuit ; au moins vou-
« drions-nous abreuver ici nos chevaux. — Je
« demande qui vous êtes, » reprend le châtelain. — « Sire, » fait Merlin, « ils sont des parties
« de Gaule. — Et de qui tiennent ces parties ?
« — De Dieu, sire, et du roi Artus. — Par le
« nom de Dieu ! ils ont un bon seigneur ; c'est
« aussi le mien, et, pour l'amour de lui, vous
« aurez hôtel à votre vouloir.—Grand merci ! »
répondit Merlin.

Agravadain alors tourne bride en invitant
Merlin et ses nobles compagnons à s'aven-
turer sur l'étroite chaussée, les uns après les
autres. Ainsi arrivèrent-ils à la porte du château sans quitter les étriers, car il n'y avait pas
d'espace à l'extrémité de la chaussée pour tourner les chevaux. La porte franchie, ils sont
conduits au maître palais ; écuyers et varlets arrivent à leur descente ; le châtelain prend par
la main les deux rois et les conduit dans une
grande chambre, au bas de la tour principale.
Comme on les désarmait, trois jeunes demoiselles entrent, et la salle est illuminée de leur
beauté. C'était et la fille et les deux nièces
d'Agravadain. Elles tenaient aux bras trois
beaux manteaux dont la panne était de menu

vair et le drap écarlate. Elles les posèrent aux épaules des rois et du seigneur châtelain. Le roi Ban, de disposition plus amoureuse que son frère, se plut à regarder les pucelles, leur gracieuse et simple contenance. L'aînée, qui n'avait pas encore quatorze ans, était la fille du châtelain et la plus belle des trois. Merlin ne la vit pas non plus sans étreinte de cœur : « Par ma foi ! » se dit-il, « bien heureux serait « qui pourrait s'ébattre avec telle pucelle : et, « n'était le grand amour que je porte à Viviane, « ma mie, je la tiendrais cette nuit même entre « mes bras. Mais au moins ménagerai-je ce « bonheur au roi Ban. » Aussitôt il fait une conjuration à l'effet de rendre éperdûment amoureux l'un de l'autre le roi Ban et la demoiselle.

Les manteaux posés sur les épaules de nos deux rois, Agravadain s'assied entre eux et commande de hâter le manger. Puis, regardant plus attentivement ses hôtes, il les reconnaît et leur fait encore plus grand honneur que devant. Les nappes sont mises, on corne le souper. Les deux rois, assis au chef de la table, vers l'entrée, invitent Agravadain à prendre place, lui et sa femme épousée, belle dame à peine âgée de vingt-six ans. Quant aux chevaliers de la suite, ils vont occuper d'autres tables à distance. Merlin se tient debout devant les deux rois, le seigneur, la dame et les trois pucelles; il 'avait pris la figure d'un jouvenceau de quinze ans, vêtu d'une cotte courte mi-partie de blanc et vermeil ; une ceinture de soie, large de trois doigts, retenait en avant son aumônière de rouge samit à or battu, en arrière un gant blanc. Il avait les cheveux blonds et crêpés, et les yeux verts comme faucon. Il servait à genoux, tantôt devant le roi Ban, tantôt devant le roi Bohor; et chacun se plaisait à le regarder, les gens du château le tenant pour un sergent des deux rois, et les rois pour un varlet du châtelain. Les deux nièces d'Agravadain n'étaient pas moins surprises de sa grande beauté et de sa bonne grâce : mais la fille du châtelain avait les yeux sur le roi Ban et ne regardait que lui, par l'effet invincible de la conjuration. Elle pâlissait, elle changeait de couleur, elle désirait voir les tables levées, tant l'amour déjà l'agitait de ses poignantes angoisses: « Ah ! » se disait-elle, « heureuse qui le pourrait tenir entre ses bras ! » Puis, toute honteuse, elle se demandait en pleurant d'où pareille pensée pouvait lui venir, et comment elle ne songeait pas à autre chose.

Si la pucelle éprouvait une telle émotion, le roi Ban n'était pas en moindre malaise. Il lui fallut laisser une partie de son rire et de son enjouement ordinaire. Il ne comprenait pas d'où lui venaient telles pensées et tels désirs : car il avait épouse jeune et gente, non moins belle que la fille d'Agravadain ; pour rien au monde il n'eût voulu manquer à la foi qu'il lui devait. D'un autre côté, n'était-il pas l'hôte d'un noble et courtois chevalier, qui lui faisait tout l'honneur qu'il pouvait désirer ? ne l'accuserait-on pas de trahison et de déloyauté s'il venait à faire honte et vilenie à tel prud'homme ? Et quel plus grand outrage que de ravir l'honneur de sa propre fille ? Ces pensées le tourmentaient cruellement, si bien que, malgré le charme jeté sur lui, il résolut de ne faire aucune honte à son hôte et de résister aux pointes qui le transperçaient.

Or Merlin n'ignorait pas le combat que la loyauté du roi livrait à son amour, et il dit entre ses dents qu'il n'en serait pas ainsi : « Il « y aurait trop grand dommage à les laisser en « ce point ; car leur union passagère doit pro- « duire un fruit dont la Bretagne sera gran- « dement honorée : mieux vaut à tout prendre « que cet enfant vienne au monde. En dépit « des résolutions du roi, je connais assez la « force de l'enchantement pour être sûr qu'il « ne repoussera pas la pucelle quand elle vien- « dra d'elle-même à lui. » Le souper n'était cependant pas achevé; Ban et la pucelle continuaient à se regarder en pâlissant et muant couleur à qui mieux mieux. Enfin, les nappes ôtées et les mains lavées, ils allèrent s'appuyer aux fenêtres du palais, regardant les marais prolongés, et au delà les grands bois, les terres cultivées et les viviers. Puis vint l'heure du coucher. On conduisit les deux rois dans une chambre voisine de la grande salle ; les demoiselles y avaient dressé deux lits de grande richesse et de grande beauté. Dès qu'ils furent couchés, Merlin jeta sur le château un nouvel enchantement ; un sommeil profond s'étendit sur tous ceux qui s'y trouvaient, à l'exception du roi Ban et de la demoiselle, l'amour dont ils étaient surpris ne leur permettant pas de dormir. Merlin vint à la chambre où reposait la pucelle, et, la tirant doucement par le bras : « Or sus, belle, » lui dit-il, « venez à celui qui « n'a d'autre désir que de vous voir. » Celle-ci, que le charme empêchait de résister, se leva de son lit toute nue à l'exception de sa chemise et d'un léger pelisson. Merlin la fit passer devant le lit de son père, devant celui des chevaliers et des sergents ; mais l'écroulement des murs et des tours ne les aurait pas éveillés. Ils entrèrent enfin dans la chambre où reposaient les deux rois, et qui était encore éclairée de cierges. Ils arrivent au lit où dormait le roi Bohor, puis à celui où le roi Ban appelait vainement le sommeil à son aide, pour lui ôter la cuisson de ses pensées amoureuses. « Sire, » lui dit Merlin, « voici la bonne et la belle « qui doit porter le fruit dont grande renom- « mée viendra par le monde. » A ces mots, le roi reçut entre ses bras la demoiselle, par la force de l'enchantement ; car, s'il eût été maître de lui-même, il ne l'eût fait assurément pour la cité de Logres. Il se dressa donc en son séant et retint la pucelle, qui, sans en être priée, ôta son pelisson, sa chemise, et se plaça à ses côtés. Ils s'embrassèrent alors étroitement, comme s'ils eussent été depuis vingt ans ensemble, et c'est dans la joie et le soulas de l'acoler et du baiser qu'ils virent poindre le jour. Merlin reparut : « Il est temps de retour- « ner, » dit-il à la demoiselle ; et, la faisant lever, il lui tendit sa chemise et son pelisson. Le roi, tirant alors un anneau de sa main : « Belle, » dit-il, « gardez cet anneau pour l'amour de moi. » La demoiselle le prit, le passa à son doigt et s'éloigna en se recommandant à Dieu. Revenue dans son lit, elle s'endormit, ayant conçu un fils qui plus tard devait être pour Lancelot du Lac, son frère, une occasion d'honneur et de joie. Merlin, dès qu'il eut reconduit à son lit la demoiselle, défit l'enchantement. Écuyers et varlets se réveillèrent, se levèrent, préparèrent les armes, ensellèrent les chevaux, troussèrent coffres et malles. Le roi Ban seul dormait en-

core ; Merlin alla le réveiller : « Sire, levez
« vous, il est temps de chevaucher. » Quand
les deux rois, le seigneur châtelain et la dame
furent levés, les trois demoiselles vinrent leur
donner de par Dieu le bonjour. « Et à vous
« bonne aventure ! » répondirent-ils, « avec toute
« la joie et l'honneur que vous pourrez souhai-
« ter. » Le roi Ban jeta les yeux sur la fille
d'Agravadain, si belle, si douce, si humble demoiselle ; il la regarda profondément, avec un
léger sourire qu'elle lui rendit, baissant doucement la tête comme en présence du premier homme qu'elle eût aimé et qu'elle sentait
bien ne pouvoir jamais oublier. En effet, nul
autre ne toucha jamais à sa chair, car avis lui
était que femme une fois donnée à roi ne se
doit donner à nul autre. Plus tard elle fut de-
mandée en mariage par un baron du pays bien
plus puissant qu'Agravadain le Noir, lequel
eût vivement souhaité cette union ; mais la
demoiselle s'y refusa toujours, et finit par avouer
à son père qu'elle aimait le roi Ban et qu'elle
portait dans ses flancs un gage de cet amour.
Le père (1), d'abord indigné de cette confidence,
se consola en pensant que Merlin avait annoncé
les hautes destinées de l'enfant qui allait naître

(1) Dans la dernière laisse, où la naissance d'Hector est
racontée, le châtelain des Mares n'est plus Agravadain,
mais Gossui.

d'elle. Cet enfant, en venant au monde, reçut le nom d'Hector; la demoiselle le nourrit de son lait, et lui donna les maîtres qui le préparèrent à devenir un des meilleurs et des plus célèbres chevaliers de la Table ronde.

La rencontre amoureuse d'Artus avec sa sœur, la reine d'Orcanie, n'avait pas été la seule fantaisie de sa jeunesse. Comme il séjournait à Bredigan, après la seconde victoire remportée sur les onze rois, la dame du château de Quimpercorentin avait passé la mer pour le prier de recevoir son hommage. Elle se nommait Lisamor, fille du feu comte Sevin, et était des plus belles de son temps. Artus ne put voir Lisamor avec indifférence. Merlin, l'intermédiaire accoutumé de ces sortes d'affaires, alla trouver la dame chez le riche bourgeois de la ville où elle avait pris hôtel, et la disposa si bien en faveur du roi qu'elle consentit à recevoir ce prince dans sa couche, la nuit suivante. Ainsi fut engendré Lohos, le bon chevalier qui, plus tard, mérita d'être de la Table ronde, et aurait grandement fait parler de lui s'il eût vécu plus longtemps. Lisamor resta à Bredigan jusqu'au moment du départ d'Artus pour le royaume de Carmelide, puis elle retourna dans sa ville de Quimper, où peut-être la retrouverons-nous plus tard.

Revenons maintenant à la guerre des feudataires que ces épisodes ont bien pu nous faire perdre de vue. Les six rois, contraints d'abandonner le siége de Carlion, étaient retournés dans leurs domaines, clopin-clopant. « Tels en « i eut » qu'on fut obligé de transporter en litière, parce qu'ils ne pouvaient supporter les mouvements du cheval. Arrivés sur les marches des deux royaumes de Gorre et de Logres, ils convinrent de prendre leur revanche et de convoquer tous leurs amis, pour exterminer le roi d'aventure et l'odieux enchanteur qui les avait une première fois obligés de fuir. Voici les noms de ceux qui se réunirent à Loth d'Orcanie, à Aguisel d'Écosse, à Ydier de Cornouaille, à Urien de Gorre, à Nautre de Garlot et à Caradoc-Briebras de la terre d'Estrangore. Le premier fut le duc Escaus de Cambenic; le second, le roi Tradelinan de Norgalles; le troisième, le roi Clarion de Northumberland; le quatrième, le roi des Cent-chevaliers, quelquefois nommé Aguiginier et plus souvent confondu avec Aguisel d'Écosse; le cinquième, le roi Brangore de la ville d'Estrangore, qui avait épousé la fille de l'empereur Adrian de Constantinople. A ces noms, il convient d'ajouter Bélinan de Sorgalles, frère du roi Tradelinan; il était marié à la belle Aiglante, fille du roi de l'Ile perdue, et sœur du roi Nautre. Leur fils Dodinel, violent chasseur, surnommé le Sauvage, devait, à l'exemple de ses cousins Gauvain, Yvain et Galeschin, se rendre à Logres pour être armé de la main d'Artus. Kahedin et Keu d'Estraus, neveux du roi Karadoc, devaient l'y accompagner.

Quelques lignes consacrées à ces princes nous les feront mieux distinguer dans le cours des récits. Ainsi le roi Ydier de Cornouaille, outre la vaillance qui lui était commune avec les autres, était amoureux, aimé des dames, plein de courtoisie et de beauté. Le roi Nautre de Garlot tenait Wuidesan, et avait pour second son neveu Dorilas. Loth est tantôt roi d'Orcanie, tantôt roi d'Orcanie et de Loénois; Urien, roi de Gorre ou de Galles, tient la cité de Sorhau, il a pour neveu Baudemagus, et, si l'on suit l'analogie que présente ce nom avec celui de *Rothomagus*, il doit répondre à *Baudouin*. Parmi les chefs qui résistent aux Saisnes, on trouve encore les noms de Brandus des Isles, sire de la Douloureuse Garde; de Brus sans pitié; d'Alibon, fils du riche forestier du Gué; de Minoras, sire de Nohant; de Brion du Plessis; de Matamas, sire de la Forêt périlleuse; du sire de Landemore; de Planus, châtelain du Pui de Malehaut; de Lidamas, neveu de Tradelinan; d'Atestan, sire de la cité de Fage en Écosse; de Brun, seigneur de la Falerne; d'Amarec de Roestoc; d'Allier, de Chaligné; de Segurade du château de Blaquestan; d'Agravadain du Château-fort; de Guimart de Vindesores; de Loudart de Glocedon; de Saron de l'Estroite Marche; de Guimart du Blanc Estanc; de Karadoc le Géant de la Blanche Tour, de son frère Blanor de la Douloureuse Tour; d'Adrian le Gay de la Forêt périlleuse; d'Acarnaduc le Noir et de ses deux frères.

Ces noms qui, disons-nous, reviendront dans les récits suivants, ou dont s'empareront, dans le cours des treizième et quatorzième siècles, les poëtes imitateurs des romans primitifs, sont, à cause de cela, bons à noter ici. Ils constatent une fois de plus la féconde imagination de nos romanciers, ou du moins le nombre et la variété des lais qu'ils prenaient pour guides.

A vrai dire, la seconde campagne contre les rois feudataires, ne sera, comme diraient les musiciens, qu'une variation du motif original. Au lieu d'assiéger Carlion, les rois alliés campent dans la verte prairie de Bredigan; au lieu de l'incendie qui avait dévoré leurs tentes, Merlin leur envoie un tourbillon de vent qui renverse également leurs tentes, jette la confusion parmi eux et les livre à la merci d'Artus. Ainsi, d'un seul lai, le romancier a fait deux épisodes distincts, et dans une seule victoire a trouvé les éléments de deux victoires

Voici maintenant les compagnons d'Artus qui figurent dans ces premiers récits et doivent, pour la plupart, reparaître dans les suivants. L'ost formait sept échelles ou corps de bataille: les trois premières composées de Bretons insulaires, les autres de Bretons armoricains. Dans la première, conduite par le sénéchal porte-bannière Keu, se trouvaient Girflet, le fils de Do de Carduel, auquel Artus avait confié la garde de la ville de Logres ; Lucan le bouteiller, Maruch de la Roche, Guinard le Blond, Briant de la Forêt sauvage, Belinas l'Amoureux et Flandrin le Bret. Bretel conduisait la seconde ; Ulfin et le roi Artus se trouvaient dans la troisième.

Pharien, qui portait l'enseigne du roi Bohor, et Leonce de Paerne avaient la conduite des deux échelles que Merlin, dans un second voyage en Gaule, avait ramenées du continent. Avec eux étaient Ladinas, Moret de Benoyc, Pallas de Trebes, Gracien le Blond, Blioberis, Meliadus le Noir et Madian.

Enfin les deux autres échelles étaient conduites par les deux rois frères ; et l'enseigne de Ban portée par Aleaume, son sénéchal.

Maintenant, on peut s'étonner de ne pas voir figurer, dans ces débuts de l'histoire d'Artus, les chevaliers de la Table ronde instituée par Uter-Pendragon avec tant de solennité. Il est certain que notre romancier anonyme ou plutôt les assembleurs en parlent avec un embarras marqué. Ils font dire à Merlin que « les chevaliers de la Table ronde établie par « Uter-Pendragon sont allés offrir leurs ser- « vices au roi Leodagan de Carmelide, et qu'ils « se sont éloignés à cause de la grande déloyauté « qu'ils virent régner en ce royaume de Logres. » Mais cette phrase ne s'accorde pas avec les récits qui vont suivre : nous y verrons ces chevaliers jalousant les quarante compagnons qu'Artus amène en Carmelide, et finissant par conspirer contre eux. Quel rapport entre cette Table ronde de Leodagan et celle d'Uter-Pendragon ? Comment admettre que la déloyauté des Bretons, dont on ne trouve pas d'ailleurs la trace dans les récits précédents, ait pu engager les hommes d'Uter à priver la meilleure cause de leur aide ? Il faut supposer ici un raccord maladroitement tenté, afin de sauver la contradiction de trois récits distincts, l'un rapportant la fondation de la Table ronde au règne d'Uter, l'autre groupant les chevaliers de cet ordre autour de Leodagan, enfin le troisième voulant qu'Artus les eût plus tard et le premier institués. Cette façon d'expliquer une pareille confusion se trouve justifiée dans la laisse qui nous raconte le départ d'Artus du royaume de Carmelide : « En sa compagnie fu li rois Bans « et li rois Boors ; si i furent li dui cent et

« cinquante compaignon de la Table ronde.
« qui tuit estoient né del roiaume de Carmelide,
« et *home de fié* estoient au roi Leodagan, devant
« ce que li rois Artus prist lor compaignie et
« que il préist à feme la roïne Guenievre.... »
(ms. 747, f° 178 v°.) Le désir de ne rien perdre des anciennes traditions, même quand elles se contredisaient, conduisit apparemment les assembleurs à certains expédients, pour les concilier tant bien que mal entre elles. Ces expédients sont aujourd'hui comme les pâles caractères qui recouvrent l'encre noire et solide d'un palimpseste, et n'empêchent pas de distinguer les lignes le plus anciennement tracées. La triste part faite à ces premiers chevaliers de la Table ronde prouve, une fois de plus, que Robert de Boron n'est pas l'auteur de la seconde partie, et que son continuateur s'est contenté de suivre d'anciens lais, sans égard pour les contradictions qu'il allait introduire dans l'ensemble de la composition.

II.

INVASION DES SAISNES. — ARRIVÉE D'ARTUS EN CARMELIDE. — ENFANCES DE GALESCHIN, DE GAUVAIN, AGRAVAIN, GUIRRE ET GAHERIET; D'YVAIN LE GRAND ET YVAIN L'AVOUTRE; DE SAGREMOR DE CONSTANTINOPLE.

Les onze rois, déconfits pour la seconde fois par Artus, avaient recueilli les débris de leur armée dans la ville de Sorhaut, qui appartenait au roi Urien de Galles. Ils y furent reçus par Baudemagus, neveu d'Urien. Mais, à peine arrivés, la nouvelle se répandit de l'entrée des Saisnes dans la Cornouaille et dans l'Orcanie (1). Ils avaient déjà commencé le siége du château de Vendebieres, sur les marches de Cornouaille. Comment les rois résisteront-ils aux païens et au fils d'Uter-Pendragon? Comment espérer une paix honorable de la part du suzerain qu'ils ont méconnu? Les princes

(1) Les Saisnes ou Saxons étaient conduits par les rois Brangore, Morgan et Hardibran ou Hargodabran, anciens vassaux de Hengist.

sur lesquels ils auraient pu compter étaient eux-mêmes obligés de se défendre dans leurs terres. Ainsi le roi Leodagan de Carmelide soutenait difficilement la guerre contre le puissant roi Rion; le roi Pelle de Listenois était retenu près du roi Pellinor, son frère, obligé d'attendre, pour recouvrer la santé, l'arrivée de celui qui devait mettre les aventures du Graal à fin; son autre frère, Alfarzan, partageait le sort et les lointaines espérances de Pellinor. Quant au roi de Sorelois, à Brangain de l'Ile perdue, à Amadorian et Clamadès, ils avaient grand'peine à se défendre de Galehaut, le fils de la géante des Lointaines Iles, qui réclamait l'hommage de leurs terres.

Mais les regrets ne servaient de rien. Tradelinan, roi de Norgalles, fit aisément comprendre qu'après les récents désastres, ils ne pouvaient penser à livrer une bataille décisive aux Saisnes; qu'il valait mieux garnir les villes frontières, et de là harceler l'ennemi, l'empêcher de renouveler ses provisions, jusqu'au moment où, la faim venant à les tourmenter, on pourrait les attaquer avec avantage et les contraindre à vider le pays. En conséquence, Ydier, roi de Cornouaille, s'enferma dans Nantes, vers la limite du royaume de Bretagne (1);

(1) Il est impossible de ne pas voir dans ces indica-

Nantre de Garlot dans Wuidesan, autre frontière de Cornouaille ; Loth dans la ville de Galones ; Clarion de Northumberland dans Bellande ; le Roi des Cent-chevaliers dans Malehaut, qui n'était pas de son domaine, mais appartenait à une gentille dame dont on parlera beaucoup plus tard. Tradelinan défendit sa ville de Norgalles, assez voisine de la Roche-aux-Saisnes, où se tenait Camille, sœur d'Hargodabran, la plus habile magicienne de ce temps, après Morgain, sœur d'Artus, et après Viviane qui devait apprendre de Merlin tous les secrets de la nature. Karadoc se rendit dans Estrangore, également voisine de la Roche-aux-Saisnes, et Aguisel d'Écosse dans Gorenge ou Corenge, grande et riche cité à vingt lieues écossaises du château de Vendebieres (1), qu'assiégeaient les Saisnes. Le duc Escans garnit la

---

tions si confuses des lieux une nouvelle preuve des remaniements qui ont entièrement fait perdre la trace de ces localités. Comment Loth est-il en même temps roi d'Orcanie, de Léonois et d'une partie de Cornouaille ; comment dans la Cornouaille une ville de Nantes en Bretagne ? Il faut renoncer à démêler ces écheveaux, et se contenter de répéter que les légendes de l'Armorique croisent constamment dans nos récits celles de l'île de Bretagne.

(1) Au folio 112, Vendebieres est en Cornouaille, ce qui ne s'accorde guère avec les distances assignées.

ville de Corbenic ou Cambenic, plus rapprochée de la Roche-aux-Saisnes et d'Arondel, que le roi Artus avait déjà mise en bon état de défense. Urien resta dans sa ville de Sorhaus, à dix journées de Vendebieres.

Telle fut la disposition de défense des dix ou onze rois confédérés contre l'invasion des Saisnes, dont ils arrêtèrent la marche, sans même essayer de leur reprendre la Roche-aux-Saisnes, ou de les obliger à lever le siége de Vendebieres.

Que faisait cependant le roi Artus? Il avait, d'après le conseil de Merlin, quitté sa ville de Logres, et, dans la compagnie des rois Ban et Bohor, il était allé, comme simple chevalier d'aventure, demander des soudées au roi de Carmelide Leodagan, que pressait alors vivement le terrible roi Rion de l'Ile-aux-Géants et de la Terre-aux-Pâtres. L'Ile-aux-Géants, c'est le Danemark, et la Terre-aux-Pasteurs est l'Islande ou la Norwége. Rion, après avoir obligé vingt-neuf rois à lui sacrifier leur barbe dont il avait fourré son manteau royal, tenait à raser le menton de Leodagan, et c'est pour obtenir cette glorieuse toison qu'il avait envahi la Carmelide. A l'exemple du romancier, nous laisserons ici le roi Artus et le roi de Carmelide, pour nous occuper de ses jeunes neveux, appelés, pour la première fois, à paraître sur la scène qu'ils rempliront plus tard de l'éclatante renommée de leurs aventures.

Nous avons dit que le roi Nautre de Garlot avait épousé une des sœurs consanguines d'Artus. Cette dame se nommait Blasine, fille d'Ygierne et du duc Hoel de Tintagel. De leur mariage était né le gentil Galeschin, qui touchait alors à sa seizième année et devait figurer un jour parmi les deux cent cinquante compagnons de la Table ronde. Un beau matin, Galeschin s'en va dire à sa mère : « Belle « mère, n'êtes-vous pas fille de la duchesse de « Tintagel et sœur de ce roi Artus qui vient de « mettre en fuite les onze rois, avec un petit « nombre de gens d'armes ? » Blasine répondit en pleurant : « Assurément, beau doux fils; le « roi Artus est votre oncle et mon frère : il est « même de la proche parenté de votre père, « le roi Nautre, comme je l'ai souvent entendu « dire à votre aïeule, la reine Ygierne. — S'il « est ainsi, reprit Galeschin, je ferai tant que « mon oncle Artus me ceindra lui-même l'é- « pée de chevalier, et j'entends ne jamais me « départir de sa compagnie. » Cela dit, l'enfant retourne à sa chambre, mande un messager et le charge d'aller prier de sa part Gauvenet, le fils aîné du roi Loth, de se trouver, le troisième jour de la semaine de Pâques, à la Neuve-Ferté, dans la forêt de Bredigan (1), où il viendra de son côté pour lui parler d'une importante affaire.

Vous savez aussi déjà que le roi Loth avait quatre fils, sans compter Mordret, dont le véritable père vous est également connu. Ces quatre fils, on les nommait Gauvain, Agravain, Guirre et Gaheriet. Un jour revenait de la chasse le jeune Gauvenet, vêtu d'une robe de fort bureau, telle qu'écuyer pouvait la porter en hiver : il conduisait en laisse deux levriers et était suivi de deux brachets. Gauvenet était beau et de haute taille. Écoutez le don qu'il avait reçu en naissant : il se levait un des bons chevaliers du monde; à six heures sa force doublait, elle quadruplait à neuf heures; quand sonnait midi, il revenait tel qu'il s'était levé, pour voir ses forces doubler à nones, et redoubler à vêpres, jusqu'au milieu de la nuit. Telle était la nature de Gauvenet.

Sa mère était assise près d'une cheminée devant un grand feu : elle songeait tristement aux barons qui refusaient de reconnaître le roi Artus, à l'invasion des Saisnes, au danger que la terre de Bretagne courait d'être à jamais

---

(1) Le manuscrit 747, f° 107 v°, écrit *Broceliande;* c'est peut-être une erreur, ou plutôt une suite de la confusion des traditions gallo-bretonnes et armorico-bretonnes.

asservie aux mécréans. Gauvenet, voyant les larmes qui couvraient le visage de sa mère : « Belle mère, » lui dit-il, « pourquoi pleurez-« vous ainsi? — N'en ai-je pas, » reprit la dame, « grand sujet ? Je vous vois le temps user en « folie, quand vous devriez être déjà cheva-« liers et porter les armes à la cour de votre « oncle, le roi Artus. Vous ménageriez ainsi « la paix entre votre père et votre oncle ; « car n'est-ce pas aux barons grand orgueil « et grand tort de refuser de reconnaître « Artus, pour continuer une guerre que le « Seigneur Dieu désapprouve, comme il est « aisé de le voir aux malheurs qui en sont « venus ? Pendant qu'ils se laissent vaincre par « Artus, les Saisnes entrent dans leurs terres et « mettent tout en charbon. Et vous, au lieu de « chercher à les accorder, perdez votre temps « à courre les lièvres dans la plaine.

« — Comment, belle mère, » reprend Gauvain, « est-il vrai que le roi Artus soit votre « frère et notre oncle ? — N'en doutez pas, « beau fils. » Et tout de suite elle raconte comment Artus fut conçu, nourri chez Antor, reconnu par Merlin, par Ulfin, par l'archevêque ; comment il accomplit l'épreuve du perron. « Puisqu'il en est ainsi, » dit Gauvain, « ne « pleurez plus, belle mère ; par la foi que je « vous dois, je n'aurai de heaume en tête et

« d'épée au flanc sinon de la main du roi Artus.
« Je veux aller à Logres avec mes frères, pour
« recevoir de lui mes armes et lui porter aide
« envers et contre tous ceux qui le voudraient
« abaisser. — Ce n'est pas moi, beau fils, qui
« vous en détournerai, car mon seul espoir est
« dans le bon accord du roi mon époux et du
« roi mon frère. »

Alors entrèrent dans la salle Agravain, Guirre et Gaheriet. La reine leur raconta son entretien avec Gauvenet : « Certes, beau frère, » dit Agravain, « vous devez avoir ici le premier « blâme ; vous êtes notre aîné, c'était à vous « de nous présenter à la cour du roi Artus, « au lieu de nous conduire à la chasse. Ne nous « laissons pas prendre au piége comme les pe- « tits oiseaux : les Saisnes sont à une journée « d'ici ; comment les chasser de nos terres sans « l'aide du roi Artus ? » Gauvain ne blâma pas son frère de parler ainsi. « Il n'y a plus, » dit-il, « qu'à nous préparer ; nous partirons à « quinze jours d'ici. — Ne vous embarrassez « de rien, beaux enfants, » dit la mère, « je « disposerai vos armes et vos chevaux ; vous « n'aurez qu'à monter et mouvoir, en la garde « et protection du seigneur Dieu. »

Le lendemain de cette grande résolution, Gauvenet reçut le message de son cousin Galeschin lui assignant un rendez-vous à la Neuve-

Ferté, dans la forêt de Brédigan. Gauvenet répondit à cet appel, et le troisième jour de la semaine de Pâques, les quatre frères se trouvèrent à la place indiquée. « Beau cou- « sin, » dit Gauvenet à Galeschin, « je n'ai « pas voulu manquer à ce que vous désiriez ; « cependant j'avais en pensée un autre voyage « que j'ai le plus grand désir d'accomplir. — « Sire, » dit Galeschin, » où voulez-vous « donc aller ? — Je veux, » dit Gauvenet, « aller servir le plus preux, le plus large, le « plus franc, le plus doux et le plus prisé de « tous les chevaliers du monde. — Oh ! oh ! » reprit Galeschin, « dites-nous le nom de ce « chevalier ; par aventure est-il celui dont j'al- « lais vous parler ? — Son nom, » dit Gauvenet, « n'est pas de ceux qu'on craint de pro- « noncer devant prud'hommes ? C'est monsei- « gneur Artus, notre oncle, auquel les barons « de cette terre font une si mauvaise querelle. « Et sachez que je ne porterai jamais autre épée « que celle que je tiendrai de lui. » A ces mots Galeschin court à Gauvenet les bras ouverts : « Le parlement, » dit-il, « que je vous avais « demandé n'était à autre fin que de cher- « cher ensemble comment nous pourrions aller « trouver le roi Artus et lui demander des ar- « mes. » Les enfants, après s'être joyeusement séparés, firent tant, chacun de leur côté, qu'ils parvinrent à réunir sept cents écuyers avec lesquels ils se mirent en marche et arrivèrent sur les terres que les Saisnes commençaient à ravager. A l'entrée du royaume de Logres, ils croisèrent un convoi de provisions que trois mille mécréants conduisaient à la Roche aux Saisnes vers Arondel. Leur parti fut bientôt pris : ils résolurent de mourir ou de reprendre la proie. « Or paraîtra, » dit Gauvenet, « qui « preux sera, car nous sommes dans notre hé- « ritage, et nous défendons notre droit contre « ceux qui gâtent et pillent ce qui est nôtre. »

Les trois mille Saisnes ne résistèrent pas à la furie des sept cents écuyers. Gauvenet, armé d'une hache, car il n'avait pas encore le droit de porter épée, répandit partout devant lui la terreur. Les Saisnes furent tous tués, sauf quelques fuyards qui portèrent au camp la nouvelle du désastre : aussitôt les païens s'armèrent et accoururent sur le champ de bataille ; ce fut pour compléter le triomphe des cinq jouvenceaux. Le récit de ce double combat prend dans le roman tout le développement que méritait le premier exploit de Gauvain, présage de tout ce qu'on devait attendre par la suite de lui, de ses frères et de leur cousin Galeschin. Les citoyens de Logres, survenus à temps pour achever la déroute des Saisnes, ramenèrent les enfants en triomphe ; et Gauvenet, ne trouvant pas dans la ville le roi Artus, qu'ils y venaient chercher, pensa que le mieux était d'y séjourner pour la mettre à l'abri de toute entreprise et harceler les Saisnes répandus dans la campagne.

Pendant ce temps, un autre neveu d'Artus prenait une résolution pareille à celle de ses cousins. C'était le jeune Yvain, fils aîné du roi Urien et d'Hermesant, autre sœur du roi Artus. Yvain avait un frère, bon chevalier, mais plus orgueilleux et moins prud'homme; il se nommait Meleagant, et le livre de Lancelot en parlera longuement. Le roi, leur père, en tenant la campagne contre les Saisnes, les avait chargés de défendre la ville de Sorhaus, de concert avec un autre Yvain surnommé l'avoutre, que le roi Urien avait engendré de la femme de son sénéchal. Cette dame avait été de grande beauté : tel avait été l'amour du roi pour elle qu'il était demeuré cinq ans séparé de la reine sa femme et que, pour l'obliger à la reprendre, la terre avait été mise en interdit. Il lui fallut donc abandonner la femme de son sénéchal; mais il ne perdit pas de vue l'enfant qu'elle avait mis au monde, et, le voyant croître en valeur et beauté, il l'avait fait nourrir avec son fils aîné, et lui avait donné de bonnes terres, desservies par une nombreuse mesnie. Pour le premier Yvain, qu'on distinguait de son frère

avoutre ou bâtard, par le surnom de Grand, il était de beauté et déjà de force merveilleuses : dès qu'il avait entendu parler des prouesses de son oncle Artus, il avait refusé de prendre des armes de la main de son père et de tout autre, et souvent il lui arrivait de dire à son frère Yvonet l'avoutre qu'il ne porterait jamais d'épée s'il ne la tenait d'Artus. Les nouvelles arrivèrent alors de la chevauchée de Gauvenet avec ses frères et Galeschin ; de la proie qu'ils avaient enlevée aux Saisnes et de leur séjour dans la ville de Logres. Yvonet le grand alla trouver aussitôt la reine Hermesant : « Belle mère, » dit-il, « voilà mes cousins qui sont allés
« à la cour du roi Artus pour demander des sou-
« dées. S'il vous plaisait, je suivrais leur exem-
« ple et tâcherais de les rejoindre. Vous
« savez que mon père s'est engagé à donner
« la terre qui venait de lui à son neveu Bau-
« demagus ; celle que vous lui avez appor-
« tée en mariage doit me revenir : laissez-mo
« je vous prie, belle mère, joindre mes cou-
« sins, et tenter comme eux de combattre les
« mortels ennemis que nous ne pouvons es-
« pérer de chasser sans l'aide du roi Artus. Mais
« quoi qu'il puisse arriver, belle mère, je ne
« ferai rien contre votre volonté et s'il vous en
« pèse. »

La dame, en entendant ainsi parler son fils,

ne put retenir ses larmes de tendresse et de joie. « Cher Yvonet, beau fils, » dit-elle, « où « avez-vous pris le cœur et la volonté de me « délaisser, pour un homme que vous ne con- « naissez pas ? — Ah mère ! tout ce qu'en di- « sent les prud'hommes m'avait déja averti que « le roi Artus est votre frère et mon oncle; je « serais donc bien avili si je restais dans une « terre où je ne puis tenter la moindre prouesse, « quand mes cousins combattent les Saisnes et « défendent la terre de Logres. — Eh bien, je « consens à votre depart; mais agissez secrè- « tement, et que votre père n'en sache rien. « Avisez à vous procurer des compagnons; et « je me chargerai de vos robes, de vos chevaux, « de vos armes et des deniers dont vous pourrez « avoir besoin.— Grand merci, belle mère ! » fit Yvonet ; sans perdre temps il s'en va trouver Yvonet l'avoutre et le voit heureux de l'accompagner. Le départ est remis à huitaine, et cependant ils réunissent trois cents écuyers disposés à former leur mesnie. Le jour venu, ils se lèvent après le premier somme, à l'heure de minuit, et se mettent à la voie dans la direction de Logres où nous ne tarderons pas à les retrouver.

On ne manquera pas de remarquer ici que tous nos jonvenceaux sont inspirés de l'âme et du cœur de leurs mères ; que celles-ci ont la souveraine influence sur leurs résolutions. Il est vrai qu'elles sont les sœurs d'Artus, quand même un secret lien plus puissant ne les attache pas à lui. Mais il n'en faut pas moins reconnaître la part d'influence que les femmes avaient alors dans leur maison et sur leurs enfants. Quant à l'histoire du sénéchal du roi Urien et de la mère d'Yvonet l'avoutre, c'est apparemment une sorte de variante du lai primitif qui sera bientôt développé, en faveur de la sénéchale de Carmelide et de sa fille, la seconde Genievre.

Un autre jouvenceau destiné à d'aussi grandes aventures se mettait dans le même temps en chemin pour obtenir d'Artus l'adoubement de chevalerie. C'était l'héritier de l'empire de Constantinople, le petit-fils de l'empereur Adrian, dont il devait recueillir le grand héritage. Adrian n'avait eu que deux filles : l'une, épouse du roi Brangore, l'autre, veuve d'un roi de Hongrie et de Valachie, qui lui avait laissé un fils d'excellente beauté et de grand cœur. Sagremor, ainsi l'appelait-on, ayant entendu parler de l'avénement, de l'élection et des premières victoires d'Artus, s'était dit que, si un tel prince lui donnait ses armes, il le rendrait nécessairement plus preux, plus loyal et plus hardi. Dès lors, sourd à toutes les instances de son aïeul, l'empereur Adrian, il avait déclaré vouloir passer la mer, aborder en Grande-Bretagne et recevoir l'accolade de la main du roi Artus. Il fallut céder : une nef de grande richesse fut équipée, l'enfant Sagremor prit congé de la reine sa mère et de l'empereur. Après une traversée favorable, il atteignit le rivage breton au moment où Galeschin, Gauvain et ses frères faisaient leurs premières armes contre les Saisnes, ainsi que nous venons de le raconter. Nous les laisserons les uns à la descente du vaisseau, les autres dans les hôtels de la ville de Logres, jusqu'à ce que l'occasion se présente de les remettre en scène. Passons en Carmelide, où viennent d'arriver trois écuyers dont personne ne devine le nom ni le rang, et qui ne sont rien moins que les trois rois Artus de Logres, Ban de Benoyc, et Bohor de Gannes.

III.

**ARTUS CHEZ LE ROI LEODAGAN DE CARMELIDE.
IL DEVIENT AMOUREUX DE GENIEVRE.**

Les Romans de la Table ronde sont livres d'enseignement autant que de plaisir. Voilà comment nous y voyons que le premier soin des trois rois, après la victoire de Bredigan, avait été de former un immense monceau du butin recueilli sur les princes feudataires. Après avoir ouï messe, ils revinrent où la proie était amassée et partagèrent le butin entre ceux qu'ils savaient en avoir besoin, chevaliers et sergents, sans rien garder pour eux. Ils distribuèrent ainsi palefrois, chevaux de bataille et draps de soie ; puis ils donnèrent congé à tous leurs hommes, à l'exception de ceux qui devaient les accompagner en Carmelide. Revenus dans leurs foyers, les vainqueurs de Bredigan, avec la part de butin qu'ils avaient reçue, achetèrent terres, fiefs, rentes et édifices qui leur permirent de vivre à grand honneur.

Ainsi doit-on traiter les soudoyers et compagnons d'armes, pour en être toujours bien servi. Le jeune Gauvain avait fait tout distribuer de même après le combat livré près d'Arondel :

« Lors aportèrent les citoyens de Londres tout l'avoir devant eux et tout le gain, et dirent à Gauvenet de le départir à sa volonté. Gauvenet répondit qu'il ne voulait pas s'en entremettre, et que Do de Carduel s'acquitterait mieux que lui de ce soin. Car, ajouta-t-il, il connaît mieux que moi les pauvres et les souffreteux. Les citoyens de Londres, l'entendant ainsi parler, s'écrièrent qu'il ne pouvait manquer d'être prud'homme. »

Cependant Artus, Ban et Bohor, accompagnés de Merlin et de trente-sept chevaliers (1), ar-

---

(1) Ces trente-sept chevaliers qui doivent si bien faire devant Caroaise, principale ville de Carmelide sont : 1 Antor; 2 Ulfin; 3 Bretel; 4 Keu le sénéchal; 5 Lucan le bouteiller; 6 Girflet fils de Do de Carduel; 7 Maret de la Roche; 8 Guinan le Blond; 9 Drian de la Forêt; 10 Belinas l'amoureux du chastel aux Puceles; 11 Ladinas l'amoureux de Benoyc; 12 Landin ou Flandrin le Bret, du chastel aux Dames; 13 Maret le Brun; 14 Talas le Roux; 15 Bliois du chastel; 16 Blioberis; 17 Baret de Quarignan; 18 Meliadus le Blond; 19 Madian le Crespé; 20 Zeneas le Riche; 21 Placide le Sore; 22 Plantalis la Plaingne; 23 Cristufle des Roches; 24 Aiglin des Vaux; 25 Kalogrenant; 26 Gosoin le Desraé; 27 Chabe le Brun; 28 Grevi, neveu de la riche

rivaient à Caroaise (1), en Carmelide. Le roi Leodagan tenait alors conseil pour concerter les moyens de défense qu'il pourrait opposer au terrible Rion et aux quinze rois couronnés

dame de la Forêt sans retour; 29 Guivret de Lamballe; 30 Kahedin le Bel; 31 Gorvain Cadru; 32 Clarot le Laid; 33 Madian l'Orgueilleux; 34 Brinin au corps hardi; 35 Galesconde; 36 Galet le Chétif; 37 Blaris, le filleul du roi Bohor.

Mais rien ne prouve mieux l'existence d'une rédaction plus ancienne que l'incertitude de cette liste, dans les textes conservés. Plus loin, en effet, quand nous arrivons à la seconde et décisive bataille livrée au roi Rion, les compagnons d'Artus ne sont plus qu'au nombre de douze : la nomenclature diffère encore à deux pages de distance. Voici le nom des douze : Antor, Keu, Girflet, Lucan, Meraugis, Gorvain, Bliois, Blioberis, Galesconde, le Laid hardi, Calogrenant et Kahedin.

Je crois que la leçon la plus ancienne est celle qui porte à trente-sept le nombre des compagnons d'Artus et des deux rois d'Armorique.

(1) Var. Taroaise, Terouaise. Toutes les fois que les manuscrits varient dans les noms de lieu, sur la première syllabe *Tar* ou *Car*, nous donnons à *Car* la préférence comme répondant mieux à *Caer*, ville. Caroaise rappelle d'ailleurs *Carhaix* de l'Armorique, et il n'est pas bien prouvé que, dans les lais ou récits primitifs, la Carmelide ne fût en Basse-Bretagne. Cela justifierait mieux l'aide donnée à Artus par les rois Ban et Bohor. On a déjà vu plus haut comment Lisamor de Quimpercorentin était venue faire hommage avec ses barons au roi Artus.

devenus ses auxiliaires. Les chevaliers étrangers obtinrent la faveur d'être introduits : ils avancèrent se tenant par la main deux à deux. Ban salua le premier le roi Leodagan : et celui-ci lui ayant gracieusement rendu son salut : « Sire, » dit-il, « nous venons vous offrir notre ser« vice, à la seule condition que vous ne « demanderez ni ne chercherez à savoir nos « noms, avant le moment où nous jugerons « à propos de vous les dire. Autrement nous « vous recommanderons à Dieu et nous trou« verons assez de gens qui nous retiendront « à la même condition. »

Leodagan répondit qu'il s'en conseillerait avant de répondre. Et, s'étant mis à l'écart avec les chevaliers de la Table ronde, il leur demanda ce qu'ils pensaient de la proposition. « Vous ne courez aucun danger, » répondirent les chevaliers, « en leur accordant ce qu'ils de« mandent. Ils semblent vaillants et prud'« hommes, cela doit suffire. » Leodagan revenant donc aux étrangers : « Seigneurs, je vous « retiens, si vous faites serment de me servir « envers et contre tous, tant que vous serez de « ma compagnie; mais, je vous prie, ne tardez « pas trop à m'apprendre qui vous êtes, car d'a« venture pourrai-je ne pas vous rendre tous « les honneurs qui vous appartiennent. »

Les serments échangés, les étrangers s'en

allèrent par la ville et prirent leur hôtel chez Blaire, un vavasseur riche et prud'homme, dont la femme sage devant Dieu et devant les hommes était appelée Lionelle.

Pendant ce temps, Leodagan mandait tous ceux dont il avait reçu la foi et qui pouvaient armes porter. Il employait l'or et l'argent de ses coffres pour soudoyer des hommes d'armes en dehors de ses terres, si bien qu'on vit arriver devant Caroaise, le jour de l'Ascension, plus de quarante mille hommes; nombre bien considérable, remarque le romancier, mais, ajoute-t-il sincèrement, au temps du roi Leodagan, le nombre mille répondait assez volontiers à celui de cinq cents d'aujourd'hui.

Peu de jours après l'arrivée des trois rois, une partie de l'ost de Rion, le puissant roi de Danemark et de la Terre aux Pâtres, se présenta devant Caroaise ; aussitôt les citoyens de fermer leurs portes, de s'armer et de se préparer à la défense de leurs murailles. Chacun se pressait à qui mieux mieux vers les remparts, attendant le signal du roi pour sortir de la ville. D'abord les chevaliers de la Table ronde, sous la conduite d'Hervis du Rinel, puis les chevaliers gardiens de Caroaise, sous celle du sénéchal de Leodagan, le brave, loyal et malheureux Cleodalis. Tout à coup Merlin écarte les rois et fraye aux chevaliers étrangers un passage jusqu'à la porte. Il tenait dans sa main une bannière merveilleuse : c'était le dragon dont la queue tortillée avait une toise et demie de long ; de sa gueule ouverte sortait une langue flamboyante et toujours agitée. « Ouvre « la porte, » dit-il au portier. — « J'attendrai « l'ordre du roi. — Ouvre, te dis-je, portier de « male heure ! » Et, ce disant, il prend le fléau qui barrait la porte, le détache, tire à lui les deux battants, les ouvre aussi facilement que s'ils n'eussent pas été fermés d'une bonne serrure. Cela fait, il sort suivi des quarante soudoyers. Dès que le dernier a passé le seuil et que la porte s'est refermée d'elle-même, ils fondent sur les Saisnes (1) et reprennent la proie enlevée dans la campagne ; mais, voyant arriver une échelle de Païens beaucoup plus nombreuse et conduite par quatre de leurs rois, Merlin siffle ; un vent terrible soulève aussitôt la poussière, au point d'empêcher les Saisnes de rien distinguer devant eux. Artus

(1) Le romancier donne le nom de *Saisnes* aux peuples qui reconnaissaient Rion pour leur roi, aussi bien qu'aux Anglo-Saxons qui tenaient alors en échec les autres rois bretons. C'est ainsi que nos chansons de geste appellent Sarrasins les Lutis et les Esclas, c'est-à-dire les Slaves et les Lithuaniens. La plus puissante des hordes ennemies donnait son nom à toutes les autres. — Rion est tantôt nommé roi de Danemark, tantôt roi de la Terre aux géants.

alors et ses compagnons jouent de leurs redoutables glaives et font un carnage auquel viennent bientôt prendre part les chevaliers de la Table ronde, le sénéchal Cleodalis et le roi Leodagan. Car, en voyant les merveilleux exploits de ses nouveaux soudoyers, Leodagan s'était hâté de faire une seconde fois ouvrir la porte pour se précipiter dans la mêlée.

Les quatre rois cependant, revenus de la première épouvante, reformèrent deux échelles de leurs gens ; la première soutint l'effort des compagnons d'Artus et de Cleodalis ; la seconde empêcha la bataille de Leodagan de se joindre à celle des chevaliers de la Table ronde. Ainsi vigoureusement reçus, les chevaliers de Carmelide furent contraints de reculer ; Leodagan lui-même fut abattu de son cheval et retenu prisonnier. Des fenêtres du palais, Genievre, sa fille, entourée de ses demoiselles, voyait les païens emmener son père. Peu s'en fallut qu'elle n'en mourût de douleur.

Heureusement Merlin veillait pour lui. Il avertit les soudoyers compagnons d'Artus de fermer le chemin aux mécréants qui emmenaient prisonnier le roi Leodagan. Le délivrer, mettre en fuite ceux qui le retenaient, fut pour eux l'affaire d'un moment. Il s'agissait alors de porter secours aux chevaliers de la Table ronde cernés par sept mille Saisnes qui devaient les exterminer. Le dragon flamboyant les avertit de l'approche d'un secours efficace. Du haut des murs, Genievre vit délivrer son père, puis un des chevaliers inconnus, c'était Artus, attaquer le terrible roi Roalland et le jeter mort sur le sable. « Quel peut être, » se disait la jeune princesse, « ce vaillant guerrier à l'épée duquel aucun géant ne résiste ? »

Tant fit le roi Artus de merveilles que tous s'arrêtaient pour le regarder. La fille du roi Leodagan et les pucelles autour d'elle tendaient leurs mains au ciel et priaient le Sauveur du monde de le défendre de mort et de péril. Elles pleuraient la peine et le travail qu'elles lui voyaient souffrir, et elles ne comprenaient pas comment si jeune homme en pouvait tant faire. Il frappait d'Escalibor à droite et à gauche, coupait bras, têtes, pieds et jambes, arrachait heaumes des têtes, écus des épaules, abattait chevaliers et chevaux, faisait tant, en un mot, que son écu était fendu et écartelé, son heaume embarré, et le cercle rompu. La lutte se continuait si près des murs de la ville que des fenêtres on eût pu atteindre d'une pierre le heaume des combattants.

Cependant les Saisnes font un suprême effort ; conduits par le puissant et gigantesque roi Sapharin, ils parviennent à jeter à terre fort

mal en point la plupart des chevaliers de la Table ronde et des compagnons d'Artus. Leodagan est une seconde fois abattu et foulé aux pieds. C'en était fait de lui si Artus ne fût accouru, résolu de combattre le géant. Il prend une lance grande et forte, à fer tranchant, et s'en vient à l'endroit où gisait le roi de Carmelide. « Sire, » lui crie le roi Ban, « à qui voulez-
« vous donc jouter? Est-ce à ce géant deux
« fois plus grand et plus fort que vous? Vous
« êtes trop jeune, laissez-moi ce soin-là; je suis
« plus grand que vous et votre aîné. — Dieu
« m'abandonne, » répond Artus, « s'il m'arrive
« jamais d'envoyer quelqu'un combattre à ma
« place! Plus ce géant est redoutable, plus je
« sens l'envie d'essayer ce qu'il vaut : je ne saurai
« jamais ce que je vaux moi-même si je ne
« me mesure à lui. » Dès que Sapharin vit venir Artus, il s'arrêta : tous ceux qui l'entouraient, Saisnes et Bretons, s'arrêtèrent également pour voir qui allait l'emporter, du jeune et petit chevalier, ou de Sapharin, le plus grand et le plus fort de tous les Saisnes. Ils laissent courre leurs chevaux, heurtent des lances leurs écus, au point de les trouer ou les rompre. La lance de Sapharin se brise la première, après avoir atteint Artus au flanc gauche; mais celle d'Artus perce l'écu et le haubert, pénètre et traverse les entrailles; Sapharin

tombe sanglant, tout étendu, sans vie. La mort du géant mit un terme à la résistance des Saisnes; bien heureux ceux qui peuvent regagner la prairie d'Aneblaise, où se tenait le roi Rion avec le reste de ses hommes. Genievre, du haut des murs, reconnut dans le chevalier qui avait délivré son père le vainqueur du géant. « Quel peut-être ce hardi champion? » demandait-elle. « C'est, » lui répondait-on, « un « des soudoyers nouvellement retenus. — Cer- « tes, » fait-elle, « quel qu'il soit, il est issu de « bonne race. Jamais homme de bas parage ne « montra si grande prouesse. »

Les quatre rois mis en fuite et le butin partagé entre les vainqueurs, le roi Leodagan rentra dans sa ville de Caroaise, et son premier soin fut de remercier les quarante soudoyers inconnus en les priant de prendre hôtel chez lui, et de se réunir aux chevaliers de la Table ronde. Dès qu'ils furent désarmés, la belle Genievre, couverte de ses plus riches draps, vint leur apporter l'eau chaude dans un bassin d'argent. Artus refusait d'accepter son service; mais il fallut que lui et les deux rois Ban et Bohor se rendissent aux instances de Leodagan. La demoiselle leur lava de ses mains, le cou et le visage, puis les essuya doucement avec une fine toile. Une autre belle demoiselle, également nommée Genievre, et fille de la femme du sénéchal Cleodalis, remplit le même service à l'égard des autres chevaliers. Il faut raconter ici les circonstances de la naissance de ces deux Genievre.

Vous saurez donc que le roi Leodagan avait épousé une dame de haut lignage, d'insigne vertu et de grande beauté. La dame avait amené de la terre de son père une pucelle qui n'était guère moins sage ni moins belle. Cleodalis, le sénéchal, bientôt amoureux d'elle, demanda au roi la permission de l'épouser. Devenue sa femme, elle prit place à la table des dames de la reine, toujours richement vêtue comme il convenait à son rang. Le roi ne put se tenir de remarquer sa bonne grâce et d'en devenir amoureux. Il fut longtemps sans découvrir son penser, tant qu'après une fête de Saint-Jean, il remit à son sénéchal le soin d'une chevauchée sur les Saisnes ; la dame resta près de la reine qui lui portait la plus tendre affection. Une nuit, le roi partageant la couche de sa femme, la rendit mère d'une fille qu'on dut baptiser sous le nom de Genievre. La reine avait, comme bonne dame qu'elle était, coutume de se lever la nuit pour se rendre dans la chapelle du palais, assister aux matines et autres offices qui précédaient la messe. La nuit même qu'elle eut conçu Genievre, elle se leva, s'en vint au lit de la sénéchale pour l'avertir de l'accompagner ; mais, la voyant profondément endormie, elle ne voulut pas la réveiller et s'éloigna, un psautier à la main. Le roi l'avait suivie des yeux et l'avait vue sortir seule de la chambre de la sénéchale ; aussitôt il se lève lui-même, éteint les cierges qui brûlaient d'une salle à l'autre, et vient doucement partager le lit de la femme de Cleodalis. La dame se réveille, demande qui il est, tout effrayée. « Je « suis le roi, » dit-il, « tenez-vous coie ; un seul « mot, et vous êtes morte. » Elle se défendit pourtant longtemps de paroles, mais elle n'osa crier, si bien que le roi reposa près d'elle et la rendit mère d'une fille, peu d'heures après qu'il eut engendré de sa femme la première Genievre. A neuf mois de là et la nuit même que celle-ci vint au monde, la sénéchale se trouva prise des mêmes douleurs et mit au jour une fille qui n'était pas moins belle que l'autre Genievre et reçut le même nom ; on ne les aurait jamais distinguées, si la fille de la reine n'avait eu, un peu au-delà des reins, une couronne royale parfaitement marquée. La princesse, dit ailleurs le romancier, était un peu plus grande et colorée que l'autre Genievre, mieux fournie de grands et beaux cheveux. Elle avait aussi meilleure langue, comme ne le cédant à personne en éloquence et en raison. Les deux jeunes filles furent élevées ensemble et ne se quittaient jamais. La reine de Carmelide étant venue à mourir, tel était l'amour du roi pour la sénéchale que, voulant empêcher Cleodalis de converser avec elle, il avait enfermé la dame dans un sien castel et l'y retenait déjà depuis cinq ans, lorsque Merlin, Artus et leurs compagnons arrivèrent en Carmelide. Les amis de Cleodalis, indignés de la mauvaise conduite du roi, ne manquèrent pas d'engager le sénéchal à lui rendre son hommage et à le défier; mais il répondait qu'il s'en garderait tant que la guerre ne serait pas mise à fin; et, de fait, la honte que lui faisait le roi ne l'empêchait pas de le servir le mieux et le plus loyalement qu'il pouvait. Tel était le bon Cleodalis, telles étaient les deux demoiselles.

La princesse Genievre, après avoir servi les trois rois, rendit à son père le même office. Quand ils eurent lavé, elle mit sur les épaules de chacun d'eux un riche manteau. Artus était de grande beauté, il regardait volontiers Genievre, et la demoiselle disait entre ses dents : « Heureuse la dame que si beau, si bon cheva-
« lier voudrait aimer ! Honnie à toujours celle
« qui l'éconduirait ! »

Les tables mises et le manger dressé, les convives prirent place : les chevaliers de la Table ronde s'assirent côte à côte des soudoyers inconnus, le roi Artus entre les rois Ban et Bohor;

Leodagan se plaça à la gauche du roi Ban et ne tarda pas à tomber dans une profonde rêverie qui lui représentait tout ce que les vaillants inconnus avaient fait pour lui. Sa fille, tenant à la main la coupe d'or de son père, s'agenouille alors devant Artus et la lui tend. Artus la regarde et ne peut se défendre d'admirer encore plus sa beauté. C'était en effet la plus belle femme qui fût au monde : elle avait le visage entièrement découvert (1), avec un chapelet d'or sur la tête, les cheveux tombant en longues tresses sur ses épaules et le long de ses reins, plus blonds et plus luisants que l'or le plus fin ; le visage fraîchement coloré, heureusement mélangé de blanc et de vermeil; les épaules droites et flexibles comme un jonc, le corps gracieusement cambré, les bras grands et longs, les jambes droites et polies, les flancs grêles, les hanches basses, les pieds blancs et arrondis, les mains longues, blanches et mollettes. Que vous irai-je devisant ? Genievre avait en elle

---

(1) « Elle estoit tote desloïe et ampur cors. » F° 128 v°. C'est-à-dire qu'elle n'avait pas le visage à demi caché sous la guimpe que les femmes portaient alors ordinairement. Ce sens est justifié par cet autre endroit où l'on décrit le costume nuptial de Genievre : « Elle fut toute desloïée et avoit le plus biau chief que fame peust porter... et fu vestue d'une robe de drap de soie, » etc. (f. 179).

beauté, sens, débonnaireté, valeur, honneur et prouesse.

Ne vous étonnez donc pas si le roi Artus la regarde avec complaisance, s'il suit le mouvement de ses mammelettes qui semblaient avoir la fermeté et les contours de belles pommes, s'il remarque sa chair plus blanche qu'aucune neige tombée, et son juste embonpoint. Il en est tellement surpris qu'il en laisse le manger, rougit et détourne son visage, dans la crainte de laisser découvrir aux autres le fond de sa pensée. La demoiselle le presse cependant de boire : « Prenez la nef, sire damoiseau, » lui dit-elle, « et veuillez me pardonner si je ne
« vous appelle d'autre nom, car je ne le sau-
« rais ; mais, s'il vous plaît, buvez et ne soyez
« pas timide au manger, car aux armes ne
« l'êtes-vous guère. Il y parut assez quand
« vous fûtes regardé par plus de cinq mille qui
« ne vous connaissaient aucunement. » Artus alors se retournant vers elle : « Grand merci,
« belle pucelle, de votre service ! puisse Dieu
« me donner force et courage de m'acquitter
« envers vous ! — Sire, » fait-elle, « ce ne
« vous est pas à commencer. Vous en avez fait
« vingt fois plus que je ne le mériterai jamais,
« quand vous avez arraché mon père des mains
« de ses ennemis. » Artus ne répond rien, mais elle, reprenant : « Vous avez encore fait

« plus quand, devant la porte et à l'entrée du
« pont, vous avez tué celui qui avait une se-
« conde fois abattu mon père, et quand, pour
« le remonter, vous vous êtes mis en aventure
« de mort. Sans vous il ne serait pas rentré
« dans Caroaise. »

Ainsi parle Genievre : le roi Artus se tait, mais il prend la coupe, la vide et invite la demoiselle à s'asseoir. Trop longtemps déjà était-elle restée à genoux. Leodagan, son père, s'approcha pour le lui défendre. Quand les nappes furent ôtées : « Sire, » dit le roi Ban au roi de Carmelide, « je m'émerveille de ce que vous
« que l'on tient si sage homme, vous n'ayez pas
« encore marié votre fille, belle et sage comme
« elle est, à quelque baron de haut parage qui
« vous aiderait à maintenir la guerre et garder
« vos domaines. Car il me semble que vous
« n'avez pas d'autre enfant, et vous devez son-
« ger à ce que deviendra cette terre après votre
« mort. — Sire, » répondit Leodagan, « la
« guerre que me fait Rion depuis sept ans ne
« m'a pas laissé les moyens d'y songer. Mais
« je puis dire que, si je savais un simple bache-
« lier, preux aux armes, qui pût m'aider à soute-
« nir le poids de cette guerre, je lui donnerais
« volontiers ma fille s'il la voulait prendre, et
« avec elle mon héritage : je n'aurais en cela
« égard ni à la hauteur du lignage, ni à la ri-

« chesse des domaines. Et plût à Dieu qu'il en
« fût ce que j'ai en pensée ! elle aurait pour
« époux un jeune, bel et preux bachelier qui,
« si je présume bien, est encore de plus haut
« lignage qu'elle. » En l'entendant ainsi parler, Merlin et Ban se prirent à sourire ; ils devinaient la secrète pensée du roi. Mais ils détournèrent la conversation et parlèrent d'autre chose, ce qui fit croire à Leodagan qu'ils ne voulaient pas entendre à ce qu'il eût souhaité. La demoiselle n'était pas moins attentive que son père aux marques de respect et de déférence que les deux frères rois et leurs chevaliers semblaient rendre à Artus ; si bien qu'elle désirait déjà vivement de l'avoir à seigneur, bien que l'histoire dise que de toutes les femmes de la Bretagne Genievre était la plus sage, aussi bien que la plus belle, et bientôt après la mieux aimée.

Mais ici nous quittons cet agréable sujet pour suivre la lutte que les rois feudataires soutiennent contre les Saisnes. Les romans de la Table ronde semblent avoir les premiers introduit dans la littérature moderne l'usage de ces récits entremêlés, interrompus et repris, auxquels le divin auteur de l'*Orlando furioso* nous a accoutumés, et qui, tout en causant au lecteur une passagère impatience, concourent à l'agrément de l'ensemble. La poésie ni l'histoire ne nous offrent rien d'analogue chez les anciens ; et, dans les véritables chansons de geste, on ne le rencontre pas encore. La raison est ici facile à saisir : les *gestes* étaient destinées à être chantées ou déclamées à haute voix, non pas à être lues dans le silence du cabinet ; les auditeurs des gestes n'auraient pu s'accommoder de ces récits brusquement interrompus, précisément au point où leur attention se trouvait le plus intéressée. Il n'en était pas de même des livres formés à l'aide des anciens lais et faits pour être lus : le romancier y pouvait à son gré commencer, laisser et reprendre plusieurs récits, de manière à les amener plus tard vers un centre commun. Or, quand nous n'aurions pas d'autres motifs de reconnaître deux auteurs dans le livre de Merlin, il nous suffirait de remarquer que ces heureuses transitions, ces interruptions calculées ne se rencontrent ni dans la rédaction en prose du poëme de Joseph d'Arimathie, ni dans la première partie du Merlin. Elles ne sont introduites que dans le Saint-Graal et dans l'Artus, qui continue le Merlin. C'est donc au romancier, auteur de ces deux ouvrages, qu'il faut attribuer l'introduction de ce nouveau procédé, effet d'un art véritable dont l'histoire littéraire doit bien tenir compte.

Les interruptions étaient presque toujours

annoncées par la même formule : *Mais atant laisse li contes cette istoire, et retourne à parler de telle autre.* Ces mots ont fait donner le nom de *laisses* à chacune de ces parties de la narration générale. Et c'est ainsi qu'un jongleur se vante de savoir « plus de quarante laisses — « et de Gauvain et de Tristan. »

Je ne suivrai pas notre romancier dans l'interminable récit de cette guerre des Saisnes. On peut la résumer en quelques mots : chacun des rois feudataires, revenu dans ses domaines, sort de sa maîtresse cité, va à la rencontre des Saisnes, se voit contraint de céder le terrain, jusqu'au moment où le roi voisin, averti à temps ou fortuitement arrivé, vient changer la face du combat et contraindre les Saisnes à tourner le dos à leur tour, non sans laisser bon nombre de morts sur le champ de bataille. Plus d'une fois aussi, le nombre des Saisnes augmentant à chaque nouvel effort, les rois bretons échappent à une déconfiture imminente par l'arrivée du jeune Gauvain, de ses frères et de ses cousins, que Merlin, sous divers déguisements, vient avertir du danger que courent ces princes. Alors, de la tour de Logres, de Kamalot ou du château d'Arondel, les jouvenceaux arrivent, mettent les Saisnes en complète déroute et ramènent en triomphe les rois dont ils ont été les libérateurs.

Il est à croire que tous ces comptes-rendus d'expéditions partielles et de succès plus ou moins disputés, qui ne changent pourtant rien aux conditions de l'agression et de la résistance, sont empruntés à de plus anciens lais bien connus des contemporains de notre romancier. Celui qui aurait inventé ces récits au XIIe siècle aurait pris soin de les rattacher plus exactement à la légende d'Artus, qu'il n'aurait pas interrompue pour se mettre à raconter des combats auxquels le héros ne prend aucune espèce de part, et dont aucun lecteur ne semblait réclamer la confidence. Tout le profit que les plus robustes lecteurs en tireront sera de faire plus ample connaissance avec des personnages qui plus tard occuperont mieux la scène, tels que Gauvenet ou Gauvain, le premier de tous; ses frères Guirre, Gaheriet et Agravain; Galeschin, le fils de Nautre; Sagremor, le valet de Constantinople; les fils d'Ydier de Galles, Yvonet ou Yvain le Grand et Yvain l'avoutre; Adragainle Brun, Dodinel le Sauvage; Yvain aux Blanches mains; un quatrième Yvain de Lionel; Gosoin d'Estrangore; Keu d'Estraus et Kahedin le Petit.

IV.

DÉLIVRANCE DE LA REINE D'ORCANIE, SOEUR D'ARTUS, PAR SON FILS GAUVAIN. — AMOURS DE VIVIANE ET DE MERLIN, DANS LA FORÊT DE BRIOSQUE.

Le seul épisode de la lutte des rois feudataires contre les Saisnes, qui se relie à l'action générale, concerne le roi Loth d'Orcanie et de Leonois que le roi païen Errant tenait assiégé dans sa maîtresse cité. Loth, désespérant de tenir longtemps contre la multitude de ses ennemis, s'était décidé, comme le fera plus tard le roi Ban de Benoyc, à profiter de la nuit pour gagner le fort château de Glocedon, avec ce qu'il avait de plus cher au monde depuis le départ de ses quatre fils aînés, c'est-à-dire sa femme, sœur d'Artus, et le jeune enfant Mordret, dont il se croyait le père. La petite troupe sortit par une poterne donnant sur les jardins; la reine sur un palefroi amblant, l'enfant dans un berceau que portait un fidèle écuyer. Après avoir chevauché tout un jour, il leur arriva de croiser une échelle de trois mille Saisnes qui, sous la conduite du roi Taurus, menait au roi Errant un riche convoi parti du camp d'Arondel. Il fallut soutenir une lutte inégale. Pendant que le roi Loth était contraint de lâcher pied, la reine demeurait prisonnière, et l'écuyer s'enfuyait, avec le précieux fardeau dont il était chargé, dans la direction d'Arondel.

Gauvenet, ses frères et les autres jeunes écuyers, fils, neveux ou cousins de rois, séjournaient alors dans cette ville d'Arondel. Comme ils regardaient la campagne du haut des murailles, voilà qu'un chevalier bien armé, monté sur un grand destrier, s'avance à la portée de la voix. Il avait l'écu percé de part en part, le haubert démaillé, la sangle du cheval rougie du sang qui sortait de plaies récentes : « Est-il « parmi vous, » s'écrie-t-il, « un écuyer assez « hardi pour me suivre, sans autre garde que « moi-même? » Gauvain répond : « Vous suivre? « et de quel côté? — Qui êtes-vous, jeune « homme? — Un écuyer, fils du roi Loth d'Or- « canie ; je m'appelle Gauvain. — Ma foi ! » reprend le chevalier, « c'est vous précisément « que la chose intéresse. A l'entrée de cette « forêt, les Saisnes emmènent une grande « proie enlevée aux chrétiens ; si vous la leur « reprenez, vous aurez trouvé la plus belle

« aventure du monde : mais vous avez trop de
« couardise pour une telle entreprise. Je vais
« tout seul la tenter. »

Gauvain, en s'entendant nommer couard, rougit de honte. « Quand je devrais mourir, » dit-il, « nous irons de compagnie. » L'autre, riant sous cape, ne fait pas mine de l'entendre et s'éloigne. « Attendez-moi donc ! » lui crie Gauvain, « je prétens bien vous suivre ; mais au « moins fiancez-moi que vous n'avez pas de fé- « lonne intention. — S'il ne s'agit que de cela, « je vous en assure » dit le chevalier. Gauvain aussitôt demande ses armes, et, pendant qu'on l'en revêt, les autres écuyers obtiennent du chevalier inconnu la permission d'être de la chevauchée. Ils sortent d'Arondel au nombre de sept cents, des meilleurs et des mieux montés. Après avoir marché un jour et une nuit, ils entendent, comme le soleil venait de se lever, un violent tumulte et de grands cris. Un écuyer accourt vers eux, tout effrayé, portant un berceau dans ses bras. « Qui êtes-vous ? » dit Gauvain, « et pourquoi « fuyez-vous ainsi ? » L'autre, reconnaissant des chrétiens, répond : « Je suis au roi Loth « que les Saisnes ont déconfit à l'entrée de la « plaine voisine. Comme nous avancions par- « devers Glocedon, où nous devions résider, « les Saisnes ont fondu sur nous et ont retenu

« la reine. Le roi a été contraint de céder le
« champ, et je me suis enfui avec l'espoir de
« sauver l'enfant qui repose dans ce berceau.
« Quant à vous, pour Dieu, n'allez pas plus
« loin, car vous trouverez tant de mécréants
« que vous ne pourrez durer devant eux. —
« Écoute, » répond Gauvenet, « ce que tu de-
« vras faire. Ne sors pas de ce bois avant de
« recevoir de nos nouvelles, et sois sûr que tu
« n'auras pas sujet de t'en repentir. » L'écuyer
consent à faire ce qu'on lui demande et gagne
le bois avec son précieux fardeau.

Gauvenet, sa troupe et le chevalier qui les
conduisait traversent une autre bois, arrivent à
l'entrée d'une lande, et suivent des yeux d'un
côté le roi Loth fuyant vers Glocedon ; de l'autre
au milieu d'un pré, une dame de grande beauté
que Taurus furieux saisissait par les tresses dé-
nouées. La dame, ainsi livrée aux mains des
mécréants, s'écriait : « Sainte Marie, mère de
« Dieu, venez à mon secours ! » Taurus lui fer-
mait la bouche de son gant de fer, il la frappait tout ensanglantée ; puis la dame tombait
comme morte, embarrassée dans sa longue
robe, et Taurus la faisait étendre sur son
cheval : comme elle n'avait pas la force de
s'y tenir, il la reprenait par ses longs cheveux
et la traînait après lui. Gauvain, à cette vue,
pique des deux et bientôt reconnaît dans la dame

ainsi torturée la reine sa mère. « Fils de putain ! » s'écrie-t-il en brandissant un pieu tranchant, « malheur à toi d'avoir osé porter la « main sur cette dame ! tu ne seras jamais assez « châtié. » Taurus, en s'entendant menacer, abandonne la dame, prend une forte lance et attend Gauvenet. qui fond sur lui comme tempête. Taurus brise sa lance, Gauvenet lui enfonce son pieu dans la poitrine et le jette sur le pré sans vie. Alors accourent Agravain, Guirre et Gaheriet : le premier lui coupe la tête, les deux autres les bras ; ils partagent son corps en cent morceaux, puis se ruent de concert sur les Saisnes, qui, après une longue résistance, lâchent le pied et abandonnent la place. Gauvain revient aussitôt à sa mère : il descend, la prend entre ses bras, la couvre de baisers ; hélas ! elle ne donne plus signe de vie. L'enfant tord ses poings, déchire ses cheveux, répand autant de larmes que si l'on eût versé sur lui une tonne d'eau. Ses cris déchirants vont jusqu'à l'âme de la malheureuse mère ; elle ouvre doucement les yeux, reconnaît son cher Gauvenet, et, soulevant ses mains vers le ciel : « Cher fils, » dit-elle, « taisez-vous, « ne pleurez pas ; je n'ai pas de blessures dont « je doive mourir. Je ne suis que mal en point : « où sont vos frères ? — Nous voici, » disent-ils en accourant. — « Dieu soit béni ! mais le petit

« Mordret, mais le roi, ne dois-je plus les revoir?
« — Au moins, » dit Gauvenet, « puis-je vous
« donner des nouvelles de Mordret. Il n'a pas
« eu de mal : l'écuyer qui le portait l'a garanti
« et le garde dans cette forêt, où nous allons
« les retrouver. »

La dame, un peu consolée, demande de l'eau pour laver son visage souillé de terre et de sang. Les écuyers trouvent une source, et vont y puiser dans leurs chapeaux de fer. Quand elle fut lavée, on lui fait une litière garnie d'étoffes et d'herbes fraîches, on l'y étend doucement et l'on se met en route vers Arondel. Ils n'eurent pas longtemps marché sans rejoindre l'écuyer gardien du berceau de Mordret. C'est ainsi qu'ils arrivèrent à la ville, où ils restèrent huit jours, pour donner à la reine le temps de guérir. De là, ils gagnèrent Logres, où les quatre frères jurèrent que le roi Loth ne reverrait sa femme qu'après avoir fait la paix avec Artus. Qu'était cependant devenu le chevalier qui d'Arondel les avait conduits sur le champ de bataille pour venger la défaite du roi Loth? Il avait disparu, et les enfants n'auraient jamais deviné qui leur avait rendu ce bon office sans Do de Carduel, le châtelain de Logres, qui, sachant les procédés ordinaires de Merlin, l'intérêt qu'il portait au roi Artus et à ses neveux, ne douta pas qu'il n'eût pris la semblance d'un chevalier pour délivrer la reine et venger la défaite de Loth. Ce n'était pas la première fois qu'il avait conduit les Bretons au milieu des plus grands dangers pour leur donner occasion, en arrachant la victoire aux Saisnes, de montrer ce qu'ils savaient faire.

Il s'agissait maintenant pour le prophète de passer en Gaule : une force irrésistible l'entraînait de ce côté. Il avait beau chercher à prendre le change, en se représentant que le salut des États du roi Ban et du roi Bohor justifiait son voyage, une voix plus forte encore lui disait que là devait il rencontrer la grande charmeresse, futur arbitre de sa destinée. Merlin passa donc la mer. Arrivé dans le royaume de Benoyc, il se montra à Léonce de Paerne auquel il apprit que le roi Claudas de la Déserte venait de s'allier au roi des Gaules et que tous deux se rendaient à Rome pour y faire hommage à l'empereur. Celui-ci devait s'engager à leur fournir une armée considérable, sous le commandement de Ponce-Antoine. Avec un tel secours, Claudas espérait bien venger ses précédentes défaites, en entrant dans les terres de Gannes et de Benoyc, en dépouillant les deux frères de leurs héritages. A Ponce-Antoine, au roi des Gaules, à Claudas, devait encore se réunir un puissant duc d'Allemagne appelé Frollo, cousin-germain de Ponce-Antoine et renommé

pour de nombreux faits d'armes. « Afin de con-
« jurer le danger, il faut, » dit Merlin, « se hâter
« de semondre tous vos hommes d'armes : vous
« garnirez vos châteaux et vos villes ; vous ren-
« trerez vos bêtes, vos blés et vos fourrages ;
« les Romains, passant par vos terres, ne doi-
« vent trouver rien qui puisse les nourrir et les
« soutenir. S'ils attaquent vos places fortes, dé-
« fendez-les de votre mieux ; mais ne vous lais-
« sez pas attirer en pleine campagne, avant l'ar-
« rivée du grand secours que doit conduire le
« roi Artus. Un grand combat sera livré le
« mercredi de la Saint-Jean, devant le château
« de Trebes, entre les deux rivières de Loire
« et d'Arcy. Pour vous, vous aurez soin de
« demeurer dans la forêt d'Arnantes, en at-
« tendant le signal qui vous avertira de vous
« joindre aux combattants. »

Léonce de Paerne promit de suivre ces re-
commandations ; et Merlin prit congé de lui en
disant qu'il avait affaire ailleurs. « Où préten-
« dez-vous aller ? » demanda Léonce. — « Je ne
« sais ; mais, quand je quitterai la terre de Gaule,
« je me rendrai à Caroaise en Carmelide,
« afin d'apprendre aux rois bretons comment
« ils pourront vaincre les Saisnes et les chasser
« de la blonde Bretagne. » Cela dit, Merlin disparut, et, tandis que Léonce portait ses yeux de
tous côtés dans le vain espoir de le retrouver,

il se dirigeait vers un beau manoir construit à l'entrée de la forêt de Briosque, alors merveilleusement peuplée de cerfs et de biches, de daims et de porcs sauvages.

Avant de commencer le récit des amours de notre prophète, je dois entrer dans quelques explications qu'on me pardonnera, je l'espère.

Les Gallois croyaient que Merlin habitait ordinairement la forêt de Bredigan, dans le Northumberland, sur les frontières d'Écosse. C'est là qu'il avait prophétisé; il en sortait rarement, et sous divers déguisements, afin d'échapper à la curiosité importune. De là plusieurs traditions reproduites dans le poëme *de Vita Merlini*; il y est représenté comme ayant perdu la raison et comme entraîné par une passion invincible pour les forêts et pour les animaux sauvages avec lesquels il s'est mis en communication.

Quant aux Bas-Bretons, ils croyaient que Merlin était enfermé dans leur forêt de Brocéliande, située entre Loheac, dans l'évêché de Saint-Malo, et Carhaix, dans celui de Quimper, en Cornouaille. C'est dans cette vaste forêt, dont il reste encore des rameaux assez étendus, que Viviane l'avait retenu, et pourrait bien le retenir encore aujourd'hui dans un cercle magique qu'il n'est pas permis aux profanes d'apercevoir (1). Assurément, la tradition armoricaine étant la plus poétique, les romanciers

(1) Le perron ou la fontaine de Barenton ou Bellenton devait être entre Ploermel et Montfort, à peu de distance du château de Comper. Longuerue dit que *Comper* est situé « au bord d'un bois. » C'est là qu'il faut rechercher le perron de Merlin. Voici ce qu'on trouve dans les *Usemens et coustumes de la forest de Brésilien,* écrits par l'ordre du comte de Laval, propriétaire de cette forêt, le 30 août 1467 :

« La dicte forest est de grant estendue, appelée mere-
« forêt, contenant sept lieues de long et de lès deux et
« plus ; habitée d'abbaïes, prieurés de religieux et
« dames en grant nombre. En la dite forest y a quatre
« chasteaux et maisons fortes, grant nombre de beaux
« estans et des plus belles chasces que l'on porroit
« trouver. Item, en la dite forest y a deux cents brieus
« de bois, chacun portant son nom different, et, ainsi
« qu'on dit, autant de fontaines portant son nom.

« Entre autres des brieux de la dite forest un breil
« nommé *au Seigneur* auquel jamais n'habite ne ne peult
« habiter aucune beste venimeuse; tantost est morte. Et
« quand les bestes pasturantes sont couvertes de mou-
« ches et peuvent recouvrer le dict breil, soubdaine-
« ment les dites mouches se despartent et vont hors
« d'iceluy breil.

« Auprès dudit breil y a un aultre nommé *de Bellenton,*
« et auprès d'iceluy a une fontaine nommée la fontaine
« de Bellenton, auprès de laquelle le bon chevalier
« Pontus fit ses armes, ainsi qu'on peut voir par le livre
« qui en a esté fait.

« Item, joignant la dite fontaine, y a une grosse pierre
« que on nomme le Perron de Bellenton, et toutes les

de la Table ronde ne devaient pas hésiter à lui donner la préférence sur celle du pays de Galles. Cependant nos auteurs gardèrent de celle-ci ce qui pouvait se concilier avec la première. Ainsi Merlin converse fréquemment dans la forêt de Bredigan, où séjourne Blaise, où l'on doit retrouver plus tard le roi pêcheur, gardien du saint Graal : mais une force irrésistible, l'amour, ramène le prophète en Gaule, dans Broceliande, qui doit le retenir à jamais, par l'effet des enchantements qu'il avait lui-même révélés.

Le nom de Broceliande pourrait bien avoir le sens de *terre de Brioc*; les légendes pieuses disent en effet que la ville de Saint-Brieuc dut son origine à un certain abbé Brioc, auquel le premier duc de la Domnonée aurait, vers le cinquième siècle, cédé son palais. On a souvent désigné la forêt de Quintin sous le nom de *Saint-*

« fois que le Seigneur de Montfort vient à la dite fon-
« taine et de l'eau d'icelle arrose et mouille le perron,
« quelque chaleur qu'il fasse, quelque part que soit le
« vent, et que chascun pourroit dire que le temps ne
« seroit aucunement disposé à la pluie, tantost et en
« peu d'espace, aucune fois plus tost que le dit Seigneur
« n'aura pu recouvrer son chasteau de Comper, aul-
« trefois plus tard, mais queque soit, ains la fin d'ice-
« luy jour, pleut ou païs si habondamment que la
« terre et les biens estans en icelle en sont arrosez, et
« moult leur profite. » (Cartulaire de Redon, publié par M. A. de Courson, Éclaircissements, p. 386.)

Brieux, et son premier nom semble avoir été Brioc ou Briosque. En tout cas, elle devait se réunir vers le nord à la forêt de Broceliande, si même ces deux noms, *Brioc* et *Broceliande*, ne répondent pas au même circuit.

La forêt de Briosque, suivant notre romancier, avait d'abord été possédée en partie par le duc de Bourgogne, en partie par le roi Ban de Benoyc. Mais le duc, ayant marié une de ses nièces au jeune et beau chevalier Dionas, avait reconnu les bons services de celui-ci par le don de ce qu'il possédait dans cette forêt; car il connaissait la passion de Dionas pour la chasse, le déduit des bois et des rivières. A quelque temps de là, Dionas prit les soudées du roi Ban, lui dixième de chevaliers, et, dans la guerre qu'il fallut soutenir contre Claudas, il fit éprouver de grands dommages au roi de Bourges, si bien que, les deux frères l'ayant pris en grande amitié, Ban lui avait cédé sa part dans la forêt de Briosque, et Bohor avait ajouté à ce don celui de plusieurs terres de grand rapport et de haute importance.

Dionas alors choisit la forêt pour sa résidence ordinaire. Il y fit élever un beau repaire, près d'un grand et plantureux vivier. C'est là qu'il aimait à chasser, puis à reposer loin du bruit et des hommes. Plus d'une fois il y reçut la visite de la déesse des bois, Diane, dont il était le filleul et qui lui avait donné son nom. La dernière fois qu'elle était venue, elle lui avait accordé un don : « Dionas, » avait-elle dit, « je veux, si les dieux de la mer et des étoiles y « consentent, que la première fille conçue par « ta belle et sage épouse soit aimée et convoi- « tée du plus savant des hommes qui naîtront « sous le règne de Wortigern ; ce sage lui com- « muniquera la meilleure partie de ce qu'il « sait en nécromancie ; il lui sera, dès le pre- « mier jour qu'il l'aura vue, entièrement as- « sujetti, au point de ne pouvoir rien lui re- « fuser de ce qu'elle voudra lui demander. »

Cette fille naquit en son temps, et reçut en baptême le nom de Viviane, qui répond en chaldéen au sens de *Rien n'en ferai* (1). Viviane, à douze ans, était la plus belle créature que l'on pût jamais rêver. Merlin, après avoir donné à Léonce de Paerne, comme nous avons vu, les moyens de défendre contre le roi Claudas la terre de Benoyc, s'arrêta dans la forêt de Briosque sur le perron d'une fontaine à l'onde limpide, au sable transparent, à la source argentée. Il avait pris la figure d'un jeune varlet. Viviane, Merlin ne l'ignorait pas, venait ordinairement s'asseoir dans cet agréable lieu. Elle

(1) « *Néant* ou *naant ne ferai*, lequel sens retornoit seur Merlin, si com li contes le divisera. » (Ms. N. D. n° 206, f° 86.)

arriva; Merlin, sans dire un mot, attacha longtemps ses regards sur elle. « Quelle folie cepen-
« dant à moi, » pensait-il, « si je m'endors dans
« mon péché au point de perdre le savoir et le
« sens que Dieu m'a donnés, pour le déduit
« d'une simple jeune fille! » Ces sages réflexions ne l'empêchèrent pas de la saluer. En demoiselle sage et bien apprise, elle répondit:
« Celui qui connaît le secret des pensées me
« donne les moyens comme le désir de vous
« bien faire! qu'il vous mette à l'abri de tous
« dangers, et qu'il vous accorde ce que vous
« souhaitez sans doute aux autres! » A ces douces paroles, Merlin s'assit sur le bord de la fontaine. « Qui êtes-vous, demoiselle ? » demanda-t-il. — « Je suis fille d'un vavasseur de ce
« pays; d'ici vous apercevez son manoir. Mais
« vous, bel ami ? — Je suis un vallet errant à la
« recherche du maître qui m'apprenait. —
« Vous appreniez ? et quel métier ? — Dame, » répond Merlin, « par exemple à soulever
« dans l'air un château, comme celui que vous
« voyez, fût-il entouré d'assiégeants et rempli
« d'assiégés; ou bien à marcher sur cet étang
« sans y mouiller la pointe de mes pieds; ou
« bien à faire passer une rivière sur une plaine
« jusque-là desséchée. — Voilà, » dit la jeune fille, « un beau savoir, et je donnerais bien des
« choses pour apprendre de pareils secrets. —

« Ah! demoiselle, j'en connais encore de plus
« beaux, de plus agréables. Il n'est pas de jeux
« que je n'aie le pouvoir de jouer pour tout le
« temps qu'il me plairait. — Oh! » dit la pucelle, « s'il ne vous déplaisait, je verrais bien
« volontiers quelques-uns de ces jeux, dût la
« condition être de demeurer, tant que je vi-
« vrais, votre amie, sauve toute vilenie. — Demoiselle, » répond Merlin, « vous me semblez
« de si bonne nature que pour votre pur
« amour il n'est rien que je ne fasse. »

Elle lui engage sa foi : Merlin se tire un peu à l'écart, fait un cercle, revient à Viviane et se rassied sur le bord de la fontaine. L'instant d'après, la demoiselle regarde et voit sortir de la forêt de Briosque dames et chevaliers, écuyers et pucelles se tenant main à main et faisant la plus belle fête du monde. Puis jongleurs et jongleresses se rangent autour de la ligne que Merlin a tracée, et commencent à jouer du tambour et d'autres instruments. Les danses s'ébranlent et les caroles, plus belles et gracieuses qu'on ne saurait dire. Pour tempérer la chaleur du jour, on voit à quelques pas de là se dresser un frais verger couvert des meilleurs fruits et parsemé des fleurs les plus belles et les mieux odorantes. A la vue de tant de merveilles, Viviane ne sait que voir ou écouter : elle regrette de n'avoir que deux yeux. Elle essaye vainement d'entendre ce que disent les chanteurs et ne distingue que ces mots du refrain :

> Voirement comence amor
> En joie, et fenist en dolor.

La fête dura de midi jusqu'au déclin du jour. Les danses finies, dames et pucelles s'assirent sur l'herbe, une quintaine fut dressée au milieu du nouveau verger, les jeunes damoiseaux prirent leurs écus, leurs lances, et behourdèrent jusqu'au moment où le coucher du soleil devint le signal de la retraite.

« Eh bien, demoiselle, » disait cependant Merlin à Viviane, en la prenant par la main, « que vous semble de cela ? — Ah ! beau doux « ami, je suis toute à vous. — Ainsi, vous tien- « drez nos conventions ? — Assurément, » répond-elle. « Mais, » dit Merlin, « vous avez été « mise aux lettres, je pourrai vous apprendre « plus de secrets que n'en sut jamais autre dame. « — Comment savez-vous que je fus mise aux « lettres ? — Parce que mon maître ne me laisse « rien ignorer de ce qu'on fait. — Voilà, » dit Viviane, « de tous vos jeux le plus désirable. « Et de ce qui doit arriver, savez-vous quel- « que chose ? — Oui, dame, beaucoup de « choses. — S'il en est ainsi, je ne vois pas quel

» maître vous allez cherchant, et ce qu'on peut
« vous apprendre encore. »

Quand les jeunes chevaliers cessèrent de behourder, ils reprirent les dames et demoiselles par la main, et les conduisirent en dansant vers la forêt d'où ils étaient sortis et où bientôt ils se perdirent. Le beau verger demeura seul, à la prière de Viviane, et reçut d'elle le nom de *Repaire de joie et liesse.*

« Damoiselle, » dit ensuite Merlin, « je vais
« prendre congé de vous ; j'ai loin d'ici beau-
« coup à faire. — Quoi ? » répond Viviane,
« ne m'apprendrez-vous aucun de vos jeux ? —
« J'y songerai plus tard, mais cela demande
« grand loisir et long séjour. D'ailleurs vous ne
« m'avez encore donné aucune preuve de l'a-
« mour promis. — Quel gage souhaitez-vous
« donc ? Je suis prête à vous l'accorder. — Je
« veux, » dit Merlin, « que votre amour soit
« entier, et que vous n'ayez rien à me refu-
« ser de ce que je demanderai. » Viviane pensa un peu, puis répondit : « Je m'y accorde, mais
« seulement à partir du jour où vous m'aurez
« appris tous les jeux que je voudrai savoir. »
Merlin dit : « Je me soumets à cette condition. »

Alors il lui enseigna un jeu dont elle usa depuis fréquemment. Ce fut de faire jaillir une grande rivière dans tous les lieux qu'il lui plaisait de désigner. Merlin lui apprit encore d'autres secrets que, pour ne pas oublier, elle écrivait en parchemin. Au congé prendre, elle lui demanda quand il reviendrait. « La veille de la Saint-Jean (1). »

Cette veille arriva. Viviane l'attendait au bord de la fontaine, et, dès qu'elle le vit approcher, elle le conduisit dans ses chambres si secrètement que personne ne s'en aperçut : puis elle se prit à l'interroger, mettant en écrit chacune de ses réponses. Quand elle sentit que l'excès de son amour l'emportait sur sa prévoyance et sa raison, elle lui demanda comment elle pourrait endormir un homme pour tout le temps qu'elle voudrait. Merlin devina sa pensée ; mais tel etait son aveuglement qu'il craignait de s'arrêter à la vérité. Cependant : « Pour« quoi, » dit-il, « tenez-vous à connaître ce « secret ? — Pour avoir le moyen d'en user « sur mon père et sur ma mère, quand j'ai le « bonheur d'être avec vous. Ne savez-vous qu'ils « me tueraient s'ils pouvaient jamais deviner « nos amours ? » Viviane renouvela plusieurs fois ses instances, et Merlin trouvait toujours moyen de l'éconduire. Un jour, comme ils étaient assis près de la fontaine, Viviane le prit dans ses bras, lui fit reposer la tête sur ses genoux,

(1) C'est-à-dire sans doute le lendemain de la grande bataille où devaient être vaincus le roi Claudas et ses alliés.

et tant sut mettre de tendresse dans ses yeux qu'il laissa échapper de ses lèvres le secret désiré. De plus elle obtint la connaissance d'un autre jeu qui la mettait à l'abri de toute défiance dans la vertu de Merlin. C'étaient trois mots qu'il suffisait d'écrire sur le dos de celui dont on partageait la couche, pour n'avoir rien à craindre de ses entreprises. « Si li aprist trois « nons que se escrivoient en ses aines, totes les « fois qu'il devoit à li gesir, qui estoient plain « de si grant force que jà tant que il i fussent « ne poïst à li avenir. Et por ce dit l'en en re- « provier que feme a plus d'art qu'un deable. » Mais, ajoute le romancier, la précaution était inutile, car on ne voit pas que Merlin ait jamais inquiété la vertu de Viviane ou d'aucune autre femme. Pendant les huit jours qu'il demeura cette fois avec elle, il lui apprit encore une foule d'autres secrets merveilleux qu'elle se hâta de mettre en écrit, et que peut-être un jour on retrouvera.

Longtemps après, quand le roi Artus eut tué le géant du mont Saint-Michel, chassé le démon qui, sous la forme d'un chat noir, gardait le pont de Lausanne, et mis en complète déroute dans les plaines d'Autun l'armée romaine de l'empereur Lucius, Merlin reparut à la cour de Logres et dans la forêt de Bredigan pour la dernière fois. En prenant congé du roi Artus et de son maître Blaise, il les avertit qu'une puissance invincible l'obligeait à retourner dans la petite Bretagne auprès de son amie, et qu'il n'en reviendrait jamais. « Mais, » lui dit Blaise, « s'il en doit être ainsi, « pourquoi allez-vous à votre perte ? — Je m'y « suis engagé, » répondit Merlin, « et je ne l'au- « rais pas promis, telle est la violence de mon « amour, que je ne pourrais m'en défendre. « J'ai donné à celle qui m'attire les moyens de « me tromper : ce qu'elle sait, elle me le doit, « et je lui en apprendrai plus encore ; car je « ne puis résister à rien de ce qu'elle deman- « dera. »

Parlant ainsi, Merlin s'éloigna de Blaise : peu d'heures lui suffirent pour arriver près de son amie, qui lui fit la plus grande joie du monde. Ils demeurèrent longtemps ensemble ; Merlin prévenant ses vœux, lui révélant tous ses secrets, et se trouvant tellement sans défense contre elle que bien des gens ont dit et disent encore qu'il était devenu fou. Viviane, dans son enfance, ayant été mise aux lettres et connaissant les sept arts, prit soin de mettre encore en écrit ces derniers secrets de Merlin, et c'est ainsi qu'elle parvint à connaître plus d'enchantements que nulle autre femme ; il ne lui restait plus qu'à trouver un moyen sûr de retenir à jamais le sage prophète ; elle avait

beau chercher, elle n'arrivait pas à ses fins. Il fallut encore pour cela recourir à lui-même. Elle redoubla donc ses caresses et ses blandices : « Je le vois, » lui dit-elle, « vous avez « défiance de moi ; autrement vous ne cache- « riez pas un dernier jeu que, précisément à « cause de cela, je brûle de savoir. — Et quel « est ce jeu ? » dit Merlin, devinant sa pensée.
« — C'est le secret d'enserrer un homme, sans « tour, sans murailles et sans liens, par l'effet « d'un charme dont j'aurais seule la disposi- « tion. » Merlin, en l'entendant ainsi parler, baissa la tête, poussa un soupir et se tut. « Pourquoi soupirez-vous ? » lui dit la demoiselle. — « Ah ! ma dame, je le sais, vous voulez « faire de moi votre prisonnier ; et telle est la « force de mon amour que je ne puis aller « contre votre volonté. » A ces mots, la demoiselle lui met ses bras autour du cou et le presse tendrement sur son cœur : « Merlin, » dit-elle, « ne devez-vous pas être tout à moi « qui suis toute à vous ? Pour votre amour n'ai-je « pas oublié père et mère ; ne les ai-je pas « quittés pour rester avec vous ? Mes pensées, « mes désirs, mes joies, mes espérances, j'ai « mis tout en vous, je ne puis rien attendre « que de vous. Et, si vous m'aimez autant que « je vous aime, n'est-il pas juste que vous « suiviez ma volonté comme j'ai toujours suivi

« la vôtre? — Oui, ma dame, » fait Merlin, « oui, sans aucun doute. Que souhaitez-vous?
« — Un réduit plaisant et délicieux, impéné-
« trable, invisible à tous les autres, où nous
« pourrons séjourner vous et moi, nuit et jour,
« en joie et en déduit. — Il m'est aisé de le
« faire, » dit Merlin. — « Non pas vous, » reprit
Viviane, « il suffit que vous m'en appreniez le
« secret : je veux de votre part une confiance
« sans bornes. — J'y consens donc. » Alors il lui enseigna le jeu, et elle le mit en écrit.

Ils demeurèrent ainsi quelque temps ensemble, en se prodiguant tous les témoignages d'amour; « tant qu'il lor avint un jor qu'il
« s'aloient deduisant main à main par la forest
« de Briosque; si trouverent un buisson d'aubes
« espines, haut et bel, tout charchié de flors.
« Il s'assistrent dessouz et se jouèrent et sola-
« cierent en l'ombre. Lors Merlins mit son
« chief au giron de la damoiselle. Elle com-
« mença le chief à lui testonner, si qu'il s'en-
« dormi. Et quant la damoiselle senti qu'il
« dormoit, elle se dreça doucement et fist un
« cerne de sa guimple entor le buisson et entor
« Merlin, et comença ses enchantemens, tels
« que il méismes li avoit apris. Elle fist par
« neuf fois le cerne, puis s'en ala seoir devant
« li et li remist le chief en son giron, et le tint
« iluec longuement, tant qu'il s'esveilla. Lors

regarda entor lui; si li fu avis que il fust en la plus fort tor du monde, et se trouva couchié en plus biel lit où il eust onques géu. Lors dit à la damoiselle : Ma dame, déceu m'avez, se vous ne demorez avec moi ; car nul n'a pooir fors vous de desfaire celle tor. Et ele li dist : Biaus dous amis, g'i serai souvent, et m'i tenrez entre vos bras et je vous. Elle lui garda bien convenant ; car pou fu de jors ne de nuis qu'ele ne fust avec li. Ele y entroit et issoit à son voloir ; mais non pas Merlins qui onques n'issi de celle forteresse, » — où d'aventure est-il encore.

V.

FIANÇAILLES D'ARTUS ET DE GENIEVRE. — FUITE DU ROI RION DE DANEMARK. — DÉPART D'ARTUS POUR LA GAULE.

Nous avons anticipé sur l'ordre des récits en achevant l'histoire des amours de Merlin. Il faut maintenant revenir sur nos pas, et retrouver le prophète en Carmelide, où il s'était transporté, après avoir donné ses instructions au sénéchal du roi Ban de Benoyc et fait sa première visite à Viviane, dans la forêt de Briosque.

Le roi Leodagan et Artus lui-même avaient grand besoin de ses conseils. Une armée considérable était réunie devant Caroaise, attendant de lui l'ordonnance de chaque échelle. On peut résumer en peu de mots les avis du prophète : empêcher les espions de l'armée ennemie de rien deviner du plan d'attaque ; distribuer toutes les forces en dix batailles, dont les premières iront surprendre de nuit le camp des Danois, que les débauches de la veille retiendraient assoupis ; « car en leur ost estoit « venue grant abondance de blé, de chair et de « vins. » Telle était la confiance des Saisnes, qu'ils n'avaient pas même posé de gardes devant les tentes, et que les abords n'en étaient défendus que par un rempart de charrettes. Les autres échelles devaient attendre dans le bois voisin un signal pour se montrer, ramener les fuyards ou décider le succès de la journée. Nous nous garderons bien de suivre le romancier dans le long récit de la bataille livrée au roi Rion, devant Daneblaise ; il suffira de dire qu'après une lutte acharnée, le roi barbu se verra obligé de remonter dans ses vaisseaux, et de rentrer en Danemark, sans la barbe de Leodagan, principal objet de ses convoitises.

Comme on prenait les dernières dispositions

pour le combat, un cousin germain de Leodagan, dont les médisances devaient être plus tard si funestes à Genievre, le jeune Guiomar, entra dans la chambre où les trois rois, Artus, Ban et Bohor, tenaient conseil. Leodagan l'envoyait pour les prier de se rendre près de lui. Ils montent aussitôt, arrivent dans la cour du palais où le roi de Carmelide les prend par la main et les conduit dans une salle haute. Quand ils furent assis : « Vous devez, » leur dit-il, « comprendre combien je vous aime et vous « honore ; c'est à vous que je dois la conser- « vation de ma couronne et de ma vie. J'ai « donc grand désir de savoir le nom de mes « libérateurs : j'ai promis de ne pas le de- « mander ; mais qu'il vous plaise au moins de « ne pas tarder à me satisfaire. » En disant ces mots, le roi les regardait humblement; et, quand il s'aperçoit qu'ils hésitent à répondre en paraissant attendre le conseil de Merlin, les larmes lui montent du cœur aux yeux et lui couvrent le visage ; il ne peut prononcer un seul mot, et se laisse tomber à leurs pieds. Artus s'empresse de le relever, et tous les cinq vont s'asseoir sur le même lit.

Merlin rompit le silence : « Ainsi vous vou- « driez bien, Sire, savoir qui nous sommes? « Apprenez d'abord ce que nous sommes venus « quérir. Vous avez pu voir si ce jeune damoi-

« seau est bon chevalier ; tout roi couronné que
« vous êtes, il est encore plus riche d'amis, de
« terre et de parents que vous-même. Il n'a pas
« encore pris femme ; si nous allons par le pays
« cherchant les aventures, c'est dans l'espoir
« de rencontrer un puissant baron qui con-
« sente à lui donner sa fille en mariage. — Eh !
« sire Dieu, pourquoi tant chercher ? » s'écria
Leodagan ; « j'ai la plus belle fille qui soit en
« terre, la plus sage, la mieux enseignée du
« siècle. Sa parenté, son héritage, ne dimi-
« nuent rien de sa valeur : si tel est votre
« plaisir, je la lui donne à femme, et toute ma
« terre après ma mort, car je n'ai pas d'autre
« héritier qu'elle. » Merlin répondant que
l'offre n'était assurément pas à refuser, Leodagan va lui-même prévenir sa fille, en l'avertissant de revêtir ses plus riches vêtements. Il
lui prend la main, la conduit où l'attendaient
les quatre compagnons ; en même temps entrent dans la salle les plus hauts barons de sa
terre et tous les chevaliers de la Table ronde.
Leodagan parlant assez haut pour être entendu
de tous : « Sire damoisel, » dit-il, « que je ne
« sais encore nommer, venez avant, et recevez
« à femme ma bele et courtoise fille, avec le
« don, après ma mort, de tout l'honneur qui
« dépend de moi : je ne pourrais la donner à
« plus prud'homme. »

Artus passe alors avant, et dit : « Grand « merci! » Leodagan prend sa main droite, la met dans la main de sa fille, et l'évêque de Caroaise prononce la fiançaille.

Au milieu des marques de joie de tous les assistants, Merlin s'approche de Leodagan : « Sire, vous avez donné votre fille, et vous ne « savez encore à qui vous l'avez donnée. Ap- « prenez, vous et tous ceux qui nous entou- « rent, que vous avez pour gendre le roi Artus « de Bretagne, fils du roi Uter-Pendragon. C'est « votre suzerain ; vous et tous les hommes de « ce royaume lui devez hommage : que chacun « s'acquitte de ce devoir, et nous irons ensuite « avec plus de confiance tournoyer contre le « roi barbu. Quant à ces deux prud'hommes, « ils sont frères germains et rois couronnés : « l'un est Ban de Benoyc, l'autre Bohor de « Gannes : leurs compagnons sont tous bons « chevaliers et nobles barons, fils de princes « et de châtelains. »

Ne demandez pas si le roi Leodagan et ceux qui l'entouraient furent ravis d'entendre ces paroles. Aussitôt, les chevaliers de la Table ronde s'approchent du roi Artus et lui font hommage. Le roi Leodagan les imite, et après lui tous les barons. On s'assit ensuite au festin des fiançailles, et l'on entendit la plus belle messe qui fût jamais à souhaiter. « Maintenant, » dit le roi Leodagan, « Dieu peut faire de moi « sa volonté, puisque ma fille et ma terre sont « assignées au plus prud'homme du monde. »

Les conducteurs des dix échelles ordonnées pour la bataille furent les trois rois Artus, Ban et Bohor, leurs trente compagnons et les deux cent cinquante chevaliers de la Table ronde : Merlin portait le dragon, principal étendard des Bretons. La seconde échelle fut confiée à Guiomar. La troisième à Climadas, le neveu de la sage dame de la forêt Sans-Retour. La quatrième à Brios ou Brieus, sire du merveilleux château de Claudas. La cinquième au renommé chevalier Chidolus. La sixième au roi Belchis. La septième à Ydier de la Terre aux Norois, à qui devait arriver la belle aventure des cinq anneaux qu'il ôta des doigts du chevalier mort, demandant vengeance. La huitième à Landon, neveu de Cleodalis. La neuvième à messire Groing Pestremol, bon chevalier, qui avait le nez d'un chat. La dixième enfin à Leodagan et à Cleodalis, son sénéchal. Chacune de ces échelles était composée de sept à dix mille hommes ; mais il faut sans doute admettre la réduction que le romancier luimême a précédemment proposée.

Artus ayant demandé ses armes, Genievre s'approcha et l'aida à les revêtir. Elle lui ceignit l'épée au senestre côté, et quand le roi

n'eut plus que le heaume à prendre, elle se mit à genoux pour lui chausser les éperons. Merlin sourit en la montrant aux deux rois; puis se tournant vers Artus : « Sire, sire, c'est d'aujour-
« d'hui seulement que vous êtes chevalier nou-
« vel. Vous pourrez à bon droit dire que vous
« devez votre chevalerie à fille de roi et de reine.
« Une seule chose y manque encore. — Et quelle
« est cette chose ? » dit Artus ; « ma dame la fera,
« s'il n'y a pas honte à l'accomplir. »—«Certes,» dit Genievre, « à rien de ce que je ferais pour
« vous ne peut se trouver honte ou laidure : je
« vous sais à trop courtois pour craindre de vous
« la moindre vilainie, et si vous me la deman-
« diez, le reproche en serait plus sur vous que
« sur moi ; car je ne puis avoir honte que vous
« ne la partagiez. »—» On ne peut, » dit Merlin,
« parler plus sagement : mais de ce que je de-
« mande ne peut venir aucune honte ni reproche.
« — Dites donc ce que vous voulez encore. —
« C'est, » fait Merlin, « le baiser, si la demoiselle
« ne le refuse pas.— Oh ! « dit Artus, « il ne s'en
« faudra pas de cela que je ne sois son chevalier.
« — Moi, » dit à son tour la demoiselle, « je ne
« veux pas non plus manquer pour cela d'être à
« vous, et vous à moi. De quoi me ferai-je prier ?
« je l'ai pour agréable aussi bien que vous (1). »

(1) Je regrette que cette jolie phrase soit répétée

Artus se prit alors à rire, et, s'approchant plus encore, il la baisa et la tint quelque temps étroitement embrassée. Puis, le signal du départ étant donné, Genievre lui couvrit la tête d'un heaume merveilleux qui lui fut d'un grand service dans la terrible lutte qu'il allait soutenir.

Les Danois étant mis en déroute complète, leur roi Rion, après avoir fait tout ce qu'on pouvait attendre du plus vaillant guerrier, se voyait entraîné dans la fuite commune, quand il fut arrêté par Artus qui l'invita à se mesurer avec lui. Le roi barbu issu de la race des géants y consentit : le duel fut long et terrible. Artus plusieurs fois violemment frappé dut son salut à la bonne trempe d'Escalibur; elle coupa en deux, d'un revers, la massue du roi géant. L'épée de Rion n'était pas moins bonne ; on la nommait *Marmiadoise* et venait d'Hercule en ligne directe. Hercule l'avait cédée à Jason, celui qui conquit la toison d'or et abandonna Médée qui l'aimait tant. Nicaus, un fameux orfévre, l'avait forgée pour le roi Adrastus de Grèce, et du trésor de ce prince elle était arrivée à Tideus, fils du roi de Calidon; Tideus l'avait ceinte quand il fit son message au nom de son beau-frère Polinice, près du roi de Thèbes Etyocle. De main en main,

---

dans le *Lancelot*, par Genievre, quand Galehaut la prie de baiser Lancelot.

elle était enfin passée au roi Rion, qui se vantait de descendre d'Hercule. Artus cette fois ne tua pas son adversaire ; il se contenta de lui enlever Marmiadoise qu'il ne cessa plus de porter. Pour la grande épée du Perron, la fulgurante Escalibur, il en fit don à son neveu Gauvain.

Artus et Rion, comme les héros d'Homère, s'arrêtent de temps en temps pour lier conversation. Le roi de Logres dit qu'il est fils du roi Uter-Pendragon. « Moi, répond son ad-
« versaire, je suis le roi Rion d'Irlande la
« grande, terre qui s'étend jusqu'à la terre des
« Pastures, que j'aurais également soumise, sans
« la borne infranchissable de la *Laide Sem-*
« *blance* que posa Judas Machabée, pour in-
« diquer qu'il avait arrêté là ses conquêtes.
« Les anciens disent que les aventures mer-
« veilleuses du royaume de Logres cesseront
« dès que la borne sera ôtée. Mais celui qui
« l'enlèvera doit la précipiter dans le golfe de
« Septanie, et ne la laisser voir à personne ;
« car elle donnera à quiconque osera la re-
« garder sa hideuse figure. »

(Cette légende est ici rapportée d'une façon assez obscure: on y voit une étrange confusion entre Judas Machabée, les bornes d'Hercule et la tête de Méduse. Je ne saurais pas dire si la suite des récits justifiera complétement la prophétie racontée par le roi Rion.)

Il faut encore signaler dans le bulletin de cette bataille, dont je n'ose rappeler tous les détails, le touchant épisode de la réconciliation de Leodagan avec son preux sénéchal Cleodalis. On se souvient des justes motifs de ressentiment de Cleodalis contre le roi de Carmelide, qui retenait la sénéchale enfermée dans une tour, pour lui ôter les moyens de voir son mari. Cleodalis, résistant aux sollicitations de ses parents, avait résolu de remplir fidèlement ses devoirs de vassal et de sénéchal, tant que durerait la guerre. Loin de penser à trahir Leodagan, il n'avait pas cessé de veiller sur ses jours pendant la bataille. Il l'avait vu s'engager imprudemment à la poursuite de quelques Saisnes, jusqu'au milieu d'une forêt; là bientôt, éloigné des siens, le roi avait été surpris et entouré par de nouveaux ennemis. Il venait d'être désarçonné, quand Cleodalis parut, offrit au roi son cheval et l'aida à remonter : « Hâtez-« vous de fuir, Sire, » dit-il, « vous n'avez au-« cun autre moyen de salut : je vais demeurer « pour vous faire rempart. » Leodagan sentit les pleurs inonder son visage, en entendant parler ainsi celui qu'il avait mortellement offensé. Il monta, mais ne voulut pas abandonner Cleodalis, et tous deux, appuyés contre deux grands chênes voisins l'un de l'autre, seraient tombés sous les coups des Saisnes, si Merlin n'eût averti le roi Artus de compléter sa victoire en venant à l'improviste attaquer les sept cents géants qui occupaient encore la forêt.

Il était grandement temps que le secours leur arrivât : Leodagan, de nouveau désarçonné, venait de tomber sanglant sur ses genoux ; Cleodalis, percé de vingt coups d'épieu, résistait encore, malgré le sang qui coulait de vingt blessures. Dès que les géants furent dispersés : « Cleodalis, » dit faiblement le roi, « je vois bien « que je suis à ma fin venu ; mais, gentil « homme, je vous crie merci de mes torts envers « vous. » Disant cela, il essayait de se tenir à genoux en tendant son épée. « Prends ton droit, « gentil chevalier; tranche-moi la tête comme « je le mérite et comme tu es obligé de le faire. » Cleodalis, voyant ainsi le roi, ne put retenir ses larmes ; il lui tendit la main, le releva et déclara qu'il le tenait quitte de tous les méfaits qu'il avait à lui reprocher.

L'armée victorieuse revenue à Caroaise, Cleodalis et Leodagan se confièrent à de bons médecins qui parvinrent à fermer leurs plaies. Pour le roi Artus, il jugeait le moment venu d'épouser Genievre, sa fiancée; mais le sage Merlin lui représenta qu'il avait auparavant une dette de reconnaissance à payer aux deux rois de la Gaule, et qu'il fallait avant tout mettre le royaume de Benoyc à l'abri des attaques de Claudas, de Ponce-Antoine et de Frollo. Le roi Bohor cependant était allé visiter son château de Charhais, don du roi Uter-Pendragon, qui l'avait repris au roi Amant, pour refus d'hommage. De là, des levains de haine entre les rois Bohor et Amant, dont nous verrons bientôt les conséquences. Pour Artus, il prit congé de Leodagan et de sa fiancée, afin de se rendre à Bredigan, où devaient le rejoindre les deux rois de Gaule avant d'entrer en mer. Bohor partit de Charhais pour se trouver au rendez-vous avec Guinebaut son frère et soixante chevaliers.

Il avait à traverser une grande forêt appelée la *Forêt périlleuse*, nom qu'elle devait échanger plus tard contre celle de *Forêt sans retour*. Au lieu de prendre la grande voie qu'avait suivie le roi Artus et ses vingt mille soudoyers, Bohor entra dans un chemin détourné qui les conduisit à l'entrée d'une prairie où les attendait la plus merveilleuse aventure. Au milieu de cette prairie, entièrement fermée de bois, ils trouvèrent les plus belles danses qu'ils eussent jamais vues de chevaliers, écuyers, dames et damoiselles. Près des danseurs étaient assis en deux fauteuils, d'un côté une dame de la plus parfaite beauté, de l'autre un chevalier de cinquante années d'âge environ. Dès qu'ils virent la dame, Bohor, Guinebaut et leurs compagnons descendirent de cheval : la dame à leur approche se lève, comme sage et bien enseignée, ôte sa guimpe, salue le roi Bohor et les invite tous à s'asseoir sur l'herbe fraîche et verdoyante. Quelque plaisir qu'il y eût à regarder ces charmantes caroles, Guinebaut en prenait encore un plus grand à contempler la dame assise : plus il la regardait, plus il sentait le feu d'amour pénétrer dans son cœur. « Ne pensez-vous pas, » dit alors la dame, « qu'on serait bien heureux de « suivre ces belles caroles tous les jours de la « vie ? — Dame, » répond Guinebaut, « il ne « tiendrait qu'à vous d'avoir ce bonheur. — « S'il en était ainsi, j'en serais ravie, » dit-elle, « mais à quelles conditions ? — Consentez à me « donner votre amour, et je ferai durer les ca- « roles tant que vous voudrez. Les beaux dan- « seurs d'aujourd'hui seront tour à tour rem- « placés par ceux que le hasard conduira dans « ces lieux ; à peine arrivés, ils se mettront à « faire joie, à caroler et chanter, jusqu'au mo- « ment où surviendra un fils de roi qui n'au- « ra jamais faussé ses amours, et qui joindra « à cette rare vertu celle d'être le plus preux « chevalier de son temps. » La dame répondit qu'à ces conditions elle lui accordait son amour. « Mais, » reprit Guinebaut, « n'avez-vous jamais « eu de seigneur? — Non; je suis aussi bonne « pucelle qu'en sortant du ventre de ma mère : « de plus, je suis dame d'un royaume appelé la « Terre lointaine. — Pour moi, » dit alors le vieux chevalier, « je prétends dresser ici une « chaire élevée, où viendra s'asseoir le cheva- « lier loyal qui doit mettre fin à l'aventure. » « Et moi, » dit le roi Bohor, « je déposerai une « riche couronne d'or que le loyal chevalier « aura seul droit de porter. » Alors la dame et Guinebaut échangèrent fiance d'être à jamais l'un à l'autre; il fut en outre convenu que la mort de la dame ou de son amant n'empêche- rait pas les danses de continuer, jusqu'au mo- ment de l'arrivée du Chevalier loyal en amour. Guinebaut jeta son enchantement et c'est ainsi que la carole fut établie; elle n'était interrompue que pour laisser aux danseurs le temps de dîner, souper et dormir.

La dame obtint de Guinebaut un second jeu. Ce fut un échiquier mi-parti d'or et d'ivoire, ainsi que les paons et les autres personnages. Le sort qu'il jeta fut tel : sitôt qu'un joueur avait fait le premier trait d'un paon ou de quel- que autre pièce, il devait voir le jeu répondre et les pièces avancer sans qu'une main les con- duisît; quelle que fût son adresse, le joueur ne pouvait manquer d'être maté par le jeu, jusqu'au moment où paraîtrait le Chevalier loyal en amour, fils de roi et de reine.

Guinebaut ne borna pas ses enchantements à la carole et à l'échiquier; il apprit maint autre secret à la dame, qui sut bien en ouvrer après la mort de celui qui l'avait enseignée. C'est ainsi qu'elle éleva le *Château tournoyant* et d'autres caroles que Meraugis trouvera dans la *Cité sans nom*, en achevant sa quête de messire Gauvain.

Guinebaut laissa partir le roi Bohor son frère, après l'avoir quelque temps convoyé. Pour lui, il demeura près de la Dame aux caroles et ne la quitta plus un instant jusqu'au moment de sa mort.

[Cette histoire semble une simple variante de celle de Viviane. Merlin produit les mêmes danses, confie les mêmes secrets, reste également enchaîné par une puissance invincible auprès de Viviane. Mais les jeux de Guinebaut deviendront l'occasion d'autres récits, et quoiqu'on reconnaisse ici le calque d'une première invention ailleurs mieux racontée, on aime à voir comment d'un seul fonds nos romanciers tirent souvent un double ou même un triple courant de récits.]

De son côté le roi Bohor poursuivit sa route vers la forêt de Bredigan où l'attendait, comme on a vu, le roi Artus. Avant d'être sorti de la Forêt périlleuse, il fit rencontre non plus de joyeuses danses, mais du roi Amant qui, l'arrêtant, la fureur dans les yeux, le contraignit à se mesurer avec lui. Les conditions du combat furent telles : si Amant demeurait vainqueur, Bohor devait lui céder le château de Charhais ; s'il était vaincu, il devait se rendre à Bredigan pour y faire hommage au roi Artus de ses autres domaines. Enfin, s'il était tué, ses chevaliers devaient reconnaître Artus pour le suzerain des fiefs qu'ils avaient jusqu'alors tenus du roi Amant. Le combat fut long et se termina par la mort de l'agresseur que Bohor pleura sincèrement. La plupart des chevaliers d'Amant consentirent à suivre Bohor à Bredigan, et furent accueillis favorablement par Artus. Mais les plus orgueilleux, Guinganbresil, Giromelan et Brandelis, ayant refusé de les imiter, retournèrent sur leurs pas. Le roi de Gannes, avant de quitter la place, y fonda un hôpital commémoratif que desservit un bon clerc, auparavant son chapelain, et dont on aura plus tard occasion de parler.

Bohor entra dans Bredigan comme Artus se disposait à revenir à Logres pour y déposer de nouvelles richesses qu'il devait à Merlin. Le prophète l'avait conduit au pied d'un grand chêne dont il avait fait mettre les racines à découvert ; là se trouvait un trésor, remontant au temps de l'arrivée des Romains. On avait encore trouvé, sous le trésor et dans un coffre de cuivre, douze épées d'excellente trempe. Artus les rapporta lui-même à Logres.

Avant de quitter Bredigan, plusieurs jouvenceaux de bonne mine avaient demandé à lui être présentés : le roi, entouré de ses barons, les attendit sous une épaisse et verte « arbroie », où il prenait le frais ; car, le pays étant infesté de Saisnes, il n'avait osé permettre à ses chevaliers de déposer leurs armes. On était à l'entrée de mai, la chaleur était grande (1). Les enfants approchèrent en se tenant deux à deux par la main. Arrivés devant le roi, ils s'agenouillèrent, et Gauvenet prenant la parole :
« Sire, je viens vers vous avec mes frères, mes
« cousins, mes parents et mes amis, comme à
« notre seigneur lige, attirés par le bien qu'ils
« ont entendu de vous. Nous désirons vous
« prier de nous donner des armes et de nous
« faire chevaliers nouveaux. Si vous prenez en
« gré notre service, nous vous servirons loya-
« lement et du mieux que nous pourrons.
« Apprenez déjà que plusieurs d'entre eux ont
« assez bien fait leurs preuves, en défendant
« de leur mieux votre terre. Ils y ont mis grand

---

(1) « Il faisoit si grant chaut com il seult faire à l'entrée de may. » F°. 159. *Var*. à l'issue de mai.

« travail et grande peine, et si j'entends que vous
« le sachiez, c'est qu'on doit rendre compte aux
« prud'hommes du bien et du mal qu'on a pu
« faire. Mais il vaut mieux le taire aux mau-
« vais seigneurs, peu soucieux de recon-
« naître les bons, ayant des yeux pour ne
« pas les voir, et un cœur qui ne les avertit
« pas de remercier.

« — Qui êtes-vous, gentil varlet qui parlez si
« sagement ? » dit Artus.

« — Avant de répondre, Sire, nous désirons sa-
« voir si votre volonté est d'accueillir notre
« service : demandez ensuite ce qu'il vous
« plaira, nous dirons ce que nous savons.

« — Beaux amis, « dit Artus, » je vous retiens
« très-volontiers, et j'entends faire chevaliers
« vous et tous ceux de votre compagnie. Vous
« serez désormais mes compagnons, mes amis ;
« vous pourrez disposer de ma cour et de moi. »
Et relevant en même temps Gauvenet par les
mains : « Dites-moi maintenant, beau doux ami,
« qui vous êtes, car j'ai grande impatience de
« le savoir. — Sire, » fait l'enfant, « par mon
« droit nom on m'appelle Gauvain : je suis fils
« au roi Loth de Loenois et d'Orcanie ; ces trois
« damoiseaux que je tiens par les mains sont mes
« frères, Agravain, Guirres et Gaheriet. Ces
« autres damoiseaux vous sont cousins-ger-
« mains, de par les rois Nautre et Urien. On les

« nomme Galeschin, Yvain le Grand et Yvain l'A-
« voutré. Voyez-vous ce beau brun si bien
« membré ? c'est le fils du roi Belinan de
« Sorgales, et le cousin-germain de Galeschin.
« Ces deux autres sont Keu et Kahedin, neveux
« du roi Karadoc d'Estrangore. Les autres
« sont cousins du roi Loth, ou fils de comtes et
« de ducs, à savoir Yvain aux Blanches Mains,
« Yvain l'Esclain, Yvain de Rivel, Yvain de
« Lionel. Enfin ce damoisel qui surpasse tous
« les autres en beauté, en force, en visage riant,
« en blonde et crêpée chevelure, c'est le riche
« Sagremor, neveu de l'empereur de Constan-
« tinople ; il a traversé des mers lointaines pour
« recevoir ses armes de votre main. »

Le roi, l'entendant ainsi parler, ne peut contenir sa joie. Il prend Gauvain dans ses bras, et tour à tour baise tous ses compagnons : il n'y a pas d'honneur qu'il ne fasse à Sagremor. Puis, revenant à Gauvain : « Beau neveu, je
« vous donne la charge de connétable de mon
« hôtel ; vous serez après moi le souverain sei-
« gneur de mes hommes et de ma terre. » Gauvain l'en remercie humblement et s'agenouille de nouveau. Le roi le revêt de l'office de connétable par son dextre gant. Après cela l'ordre est donné de monter ; on laisse Bredigan, on arrive à Logres. Au-devant du roi allèrent ses deux sœurs, la reine d'Orcanie et

Morgan la bonne clergesse. Ils trouvèrent le palais tendu de draps de soie, jonché d'herbes fraîches et odorantes. Le jour et la nuit suivante se passèrent en fêtes joyeuses; puis Artus avertit les enfants de se rendre à la maître-église pour y veiller jusqu'au lendemain. Quand vint l'heure de la messe, le roi prit sa bonne épée Escalibur et la ceignit au côté de Gauvenet; il lui chaussa l'éperon droit, pendant que le roi Ban attachait le senestre. La colée fut donnée par Artus : « Chevalier, lui dit-il, « Dieu te fasse prud'homme ! » Après, il les adouba tous et leur distribua les bonnes épées qu'il avait trouvées au trésor, à l'exception de Sagremor qui voulut employer les armes qu'il avait apportées de Constantinople, et de Dodinel le Sauvage, qui reçut du roi Bohor l'épée nouvellement conquise sur le roi Amant, oncle de l'enfant. Mais, en raison du deuil que causaient dans le pays le voisinage et les ravages des Saisnes, le roi ne permit pas aux chevaliers nouveaux de dresser une quintaine dans la plaine. Tous ses soins se portèrent sur les hommes d'armes qui, de tous côtés, venaient lui demander des soudées pour la prochaine campagne de Gaule. Le soin de les retenir, de les dresser, de leur assigner une place dans chaque bataillon fut confié au connétable Gauvain qui, à partir de ce jour, eut sur l'armée d'Artus la principale autorité. Avant le départ général de l'armée, Merlin s'accointa plus particulièrement de Morgan, sœur d'Artus. Elle apprit alors de lui les grands secrets d'astronomie et de nécromancie dont elle fit par la suite tant d'usage et pour servir ses amis, et pour se venger de ses ennemis.

VI.

PREMIÈRE CAMPAGNE EN GAULE. — MERLIN EN ROMANIE.

ous passerons rapidement sur cette première campagne du roi Artus en Gaule : car nous croyons répondre aux dispositions du lecteur, en nous contentant de rappeler les circonstances qui sortent des lieux communs, au milieu de tous ces récits belliqueux, si chers à nos romanciers.

Artus pouvait compter sur soixante mille hommes de guerre : vingt mille étaient de ses domaines; vingt mille du royaume de Carmelide, les autres fournis par son nouvel allié le roi Loth d'Orcanie. Nous voyons Merlin dresser presque toujours les plans de campagne et faire réellement l'office de généralissime. Vingt mille hommes sont laissés dans Logres sous le commandement de Do de Carduel ; Gauvain, chargé des préparatifs du grand voyage, se rend le premier à Douvres ; et quand Artus arrive dans cette ville, il trouve la flotte prête à mettre à la voile.

Ils entrèrent de nuit dans les vaisseaux, qui levèrent l'ancre au point du jour ; favorisés d'un vent frais, ils abordèrent à la Rochelle. Les principaux chevaliers qui allaient seconder Artus et les deux rois Ban et Bohor furent Gauvain, les trois autres fils du roi Loth, ses cousins les quatre Yvain, Dodinel, Keu d'Estraus, Kahedin, et enfin Sagremor, l'infant de Constantinople.

Cependant Léonce de Paerne et Pharien de Benoyc que Merlin avait avertis de la menaçante invasion des Romains, des Allemands et des Gaulois, sous la conduite de Ponce-Antoine, du duc Frollo, du roi Claudas de la Déserte et du sénéchal Randol, avaient confié la garde des villes et forteresses des deux royaumes de Gannes et de Benoyc à dix mille écuyers de bonne volonté, désireux de gagner l'adoubement des chevaliers.

La nouvelle se répandit bientôt de l'approche des ennemis, qui mettaient tout en flammes devant eux. Ils trouvèrent à prendre peu de chose ; on avait eu soin de tout transporter dans les villes fortes. Ils convinrent d'assiéger le fort château de Trèbes (1) ; mais ils ne purent camper qu'à une assez grande distance, attendu le terrain glissant et marécageux qui l'entourait. On arrivait au pied de la hauteur que dominait la forteresse par une demi-lieue de chaussée très-étroite. Ponce-Antoine se contenta d'isoler le château et d'empêcher les assiégés de renouveler leurs provisions. Dans Trèbes étaient enfermées la reine Hélène de Benoyc et sa belle-sœur la reine de Gannes. La défense en était confiée à Gracien et à Banin son fils, écuyer valeureux, filleul du roi Ban. Pour Léonce de Paerne, dès qu'il apprit l'arrivée des Romains devant Trèbes, il se souvint des conseils de Merlin et chargea Ausiaume, le sénéchal du roi Ban, de conduire secrètement dix mille hommes d'armes dans la forêt de Briosque, près de la fontaine de la Lande. Il donna le même avis à Pharien de Gannes et ne tarda pas à se mettre lui-même en chemin vers le rendez-vous indiqué (2).

Merlin de son côté avait rejoint Artus et

(1) Je pense que c'est aujourd'hui Trèves, sur la Loire, à deux lieues de Saumur.

(2) Les anciens copistes nomment cette forêt tantôt *Briosque*, tantôt *Darnante*. Cette confusion pourrait bien avoir son origine dans deux récits fondus en un seul.

ne lui avait pas épargné ses bons conseils. L'ost, ou l'armée, forma quatre échelles ou bataillons de nombre égal. Gauvain, le connétable, conduisit la première avec ses frères, ses cousins et les trente-sept chevaliers compagnons d'Artus en Carmelide. Le roi Ban eut la seconde échelle; le roi Bohor la troisième avec les quatre cents chevaliers du roi Amant et le contingent de Carmelide. La quatrième échelle fut conduite par Artus et comprit les compagnons de la Table ronde conduits eux-mêmes par le pieux Nascien, Adragain et Hervis du Rinel. « Pour vous, « Keu, » dit Merlin, « vous porterez le dragon, « enseigne du roi Artus. C'est votre droit : « vous aurez grand soin de paraître constam- « ment au premier rang, et vous serez le point « de mire de tous les combattants. »

Puis, s'adressant au roi Artus : « Vous vous « mettrez en chemin cette nuit même au sortir « du premier somme; après une journée de « marche, vous arriverez en vue de Trèbes, « assiégée de quatre côtés par quatre-vingt mille « hommes. Vos quatre échelles attaqueront « en même temps les quatre échelles ennemies : « vous ne les surprendrez pas, car ils font bonne « garde; vous aurez en conséquence besoin de « grand hardement.

— « Comment! » dit le roi Artus, « les Ro- « mains sont-ils plus nombreux que nous ?

« — Oui, plus nombreux de moitié ; mais il vous
« arrivera de la forêt de Briosque un renfort
« de vingt mille hommes. Au point du jour, vous
« entendrez retentir un cor et vous verrez dans
« les airs un grand brandon de feu. C'est le
« signal de l'arrivée du secours : vous commen-
« cerez aussitôt l'attaque du camp. »

L'armée bretonne quitta les plaines de la Rochelle après le départ de Merlin : l'échelle de Gauvain se mit la première en marche, conduite par Blioberis qui savait les chemins. Ils atteignirent au point du jour la rivière de Loire, assez près de son embouchure. Ils s'y arrêtèrent la nuit, puis se remirent en mouvement jusqu'en vue des tentes dressées autour de Trèbes. Dans l'obscurité, ils distinguèrent les lumières qui éclairaient tous les points du camp ennemi. Les sentinelles romaines, entendant un bruit d'armes et de chevaux, donnèrent l'alarme : Ponce-Antoine sur-le-champ fit armer ses gens et ordonna qu'on se réunît dans la plaine pour attendre les Bretons. Leurs trois autres échelles, conduites par Frollo, par Claudas et par Randol, s'armèrent à leur tour et se tinrent le long d'une petite rivière nommée l'Aroaise. Comme ils s'armaient et se pressaient en désordre, le cor de Merlin se fit entendre, un large brandon de feu traversa les airs. Aussitôt messire Gauvain, à la tête des siens, se plongea dans les tentes et pavillons de Frollo; Ban, Bohor et Artus attaquèrent celles de Claudas, de Ponce-Antoine et de Randol. En un moment les tentes sont abattues, les soldats qui n'ont pas eu le temps de s'armer sont tués, et leurs chefs, revenus trop tard pour les protéger, engagent un combat qui ne tarde pas à devenir général.

Le soleil venait de se lever et l'éclat qu'il jetait sur les heaumes, les hauberts et les écus présentait un merveilleux tableau, « si bien, » dit le romancier, « que c'estoit à regarder un « délit et une melodie ». Au milieu de la mêlée Sagremor et Frollo, Ban et Claudas se mesurent, se frappent, roulent à terre et se relèvent plus ou moins blessés. Ponce-Antoine, deux fois abattu par le roi Bohor, est foulé aux pieds : les gens du roi de Benoyc, repoussés à leur tour, sont ralliés et ramenés au combat par le roi Artus. Mais les prouesses, les hauts faits de tous ces héros ne sont rien à côté des exploits de Gauvain qui, l'heure de midi venue, sent tripler non pas son courage mais ses forces : il abat à plusieurs reprises Ponce-Antoine et Frollo; il remonte le roi Ban et ses frères Agravain et Guirres. C'en était fait de Claudas, dont le cheval avait été coupé en deux, si Gauvain eût reconnu en lui le roi de Bourges; il en fut averti trop tard par le roi Ban. Tous deux se remettent à la poursuite de Claudas qui, à peine revenu de son effroi, court çà et là au plus épais des échelles, heureux d'éviter une seconde rencontre avec le terrible Gauvain.

Cependant l'issue du combat demeurait incertaine. L'avantage du nombre balançait celui de la valeur, on ne pouvait dire à quel parti resterait la victoire. Du haut des murs de Trèbes les deux reines voyaient l'acharnement des combattants, sans distinguer qui les attaquait ou les défendait. Surtout elles s'émerveillaient de l'enseigne du Dragon qui semblait lancer de longues flammes et couvrir le ciel d'une lueur sanglante. Un de leurs serviteurs sortit par une porte secrète pour enquérir la cause de ce grand combat, et le nom des peuples venus pour attaquer ou soutenir Claudas. Ce messager rencontra Bretel, comme il redressait à l'écart son heaume bosselé : « Sire, je vous prie, » dit-il, « apprenez-moi quels gens sont aux prises « avec nos ennemis. — Beau doux ami, » répond Bretel, « dites à ceux de Trebes que nous « sommes venus avec le roi de Logres, les « rois Ban et Bohor, avec la fleur de la cheva-« lerie bretonne. Voyez-vous cette enseigne du « Dragon? c'est messire Keu, le sénéchal du roi « Artus, qui la tient. » Le messager remercia et retourna conter aux reines ce qu'il venait d'apprendre. Ceux qu'on avait chargés de la défense du château auraient bien voulu se joindre aux princes bretons, mais ils avaient fait serment de rester dans la ville, et ils se contentèrent d'être témoins des grands coups portés sous leurs yeux. Bientôt ils virent sortir de la forêt de Briosque quatre bannières à la suite l'une de l'autre. C'étaient les hommes d'Ansiaume de Benoyc, de Gracien de Trebes, de Léonce de Paerne et de Pharien de Dinan. Le roi Ban, qui les reconnut le premier, les montra à messire Gauvain. « Le champ est à nous, » dit Gauvain, « mais faisons en sorte que ni « les Romains, ni les Allemands, ni ceux de « Gaule et de la Déserte ne s'avisent de revenir « sur la terre de leurs voisins. Plaçons-nous en « embuscade pour couper la retraite aux « fuyards et leur ôter tout moyen de salut. » Cela dit, il donne passage aux compagnons de la Table ronde et aux autres chevaliers de l'échelle du roi Artus, tandis qu'aux cris de *Gannes* et de *Benoyc*, Ansiaume, Léonce, Gracien et Pharien jettent le désordre dans les rangs ennemis qui se rompent, se reforment, mais toujours en cédant le terrain. La déroute devint générale : de quatre-vingt mille hommes qui la veille étaient campés sous les murs de Trebes, la moitié eut grand'peine à regagner la Terre déserte.

Le roi Artus, Gauvain, les deux rois Ban et Bohor furent accueillis, comme on le pense bien, avec des transports de joie, dans le château de Trebes. Les deux reines, séparées depuis si longtemps des époux qu'elles aimaient, éprouvèrent un bonheur sans mélange en les retrouvant. La nuit qui suivit, la reine Hélène conçut un fils destiné à surpasser la bonne renommée de ses généreux ancêtres, mais auquel étaient réservées de grandes épreuves comme on le verra dans la suite de nos récits. Ce fils en naissant reçut le nom de Lancelot.

A quelques jours de là, Artus prit congé des deux rois et ramena en Grande-Bretagne les guerriers de Logres et de Carmelide. Merlin ne les suivit pas et ne voulut pas assister aux fêtes du mariage d'Artus avec Genievre : une affaire pressante le forçait, dit-il, à se rendre à Rome. (Ici vient se placer un épisode qui n'a plus rien de commun avec les traditions bretonnes, et qui semble l'original plutôt que la copie d'un récit du livre de *Marques de Rome*, continuation du fameux roman oriental des *Sept Sages*. Il est en lui-même des plus extravagants, et nous n'y sommes aucunement préparés par le rôle que viennent de jouer les Romains dans la guerre de Gaule. Quoi qu'il en soit, on le lira sans doute avec plaisir, bien que nous ne voulions pas en dissimuler les imperfections.)

Merlin passe des forêts de la Grande-Bretagne dans celles de *Romanie :* car il est avant tout homme des bois. En ce temps régnait Julius César : non celui qu'un spectre tua en Perse dans son pavillon (1), mais celui que devait immoler Gauvain, dans la bataille qui sera livrée près de Langres, à la fin du règne d'Artus.

Cet empereur avait une femme de haut lignage et d'assez grande beauté, bien qu'elle eût le teint et les cheveux approchant de ceux des rousses; mais ses mœurs étaient des plus abandonnées. Elle avait réuni douze beaux damoiseaux qui, sous des habits de femme, la suivaient à titre de filles d'honneur. Toutes les fois que l'empereur s'éloignait de Rome, l' « emperière » partageait sa couche avec un de ces beaux varlets : et pour empêcher que la barbe ne leur vînt, elle leur faisait graisser le menton d'un mélange de chaux et de piment détrempé dans l'eau. Comme ils portaient de longues robes traînantes, qu'ils avaient la tête enveloppée de guimpes, et les cheveux tressés à la façon des jeunes filles, personne ne soupçonnait leur sexe véritable.

Tel était le train de vie que menait l'emperière, quand la fille d'un duc allemand nommé Mathan, chassé de sa terre par le duc Frollo,

(1) Allusion à la légende de la mort de Julien l'Apostat racontée dans l'ancienne Chronique alexandrine.

se présenta à la cour de l'empereur. Elle avait, pour éviter les dangers inséparables d'un long voyage, pris les vêtements d'homme; puis, trouvant le déguisement commode, elle s'était décidée à le conserver. Comme simple écuyer, elle vint demander service à l'empereur; sa taille haute et son pied ferme, ses gestes et ses paroles, tout concourut à la faire paraître ce qu'elle désirait, bien qu'elle évitât avec grand soin toute inconvenance de regard et de langage. Grisandole, c'était le nom qu'elle avait pris au lieu de celui d'Avenable, ne fut pas longtemps sans gagner la confiance de l'empereur : elle plut même à tout le monde, et son crédit fut assez solidement établi sur le prince et sur les officiers du palais, pour qu'à la Saint-Jean, époque où l'on faisait les nouveaux chevaliers, elle fût du nombre de ceux que l'on adouba. Dans la quintaine dressée à cette occasion au milieu du Prénoiron (1), Grisandole emporta le prix des bien-faisants. Alors l'empereur le nomma sénéchal de Romanie, et le choix, chose admirable, fut approuvé de tout le monde, tant Grisandole avait su plaire à tous.

Or, une nuit que l'empereur reposait auprès de sa femme, il eut un songe qui le remplit d'inquiétude. Il crut voir devant les portes du

---

(1) Les *Prata Neronis*.

palais une énorme truie dont les longues soies descendaient de ses flancs jusqu'à terre, et qui portait un cercle d'or entre les deux oreilles. L'empereur avait une idée confuse de l'avoir déjà vue, et même de l'avoir nourrie ; mais il ne croyait pas qu'il en eût la propriété. Comme il s'arrêtait à ces idées, voilà trois louveaux qui sortent de la chambre, et s'en vont courir sur la truie. L'empereur alors demandait à ses barons ce qu'il devait faire de la truie ainsi abandonnée aux louveaux. Les barons répondaient que la bête immonde devait être jetée dans les flammes. L'empereur alors tressaillit ; il s'éveilla, pour tomber dans une profonde rêverie ; mais, comme il était de sa nature fort sage, il ne parla de sa vision à personne. Le jour venu, il se leva, alla entendre la messe et trouva au retour les nappes mises et les barons qui l'attendaient. On se mit au manger; l'empereur demeura rêveur, si bien que tous les convives se taisaient dans la crainte de le troubler et de lui déplaire.

Les tables n'étaient pas encore levées quand on entendit aux abords du palais un sourd bruissement. C'était un cerf de grandeur prodigieuse, portant cinq branches de cors, les deux pieds de devant d'une éclatante blancheur. Il avait couru dans les rues de Rome, comme s'il eût été chassé par une meute de chiens. Chacun en le voyant, bourgeois, écuyers, femmes et enfants, s'étaient mis à le poursuivre, armés de glaives, de cognées, de bâtons ou de pieux. Il franchit les portes du palais; les sergents de table qui s'étaient mis aux fenêtres ont à peine le temps de se ranger pour ne pas en être heurtés. Il arrive aux tables, dresse les pieds, renverse le vin et les viandes, les écuelles et les pots, puis s'agenouillant devant l'empereur : « A quoi pense, » dit-il, « le roi « Julius de Rome? Il voudrait bien savoir « ce que sa vision signifie, mais elle ne sera ex- « pliquée que par l'homme sauvage. » Cela dit, comme on avait fermé les portes derrière lui, il fait un charme secret, les portes s'ouvrent et lui font passage : la chasse recommence sur lui; il n'en franchit pas moins les murs de Rome pour se perdre dans la campagne, sans que personne puisse dire ce qu'il est devenu.

On le devine déjà, le grand cerf n'était autre que Merlin. L'empereur, quand ses gens revinrent sans dire quel chemin l'animal avait pris, témoigna d'un chagrin extrême. Il fit crier par toutes les terres de Romanie que celui qui pourrait prendre et amener le cerf ou l'homme sauvage deviendrait l'époux de sa fille unique, et recevrait en dot la moitié de son empire. Qu'on juge de l'ardeur avec laquelle tous les barons de Romanie se mirent en quête du

grand cerf et de l'homme sauvage ! il n'y eut pas un seul réduit dans les bois, une seule rue dans les villes, une seule place dans les champs qui ne fût visitée, mais en vain : ils ne trouvèrent trace de l'un ni de l'autre. Grisandole pourtant ne se découragea pas. Il resta huit jours dans la forêt voisine de Rome, et le neuvième, comme il venait de prier Notre-Seigneur de le conduire à la retraite de l'homme sauvage, le grand cerf parut, se dressa devant lui et lui dit : « Avenable, ta chasse est insen-
« sée ; tu ne trouveras pas celui que tu cher-
« ches. Écoute-moi : achète de la chair de porc
« nouvellement salée, assaisonnée de menu
« poivre : joins-y lait, miel et pain chaud ;
« amène avec toi quatre compagnons, de plus
« un garçon pour retourner la chair devant un
« feu que tu allumeras dans l'endroit le moins
« frayé de cette forêt. Là tu dresseras une
« table, tu y poseras le pain, le lait, le miel ;
« puis vous vous tiendrez à l'écart en attendant
« ce que vous cherchez. »

On comprendra la surprise de Grisandole aux paroles du grand cerf. Comme il y avait dans toute cette aventure quelque chose de merveilleux, il n'hésita pas à faire ce qui lui était indiqué. Il revint à la ville la plus proche, acheta jambon, lait, miel et pain, choisit cinq compagnons et rentra dans la forêt. Ils s'arrê-

tèrent sous un grand chêne, dans un endroit
écarté : ils allumèrent du feu, dressèrent une
table, y posèrent le pain, le lait, le miel, et
chargèrent le garçon de tenir le bacon devant
les charbons. Cela fait, ils se tapirent derrière
un buisson. Bientôt ils entendent le bruit de
l'homme sauvage : il approche, portant une
massue dont il frappait çà et là les arbres sur
son passage; ses pieds étaient nus, ses cheveux
hérissés, son visage barbu, sa cotte déchirée.
Le garçon, le voyant approcher, eut grande
peine à demeurer en place : pour l'homme
sauvage, il se mit à chauffer ses membres, puis
ouvrit la bouche comme tourmenté de grande
faim. Il regarde le bacon, jette les yeux sur la
nappe, sur le lait, le miel et le pain, arrache
la chair salée des mains du garçon, la dépèce,
la trempe dans le lait, dans le miel et la dévore
avidement. Le jambon englouti, il prend le
pain chaud, le mange, boit le lait et achève
son repas avec les restes du pain trempé dans
le miel. Alors, le ventre gonflé, il s'étend devant le feu et s'endort.

Grisandole n'avait perdu aucun de ses mouvements; il sortit de sa retraite, et avec ses compagnons approcha le plus doucement du monde
de l'homme sauvage. Ils s'emparèrent de la
massue avant de se jeter sur lui; ils attachèrent
l'homme en lui passant une chaîne de fer

aux deux bras de façon à lui ôter tout moyen d'échapper. Le sauvage se réveilla, regarda autour de lui, comme pour chercher sa massue, mais ne put faire un mouvement. On fit approcher un des chevaux sur lequel on le mit en selle, et Grisandole montant en croupe prit la voie qui conduisait à Rome. Chemin faisant, il voulut le faire parler, mais l'homme sauvage jetant un rire de dédain : « Créature dé-
« formée de sa vraie nature, » dit-il, « amère
« comme suie, douce comme miel, la plus dé-
« cevante, la plus subtile chose du monde,
« orgueilleuse comme sanglier et léopard, pi-
« quante comme taon, venimeuse comme ser-
« pent, je ne te répondrai que devant l'empe-
« reur. »

Bien que Grisandole ne comprît pas le sens de ces paroles, il en conclut que l'homme sauvage était doué de sens et de sagesse. Ils arrivèrent ainsi devant une abbaye, et trouvèrent à la porte une foule de gens qui attendaient l'heure de l'armône. L'homme sauvage, tournant les yeux de leur côté, se prit à rire. « Au nom de
« Dieu, » dit Grisandole, « apprends-moi pour-
« quoi tu as ri. » L'autre répond : « Image dé-
« formée, dénaturée, tais-toi ; ne demande
« rien : je ne parlerai que devant l'empereur. »

Le lendemain, arrêtés devant une chapelle où l'on allait chanter messe, ils descendent de cheval et mènent avec eux dans le moutier l'homme sauvage toujours enchaîné. Là se trouvait un chevalier et à quelque distance un écuyer. Comme le chevalier regardait avec surprise cet homme sauvage, son écuyer qui était resté sous le porche avance vers son seigneur, lui donne un soufflet dont toute l'église retentit et retourne en pleurant de confusion et de repentir à l'endroit d'où il était parti. A peine arrivé, il change de mine et semble on ne peut plus satisfait de lui-même. Le Sauvage alors jette un nouveau ris, le chevalier ne paraît rien comprendre à l'action de son écuyer. Un instant après, l'écuyer se lève encore, revient à son seigneur, le frappe d'un second soufflet non moins violent que le premier, et retourne en pleurant ; à peine arrivé, il reprend sa première sérénité, et l'homme sauvage de jeter un second ris. Un troisième soufflet est encore donné au chevalier avant la fin du service, et fait une troisième fois rire l'homme sauvage. La messe achevée, le chevalier suivit Grisandole et le pria de lui dire qui il était et surtout quel était l'homme enchaîné. Grisandole répondit qu'il le conduisait à l'empereur pour y donner l'explication d'une vision singulière. « Mais vous, sire « chevalier, » ajoute-t-il, « me direz-vous pour« quoi cet écuyer vous donna trois soufflets ? « — Non, je l'ignore, et je vais le demander à

« lui-même. » L'écuyer interrogé protesta qu'il voudrait être sous terre, et qu'en frappant son seigneur il avait cédé à une force invincible que l'homme sauvage pouvait seul expliquer. « Apprenez-nous au moins, » dit Grisandole à ce dernier, « pourquoi vous avez ri chaque « fois que l'écuyer allait frapper son seigneur.

« — Figure trop décevante et dangereuse, « piquante comme alêne, miroir de men- « songe ; créature par laquelle sont détruits « villes, bourgs et châteaux, et sont exter- « minés les plus grands peuples ; hameçon à « prendre les puissants ; filet dangereux pour « les oiseaux ; rasoir plus tranchant, plus « affilé que le glaive ; source turbulente qui jaillis « toujours, ne s'épuises jamais ; tais-toi, je ne « parlerai que devant l'empereur. »

Grisandole n'essaya plus de le faire parler. Ils arrivèrent donc à Rome sans autre accident et reçurent de l'empereur le bon accueil qu'on peut imaginer. « Je remets entre vos mains, » lui dit Grisandole, « l'homme sauvage que nous « avons eu grand'peine à découvrir ; à vous « maintenant, sire, de faire qu'il ne vous échappe.

« — Il n'est, » dit le Sauvage, « aucun besoin « de chaînes ou de liens pour me retenir ; j'at- « tendrai pour m'éloigner le congé de l'empe- « reur. — Mais, » dit Julius, « quel garant « aurai-je de ta sincérité ? — Ma chrétienté. —

« Comment? serais-tu chrétien? aurais-tu bien
« trouvé le moyen de recevoir le baptême? —
« Oui, je suis baptisé. Ma mère, revenant une
« fois du marché, fut surprise par la nuit dans
« la grande forêt de Broceliande. Elle s'égara,
« ne put trouver l'issue et, accablée de fatigue,
« s'arrêta sous un arbre où elle endormit. Du-
« rant son sommeil, un homme sauvage s'ap-
« procha d'elle et la réveilla : elle était sans
« force contre lui, et presque mourante de peur :
« alors je fus conçu. Ma mère retourna triste-
« ment à son logis : quand je vins au monde
« elle me fit baptiser, et me garda près d'elle,
« durant ma première enfance. Mais, dès que
« je pus courir, je la quittai et m'en allai vivre
« dans les grands bois; car je tiens de mon
« père le besoin de séjourner au milieu des
« forêts. »

L'empereur dit alors : « A Dieu ne plaise
« qu'un homme aussi sage reste plus longtemps
« enchaîné ! Je dois me confier à ta parole. »
Grisandole alors raconta comment le prisonnier
avait ri durant la traversée : « Je vous expli-
« querai tout cela, » dit le Sauvage ; « mais que
« l'empereur mande les barons de son conseil,
« c'est devant eux que je veux parler. »

A trois jours de là, l'empereur assembla les
barons; il fit asseoir à ses côtés l'homme sauvage en le priant d'exposer lui-même le songe

qu'il avait fait. Celui-ci ne voulut parler qu'en présence de l'emperière et de ses douze demoiselles de compagnie. Les dames furent mandées, l'emperière arriva, le visage riant et reposé, comme celle qui n'avait rien à craindre de personne. A son arrivée, les barons se levèrent par révérence; pour le Sauvage, il se détourna, se prit à rire d'une façon méprisante, et s'adressant à l'empereur : « Sire, si vous
« voulez que je parle, il faut m'assurer que
« vous ne m'en saurez aucun mauvais gré et
« que vous ne m'en donnerez pas moins congé
« de retourner d'où je suis venu. » L'empereur ayant accordé : « Sire, vous avez cru voir,
« une nuit que vous dormiez près de cette
« femme, une grande truie dont les soies traî-
« naient jusqu'à terre, et dont la tête portait un
« cercle d'or : cette truie vous semblait nour-
« rie dans votre hôtel; vous l'aviez déjà vue ;
« vous avez ensuite vu douze louveaux appro-
« cher l'un après l'autre, couvrir la truie, puis
« retourner dans la chambre voisine. Alors
« vous alliez demander à vos barons quel juge-
« ment était à faire de cette truie; et les ba-
« rons la condamnaient au bûcher, elle et ses
« louveaux. N'est-ce pas là votre vision ? —
« C'est elle-même, » dit l'empereur. Les barons de Rome ajoutèrent : « Sire, puisqu'il a su con-
« naître un songe dont vous n'aviez parlé à

« personne, il doit en savoir le sens. — Assu-
« rément, » répond l'empereur, « et je le prie
« instamment de nous le dire.

« Vous saurez, » reprend l'homme sauvage,
« que la grande truie, c'est madame l'empe-
« rière ici présente. Les longues soies sont la
« longue robe qui lui traîne jusqu'à terre. Le
« cercle d'or de la truie est la couronne d'or
« dont vous l'avez couronnée. Maintenant je
« consens à ne rien dire de plus. — Non, »
fait l'empereur, « vous ne devez rien me ca-
« cher. — Je parlerai donc. Les louveaux qui
« dans votre songe approchaient de la truie,
« sont les douze filles de l'empérière. Ces filles
« ne sont pas des filles, mais de beaux garçons;
« faites-les dévêtir, vous en aurez la preuve.
« Apprenez que vous ne passiez jamais la nuit
« hors de la ville, sans que l'empérière ne les
« appelât et ne fît avec eux partage de votre
« lit. »

Rien ne peut se comparer à l'étonnement
douloureux de l'empereur en écoutant ces paroles. « Nous allons voir, » dit-il, « si tout cela
« est vrai. Grisandole, faites quitter leurs ha-
« bits à ces demoiselles. » Le sénéchal obéit,
et toute l'assemblée put juger que les douze
filles étaient aussi bien formées de tous leurs
membres que peuvent l'être les plus beaux
hommes. L'empérière, ne trouvant pas un mot

pour sa défense, fut livrée au jugement des barons qui, après une courte délibération, déclarèrent qu'on ne pouvait rien faire de mieux pour elle et les douze garçons, que de les condamner à mourir dans les flammes; le jugement fut aussitôt exécuté.

Ainsi fut vengé l'empereur de la mauvaise conduite de l'emperière, par le grand sens de l'homme sauvage. « Mais, » dit Julius, « ne
« direz-vous pas aussi pourquoi vous avez ri à
« plusieurs reprises avant d'arriver à Rome,
« quand vous regardiez Grisandole, et pour-
« quoi l'écuyer avait souffleté son seigneur? —
« Je le dirai volontiers. J'ai ri la première fois,
« en pensant que je me laissais prendre aux
« ruses d'une femme : car celui que vous nom-
« mez Grisandole est la plus belle et la plus
« sage demoiselle du monde. J'ai ri devant
« l'abbaye, parce que ces gens qui attendaient
« l'aumône foulaient sous leurs pieds un grand
« trésor, et qu'il leur eût suffi de creuser la
« terre de quelques pieds pour être dix fois
« plus riches que tous les moines. Quand le
« sénéchal me demanda pourquoi j'avais ri, je
« fis entendre qu'il était travesti, qu'il avait
« comme changé de nature. Les femmes n'ont-
« elles pas trompé maints prud'hommes? n'ont-
« elles pas causé la ruine de grandes villes, de
« grands royaumes? Je ne parlais pas de lui

« en particulier, mais du sexe auquel il ap-
« partenait. Ne t'afflige pas, sire, du supplice
« de l'emperière : il est encore quelques fem-
« mes très-sages, comme sera celle que tu
« choisiras pour seconde épouse. Mais, à vrai
« dire, il en est peu qui n'aient mépris envers
« leurs barons; car telle est la nature de femme
« que plus elle a juste raison de se louer de la
« prud'homie de son baron, plus elle est tentée
« de le traiter comme le dernier des hommes.

« Maintenant, si j'ai ri dans la chapelle, ce
« n'est pas pour les buffes que l'écuyer don-
« nait à son seigneur, mais pour la raison se-
« crète qui le poussait à agir ainsi. Sous les pieds
« de l'écuyer était un autre trésor. La première
« buffe représentait l'orgueil et la vanité qui
« s'emparent du pauvre dès qu'il est enrichi,
« et le portent à humilier ceux qui étaient au-
« dessus de lui, à tourmenter ceux qui de-
« meurent aussi pauvres qu'il était lui-même.
« La seconde buffe était pour l'avare usurier,
« baigné dans son trésor, acharné sur ceux
« qui possèdent des terres, et qui ont besoin
« d'emprunter. Il leur prête sur bons gages,
« et le jour vient où ils ne peuvent s'acquitter
« que par l'abandon de leurs héritages. La
« troisième buffe regarde les voisins querel-
« leurs, qui ne peuvent souffrir près d'eux gens
« plus riches ou plus puissants ; ils les accusent,

« les calomnient et consomment leur ruine, en
« justifiant le proverbe : *A mauvais voisin,
« mauvais matin*. Or, à présent, » ajoute le Sau-
« vage, » vous n'avez plus rien à savoir, et
« je vous demande congé. — Pas encore, » dit
l'empereur, « il faut vérifier si Grisandole est
« véritablement fille. » On fit dépouiller le sénéchal, on reconnut en lui une des plus belles
demoiselles du monde.

« Hélas! que ferai-je maintenant? » dit l'Empereur, « j'avais promis ma fille et la moitié
« de mon empire à qui découvrirait l'homme
« sauvage ; je ne puis acquitter ma promesse,
« puisque Grisandole n'est pas un homme. —
« Voici, » dit le Sauvage, « un moyen de tout
« concilier. Prenez pour femme Avenable, vous
« ne pouvez faire un choix plus digne. C'est la
« fille du duc Mathan de Souabe dont Frollo a
« ravi les domaines. Mathan fugitif s'est re-
« tiré avec sa femme et un brave et loyal fils,
« dans la cité de Provence appelée Montpel-
« lier ; envoyez vers eux, faites-leur restituer
« leur héritage, mariez votre fille à Patrice,
« le frère d'Avenable, et vous n'aurez jamais
« mieux exploité. » Les barons présents jugèrent tous que l'empereur devait faire ce qui lui
était proposé par un homme dont le sens et la
sagesse venaient d'être déjà si bien éprouvés :
« Je m'y accorde, » dit l'empereur; « mais,

« avant de nous quitter, je prie l'homme sau-
« vage de nous dire quel est son nom et quel
« est le grand cerf qui vint dans mon palais,
« pendant que j'étais à table. — Ne le de-
« mandez pas ; car mon intention n'est pas de
« vous le dire; moi, je vous demande congé, vous
« devez me l'accorder. — Soit donc ! » dit
l'empereur, « et grand merci de tout ce que
« vous avez dit. A Dieu soyez recommandé ! »

L'homme sauvage se mit aussitôt en voie. Mais au seuil du palais il s'arrêta pour tracer au haut de la porte, en caractères grecs que personne ne pouvait lire, une inscription qui disait : « Sachent tous ceux qui ces lettres liront
« que le vrai sens du songe de l'empereur fut
« donné par Merlin de Northumberland; que
« le grand cerf branchu qui entra dans la salle
« où les tables étaient dressées, et qui parla
« dans la forêt à Avenable, était encore Merlin,
« le maître conseiller du roi Uter-Pendragon et
« de son fils le roi Artus. » Ces lignes tracées, l'homme sauvage s'éloigna, et personne ne put dire où savoir ce qu'il était devenu. La vérité est qu'en moins de deux jours, par la force de son art, il se trouva dans les forêts de Northumberland, et se hâta d'aller conter à son maître Blaise tout ce qu'il avait fait en Gaule; la grande bataille qu'Artus allait livrer aux Saisnes, la cause et les effets de son voyage en

Romanie. Blaise s'empressa d'écrire tout cela dans son livre, et c'est par lui que la mémoire en est conservée.

L'empereur, après le départ de Merlin, envoya de ses hommes en Provence, pour s'enquérir des parents d'Avenable. On les trouva dans la riche ville de Montpellier; les messagers les amenèrent à Rome et l'empereur les accueillit avec honneur. Frollo fut obligé de rendre à Mathan l'héritage usurpé. Patrice épousa la fille de Julius, et l'empereur prit en secondes noces la sage et belle Avenable.

A quelque temps de là, un chevalier de Grèce vint à Rome chargé d'un message de l'empereur Adrian de Constantinople; il jeta les yeux sur la porte du palais et lut l'inscription que Merlin y avait tracée. Il en donna le sens à l'empereur Julius, qui regretta de n'avoir pas su plutôt que le Grand Cerf et l'Homme sauvage (1) n'étaient autres que Merlin. Mais à peine les lettres furent-elles expliquées que la trace en disparut sur la porte, si bien qu'il ne resta dans Rome aucun souvenir du voyage et des gestes de Merlin.

(1) Le *Grand Cerf*, enseigne de tant d'hôtelleries, l'*Homme sauvage*, support de tant d'écus héraldiques, pourraient bien devoir quelque chose à cet épisode de notre roman.

VII.

VICTOIRE DES SAISNES SUR LES ROIS CONFÉDÉRÉS. — MARIAGE D'ARTUS. — TOURNOI DE CAROAISE. — DANGERS DE GENIEVRE. — LA FAUSSE GENIEVRE ET BERTOLAIS LE ROUX. — ACCORD DE LOTH ET DES AUTRES ROIS AVEC ARTUS. — RETOUR A LONDRES.

Les rois confédérés soutenaient une double guerre. Après que le roi Artus les eut deux fois mis hors de combat, ils avaient eu l'imprudence d'attaquer séparément les Saisnes, et avaient essuyé une déroute complète devant le château de Cambenic. Nous avons épargné à nos lecteurs le récit de ces combats multipliés; il suffit de rappeler que les Saisnes, surpris dans leur camp par les Bretons, ont le temps de se reconnaître et de chasser les agresseurs; que, retrouvant à quelques lieues de là ces mêmes Bretons, bravement revenus à la charge, les Saisnes soutiennent ce nouveau choc et doublent la perte de leurs adversaires. Comme nous l'avons dit plus haut, les deux récits se rapportent à une seule rencontre : c'est un double emploi dont l'usage, chez nos romanciers, semble prouver au moins que les lais originaux ne s'accordaient pas entre eux de tout point. Si les romans de Merlin et d'Artus sont appelés à recevoir les honneurs d'une nouvelle impression, le futur éditeur fera sagement de refondre dans son texte ces aventures géminées, en ne conservant que les variantes de quelque intérêt.

Le roi Artus, au retour de la campagne de Gaule, rentrait à Logres, où il ne demeurait que trois jours, puis reprenait le chemin de Carmelide, toujours accompagné des rois Ban et Bohor, qu'il voulait avoir pour témoins de son mariage. — Leodagan vint de deux lieues à leur rencontre : ils trouvèrent à Caroaise toutes les rues tapissées, la terre jonchée d'herbes fraîches et menues, les dames, les valets, les pucelles dansant et carolant sur leur passage, les damoiseaux behourdant et rompant des lances à qui mieux mieux. Dans la salle où Leodagan les conduisit se trouvait Genièvre, qui courut à Artus les bras ouverts. En présence de tous, elle le baisa sur la bouche ; ils se prirent main à main et montèrent au palais, où les attendaient un somptueux festin.

Le lendemain Leodagan mit Artus à raison, et lui demanda s'il ne pensait pas le moment venu de conclure le mariage. « Je le désire

« plus que vous, » répondit Artus ; « mais j'at-
« tendrai le retour de mon bon ami Merlin, qui
« m'a promis d'arriver à temps : je pense qu'il
« ne tardera pas huit jours. »

Merlin arriva en effet quand déjà tout était disposé pour la cérémonie. Comme il n'ignorait de rien, il avait su qu'Artus était impatient de le revoir et il avait eu connaissance des dispositions de ceux qui ne voulaient de bien ni au roi de Logres ni à celui de Carmelide. Nous vous avons déjà raconté (1) l'histoire de la seconde Genievre, fille du roi Leodagan et de la femme du sénéchal Cleodalis. Les parents de Cleodalis, fidèles aux mœurs et usages de leurs ancêtres, avaient pris fort à cœur l'injure faite à la femme de leur parent : et pour ne pas encourir le déshonneur qui frappait la famille, quand elle était outragée dans un de ses membres, ils avaient juré de tirer vengeance de la honte faite au sénéchal. Le parti auquel ils s'arrêtèrent fut de gagner la maîtresse ou gouvernante de la fiancée d'Artus, et de lui persuader de conduire la seconde Genievre dans la couche nuptiale au lieu de la première. Attentifs au moment où la nouvelle mariée descendrait au jardin du palais, ils devaient l'arrêter et l'entraîner dans une nef pré-

---

(1) Page 153.

parée à l'avance, tandis que l'autre Genievre serait remise aux mains de la maîtresse infidèle. Nous verrons tout à l'heure quel fut le succès de cette trahison.

Le lendemain de l'arrivée de Merlin, Artus et ses compagnons montèrent au palais. Leodagon fit revêtir sa fille des habits les plus magnifiques ; on n'en admira que mieux l'excellence de son incomparable beauté. La cour se rendit au moutier de Saint-Étienne le Martyr. Artus et Leodagan ouvraient la marche, suivis de tous les barons : d'abord Gauvain et Merlin ; puis Sagremor et Galeschin, Agravain et Dodinel, Guirres et Yvain l'Avoutre, Keu et son père Antor. La demoiselle venait ensuite, conduite par les deux rois Ban et Bohor, le visage découvert, un chapelet d'or sur la tête, une robe de soie battue, parsemée de cesames (cysamus), et si longue qu'elle traînait par terre d'une toise et demie. Après elle Genievre, la fille de la Sénéchale, conduite par Girflet ; puis les nouveaux adoubés, les chevaliers de la Table ronde, les barons et chevaliers de Carmelide, enfin les nobles dames du pays et les bourgeoises. Dubricius, l'archevêque de Logres, les reçut dans l'église, et monseigneur Amustant, le maître chapelain du roi Leodagan, les bénit et les maria. L'archevêque célébra la messe, Amustant chanta l'épître et l'évangile. L'offrande fut grande et riche; le service achevé, on revint au palais, au milieu d'un concours de jongleresses et de ménétriers. La fête dura jusqu'au manger et recommença dès qu'on eut levé les tables.

Une quintaine fut dressée dans la prairie de Caroaise, et les nouveaux adoubés allèrent, à qui mieux mieux, s'y escrimer. Puis on parla de jouter; d'un côté, la plupart des nouveaux adoubés et les trente-trois compagnons d'Artus, de l'autre, les deux cent cinquante chevaliers de la Table ronde, qui, plus nombreux, se rendirent aisément maîtres du camp. La nouvelle de leur triomphe arrive à Gauvain, demeuré au palais. Il se lève, demande son cheval, passe l'écu à son col et endosse sur sa robe le pourpoint à doubles mailles qu'il avait déjà l'habitude de porter et qu'il porta toute sa vie. En arrivant dans la lice, il se met à tournoyer, lui et les compagnons qui l'avaient suivi au nombre de quatre-vingts. Un tel renfort oblige les chevaliers de la Table ronde à s'arrêter, pour commencer une épreuve plus décisive. Les combattants formaient deux partis à peu près égaux au nombre. Les nouveaux adoubés et les autres chevaliers d'Artus reconnaissaient Gauvain pour leur chef; dans leurs rangs se trouvaient Yvain le Grand, Gaheriet, Sagremor, Galeschin, Girflet, Lucan, Lanval, Keu le Sénéchal et Dodinel le Sauvage. Les quatre rois, avec Bretel, Ulfin, Artus et Merlin, montèrent aux fenêtres du palais, ainsi qu'un grand nombre de dames et demoiselles, pour mieux juger des coups. Gauvain, avant le signal des joutes, s'en alla parler aux deux cent cinquante compagnons de la Table ronde. « Convenons entre nous, » leur dit-il, « de rester tels que « nous sommes et de ne remplacer aucun de « ceux qui seront pris d'un côté ou de l'au- « tre. » Les chevaliers s'y engagèrent, et les joutes commencèrent par Adragant le Brun contre Dodinel le Sauvage. Ils brisent leurs lances, et telle est la violence de la rencontre qu'ils vident en même temps les arçons. On accourt des deux côtés pour les remonter, la mêlée devient générale. Ce ne fut plus dans la plaine qu'un bruit immense de glaives et d'épées frappant les heaumes et les hauberts. Au milieu de la confusion, Gauvain rencontre Nascien; ils s'écartent quelque peu avant de commencer une lutte acharnée. Mais, quelle que fût l'adresse, la valeur de Nascien, il ne put résister à Gauvain, qui, lui arrachant violemment le heaume, lui cria de se rendre prisonnier. — « Jamais « homme ne me fera prononcer un si vilain « mot! » Et d'un suprême effort il atteint encore Gauvain, dont l'écu reste écartelé. Gauvain le frappe une seconde fois, lui arrache la coiffe sur laquelle était posé le heaume, et lui crie de nouveau de se rendre s'il ne veut mourir. — « Tuez-moi; pour me rendre, jamais! — Comment, chevalier, se peut-il que vous préfé- riez la mort à la honte de vous rendre? — « Assurément. — Et moi, » reprend Gauvain, « Dieu me garde de tuer un si prud'homme; « mais au moins vous laisserai-je incapable « de monter à cheval. — Faites ainsi que vous « l'entendrez, » dit Nascien; « je ne me rendrai « pas. » Gauvain, admirant ce grand courage, s'avisa d'une générosité qu'on ne saurait assez louer. Il prit Nascien par le bras : « Levez-vous, « Sire, » lui dit-il, « prenez mon épée; je vous la « rends comme à celui qui m'a outré. » Ce fut alors à Nascien de s'humilier. « Ah! Sire, » dit- il en pleurant, « ne parlez pas ainsi; c'est à vous « de prendre mon épée; je vous la rends, je « suis vaincu; si je ne le confessais pas, assez « de chevaliers ont vu comment la chose « est allée; mon chagrin est de ne pouvoir ja- « mais reconnaître tant de franchise. » Alors les deux chevaliers se précipitèrent aux bras l'un de l'autre; puis ils remontèrent et se per- dirent dans la mêlée.

La journée ne fut pas bonne pour les compa- gnons de la Table ronde. Obligés de quitter la place, ils rebroussèrent vers la ville; mais, dans leur dépit, ils résolurent de fermer le retour à ceux qui les avaient chassés du champ de bataille. Ce fut une première déloyauté qu'ils devaient payer chèrement. Gauvain, averti du danger que couraient ses amis, saisit une forte branche de chêne abandonnée dans la campagne, et, jetant son épée de tournoi, fondit sur les compagnons de la Table ronde, et de cette arme nouvelle navra ceux qui osèrent l'attendre. C'en était fait d'eux tous, si Merlin n'avait averti le roi Artus de faire crier la fin des luttes. Mais Gauvain, ivre de sang et de vengeance, n'entendit pas le signal ; il fallut que Merlin se plaçât lui-même au-devant des chevaliers de la Table ronde, et qu'il s'écriât en portant la main à la branche de chêne dont Gauvain s'était fait une arme si terrible : « Sire chevalier, vous êtes pris, rendez-vous à « moi. Vous en avez assez fait pour aujour- « d'hui. » Ainsi fut terminé le tournoi, mais les chevaliers de la Table ronde furent inconsolables de l'échec qu'ils avaient reçu, et leur dépit se convertit en projet de vengeance qu'ils mirent bientôt à exécution.

Au palais, après l'office des vêpres et quand on eut parlé d'aller dormir, les soudoyers de la parenté de Cleodalis se tapirent au nombre de dix, armés seulement de leurs épées, sous les arbres du jardin ; avec eux était la seconde Genievre. La gouvernante de la nouvelle reine n'eut pas plutôt vu les conviés prendre congé des rois qu'elle dit à Genievre de se déchausser et dévêtir, pour se mettre au lit, et, avant de la coucher, elle la conduisit au jardin pour faire ses nécessités (1). A peine se trouvèrent-elles au bas du degré que les traîtres parurent, s'emparèrent de la reine et, remettant l'autre Genievre aux mains de la vieille, transportèrent leur précieuse proie sur le rivage de la mer attenant au palais. Ils se disposaient à la poser évanouie dans la barque qui les attendait; mais Merlin avait averti Bretel et Ulfin, qui, secrètement armés, se tenaient prêts à déjouer le complot. Ils tombèrent comme la foudre sur les ravisseurs, tuèrent les uns, forcèrent les autres à lâcher prise, si bien qu'après les avoir mis en fuite et jeté la coupable gouvernante du haut des falaises dans la mer, ils ramenèrent Genievre au palais, où personne ne devina ce soir-là ni le lendemain le danger qu'elle avait couru. Pour la seconde Genievre, ils la conduisirent à leur hôtel sans dire à qui que ce fût qui elle était et comment elle se trouvait avec eux.

Ce fut encore Merlin qui se chargea d'avertir le roi Leodagan de ce qui venait de se passer. Il le pria d'envoyer trois demoiselles dans

(1) Por pisser. *Var.* Por faire orine (ms. 749, f° 269).

la chambre de la reine pour y faire l'office de la gouvernante. Le roi, pour se convaincre de la vérité de cet étrange récit, accompagna les trois demoiselles, consola sa fille encore tout éplorée, et voulut assister à son coucher. Quand les filles l'eurent recouverte, Leodagan s'approcha du lit, leva le couvertoir, et la couronne tracée sur les reins de sa fille lui ôta les doutes qui pouvaient encore lui rester. Sans dire mot, il sortit de la chambre, laissant les trois demoiselles fort étonnées de son action. Parut alors le roi Artus; les demoiselles sortirent, et pas n'est besoin de dire que la nuit fut pour les deux jeunes époux la plus agréable du monde.

Le lendemain, Ulfin et Bretel envoyèrent prier Cleodalis de venir les trouver. Il apprit d'eux, en confidence, la grande trahison dont sa fille n'avait pas craint de se rendre l'instrument. «Elle « n'est pas ma fille, » répondit Cleodalis ; « ma « fille n'aurait jamais consenti de trahison. » Pendant qu'ils parlaient, arrivèrent Leodagan et Merlin auxquels tous trois racontèrent l'aventure de la veille, qu'ils savaient aussi bien qu'eux-mêmes. Le roi, s'étant un instant conseillé, dit à Cleodalis : «Sire sénéchal, sire sé- « néchal, je vous aime et souhaite accroître vos « honneurs à mon pouvoir ; Dieu m'est témoin « que je ne voudrais pour rien au monde pour-

« chasser votre honte ; mais vous avez une
« fille dont il est nécessaire de faire justice ; et,
« d'un autre côté, vous avez été si preux, si loyal
« envers moi, que je ne puis la punir comme
« elle le mériterait. Je vous invite donc à la
« conduire vous-même hors de ce royaume, et à
« lui défendre de jamais y revenir. — Sire, »
répondit le sénéchal, « cette malheureuse ne
« fut jamais ma fille : je n'en suivrai pas moins
« votre désir ; mais, par Dieu, j'aimerais mieux
« qu'on l'eût brûlée publiquement ou enterrée
« vive. Jamais elle ne tiendra de moi la moindre
« chose. — Ne parlons pas de cela, reprit le roi ;
« elle s'éloignera, et vous pourrez en sa faveur
« disposer de mon avoir et de mes deniers. »

Cléodalis partit le lendemain et atteignit bientôt, avec celle qu'on croyait sa fille, les marches de Carmelide. Ils frappèrent sur les terres voisines à la porte d'une abbaye entourée de champs incultes. Là fut retenue Genievre, jusqu'au moment où Bertolais vint l'en tirer pour en faire l'instrument d'une autre trahison.

Ce Bertolais avait été longtemps un des barons les plus renommés de Carmelide ; mais, ayant à tirer vengeance d'un chevalier qui avait tué un de ses cousins germains, parce qu'il honnissait sa femme, Bertolais, sans daigner se plaindre au roi, défia son ennemi, le surprit le jour du mariage d'Artus, et le perça d'une miséricorde qu'il portait sous sa chape. Cela fait, il rentra dans son hôtel, et cependant les deux écuyers qui accompagnaient la victime jetèrent le cri d'alarme; on accourut de tous côtés, à brandons, à torches, à lanternes; et l'on apprit que le meurtrier était Bertolais surnommé le Roux.

Leodagan revenait d'entendre la messe, quand il reçut les parents du chevalier mort, et entendit leur clameur. Il manda aussitôt Bertolais, qui vint à grand cortége de chevaliers. « Sire baron, » dit le roi Leodagan, « pourquoi avez-vous occis ce chevalier? — Je « ne l'ai pas fait en trahison, je l'avais défié « et je le prouverai corps à corps envers et « contre tous : on sait que j'avais de bonnes « raisons d'en agir ainsi, car il avait tué mon « cousin après l'avoir honni de sa femme. Or « je tiens qu'après avoir défié son ennemi, on « a droit de lui faire tout le mal possible. — « Non, » reprit le roi, « si j'avais reçu votre « plainte, si j'avais refusé de vous faire droit, « vous auriez pu prendre sur vous la ven- « geance; mais vous ne me prisiez pas assez pour « m'en faire clameur. — Sire, » dit Bertolais, « vous direz ce qu'il vous plaira; mais je ne vous « ai pas forfait et ne vous forferai jamais. — « Que le droit en soit donc fait et que la cause soit soumise à l'*égard* de mes barons. » On choisit les juges au nombre de dix, savoir : les rois Artus, Ban et Bohor ; messire Gauvain ; messires Yvain, Sagremor, Nascien, Adragain, Hervis du Rinel et Guiomar. Les avis furent longtemps partagés, mais enfin ils s'accordèrent à juger que Bertolais serait déshérité et banni de la contrée. Le roi Ban, qui passait pour avoir la meilleure éloquence, fut chargé de prononcer le jugement : « Sire, » dit-il à Leodagan, « nos barons ont considéré que Ber« tolais le Roux devait perdre toute la terre qu'il « tient de vous et quitter durant trois ans le « pays, pour avoir pris sur lui la justice du che« valier et l'avoir mis de nuit à mort; car la justice « n'était pas sienne, et vous teniez alors une cour « enforcée qui donnait droit à chacun de comp« ter sur un sauf-conduit pour aller et venir. »

Le roi Ban reprit son siége, et Bertolais, qui eût faussé le jugement s'il avait été rendu par de moins hauts personnages, s'éloigna sans dire une parole, accompagné jusqu'aux limites du royaume par un grand concours de chevaliers qui maintes fois avaient reçu ses dons et ses soudées. Après les avoir tous recommandés à Dieu, il arriva dans l'abbaye où venait justement d'être conduite la seconde Genievre. Ce fut là qu'il s'arrêta, et qu'il entrevit bientôt les moyens de se venger et du roi Artus et du roi

Leodagan. Mais le moment n'est pas venu de montrer comment il mit ses méchants projets à exécution.

Un autre danger allait menacer la reine Genievre. Le roi Loth d'Orcanie, tout en regrettant de s'être engagé dans une lutte malheureuse contre le nouveau roi de Logres, venait d'apprendre avec douleur que ses quatre enfants l'abandonnaient pour suivre la fortune d'Artus, et que sa femme n'avait échappé aux Saisnes que pour être conduite dans la cité de Logres, où Gauvain était résolu de la retenir tant que son père n'aurait pas fait la paix avec Artus. Pour se venger et pour obliger en même temps le roi de Logres à lui rendre sa femme, il s'était posté avec sept cents *ferarmés* à l'entrée de la forêt de Sarpene, qu'Artus et Genievre devaient traverser pour se rendre de Carmelide à Logres. Ce qui semblait devoir assurer le succès de l'entreprise, c'est qu'Artus, avant de prendre congé de Leodagan, avait chargé Gauvain de le précéder de plusieurs journées, pour ramener à Logres son ost et tout disposer pour la prochaine arrivée de la reine. Gauvain avait obéi avec inquiétude; car il devinait les mauvaises rencontres que le roi pouvait faire durant le voyage. Artus partit de Caroaise avec Genievre et cinq cents hommes dont la moitié formait le corps des chevaliers de la Table ronde. Arrivés près de la forêt où Loth l'attendait, les garçons qui conduisaient les sommiers en avant entendirent un hennissement de chevaux; ils rebroussèrent aussitôt pour avertir Artus du danger qui semblait le menacer. Le roi fait aussitôt armer ses gens, et remet à quarante chevaliers le soin de garder la reine et de la conduire en lieu sûr, si l'issue du combat n'était pas heureuse. La lutte s'engage; bientôt les chevaliers bretons reçoivent ceux d'Orcanie au fer des lances, puis au tranchant des épées; mais les grands coups donnés par les trois rois, Artus, Ban et Bohor, n'auraient pas empêché la reine de demeurer au pouvoir des Orcaniens, sans l'arrivée de Gauvain, dont le premier soin, après avoir fait à Logres ce que le roi Artus attendait de lui, avait été de rassembler cinq cents chevaliers et de prendre la route que devait suivre son oncle. Il parut fort à temps pour ressaisir la reine et pour lutter corps à corps avec Loth qu'il ne reconnaissait pas. Il faut ici traduire le texte de notre romancier : Il advint à monseigneur Gauvain de rencontrer le roi Loth son père, qui venait de lutter avec Artus, et tenait en sa main un glaive de force merveilleuse. Ce glaive vint se briser sur l'écu de Gauvain, et celui-ci frappa son adversaire assez durement pour percer son écu, démailler son haubert, pénétrer dans les chairs, faire jaillir le sang vermeil. Le roi Loth, obligé de vider les arçons, ne savait plus où il en était, et ne voyait plus rien autour de lui. Gauvain retira le glaive à lui et passa outre; mais il ne tarda pas à retourner, et, trouvant le roi Loth étendu de son long à terre, il passa sur son corps trois ou quatre fois en le piétinant de son cheval; puis il descendit, ficha son glaive en terre, tira du fourreau sa bonne épée Escalibur, vint sur le roi, détacha son heaume, et, lui rabattant la coiffe de fer sur les épaules : « Vous êtes mort, » dit-il, « si vous ne me fiancez prison. — Ah! « gentilhomme, » répond d'une voix faible le roi, « ne me tue pas; je ne t'ai jamais forfait. — Si, « m'avez-vous forfait, » répond Gauvain, « vous « et tous ceux qui se sont embusqués pour fer-« mer le chemin que suivait mon oncle. — Com-« ment! » fait Loth, « qui êtes-vous donc, pour « appeler Artus votre oncle? — Que vous im-« porte? Je ne veux pas vous le dire; faites ce « que je vous demande, ou vous êtes mort. — Sire, « par la chose que vous aimez le mieux, dites-« moi auparavant votre nom — Mais, vous-« même, qui êtes-vous? — Hélas! je suis le roi « Loth d'Orcanie et de Léonois, à qui rien « ne prospère depuis longtemps. Dites mainte-« nant qui vous êtes. »

Gauvain, entendant que c'est à son père qu'il a combattu, répond : « Je suis Gauvain, neveu

« du roi Artus. » A ce mot, Loth trouve la force de se lever et de tendre les bras pour l'embrasser. — « N'allez pas plus loin, » dit Gauvain, « je ne suis votre fils et votre ami « qu'autant que vous serez réconcilié avec mon « oncle Artus, et que vous lui aurez fait hom- « mage, en présence de tous ses barons. Au- « trement vous n'avez à attendre sûreté de « ma part qu'en laissant ici votre tête. » Le roi, à ces paroles de Gauvain, retomba à terre comme privé de connaissance; puis, ouvrant de nouveau les yeux : « Merci, beau fils! je ferai ce « qu'il vous plaira; prenez mon épée, je vous la « rends. » Gauvain la prend, non sans verser des larmes sous son heaume, et sans regretter d'avoir aussi malmené son père; mais il fait en sorte de ne pas laisser deviner son émotion, et, reve-nant vers leurs chevaux, ils montent, séparent les combattants et arrivent devant le roi Ar-tus. « Ah! beau neveu, » lui crie celui-ci, « soyez le bienvenu! Comment avez-vous pu « paraître assez à temps pour rompre cet odieux « guet-apens? — Sire oncle, » répond Gau-vain, « je l'ai deviné; car le cœur me battait « avec violence depuis que je vous eus quitté. « Mais Dieu soit loué de l'aventure! — Pour- « quoi? » fait Artus. — « Sire, parce que les « gens qui vous ont attaqué sont au roi Loth « mon père, et que le roi Loth vous crie merci

« comme à son seigneur terrien. » Pendant qu'Artus lève les mains vers Dieu, pour lui rendre grâce, le bon roi Loth descend de cheval, approche, le heaume détaché, la coiffe du haubert avalée sur les épaules : Artus met en même temps pied à terre, et Loth, s'agenouillant, lui tend son épée nue en disant : « Tenez, Sire, je
« me rends à vous comme atteint de forfaiture.
« Faites votre plaisir de moi et de ma terre, ou
« recevez-moi comme votre homme. » Artus le prend alors par la main droite : « Levez-vous,
« Sire, vous en avez trop fait ; vous êtes si pru-
« d'homme qu'il serait bien raison de vous par-
« donner de plus grands torts ; et quand même je
« vous haïrais à mort, vos enfants m'ont fait assez
« grand service pour m'ôter le cœur et la vo-
« lonté de vous mal faire. Loin de là, je vous
« mets en abandon moi et toutes les choses mien-
« nes, pour l'amour de votre fils Gauvain,
« l'homme que j'aime le plus au monde. Et ce-
« pendant, » montrant les deux rois, « vous voyez
« ici deux prud'hommes que je ne saurais
« jamais trop aimer, pour tout ce qu'ils ont
« fait pour moi. »

La paix ainsi faite entre eux, ils se remirent tous en marche vers Logres, où ils furent reçus à grande joie. La ville n'était pas assez vaste pour contenir les malheureux Bretons arrivant des terres voisines, afin d'échapper à la fureur des Saisnes; il fallut dresser des tentes, élever des maisons de bois dans les plaines d'alentour. Le roi Artus n'en fit pas moins annoncer une cour solennelle, après avoir reçu le serment du roi Loth, et l'avoir confirmé dans la possession des domaines dont il avait été précédemment revêtu. A partir de ce jour les deux rois ne cessèrent de se prêter secours et se voulurent tout le bien possible.

Ce fut à la mi-août, fête de la Vierge honorée, que le roi Artus dut tenir la haute cour et porter couronne, lui et la nouvelle reine. La veille de ce grand jour furent distribués par le roi chevaux, armes, palefrois, deniers d'or et d'argent, tandis que Genievre de son côté prodigua les robes fraîches et nouvelles. On ne se lassait pas de vanter les mérites d'une reine si généreuse : c'était la dame de toutes les dames, comme Artus le plus grand roi du monde. La renommée qui partout vole répandit bientôt la nouvelle de la réconciliation du roi de Logres avec le roi d'Orcanie : et plusieurs des princes qui s'étaient levés contre le fils d'Uter-Pendragon souhaitèrent de l'imiter, tandis que les autres juraient de mourir avant de poser les armes.

Après la messe du grand jour, le roi invita ses chevaliers à le suivre dans la salle où les tables étaient dressées et les nappes posées. Le service fut fait à la table du roi Artus par vingt-huit barons dont voici les noms : messires Gauvain, Keu le sénéchal et Lucan le bouteiller; Yvain le Grand, Girflet, Sagremor, Dodinelle Sauvage, Keu d'Estraus, Kahedin le Petit, Kahedin le Beau, Aiglis des Vaus, Galegantin, Blioberis, Galesconde, Calogrenan, Agloval, Yvain l'Esclain, Yvain de Lionel, Yvain aux blanches mains, Guiomar, Sinados, Ossenain-Cœur-hardi, Agravain l'Orgueilleux, Guirres, Gaheriet, Lanval, Ates et Ales. Les autres tables furent servies par quarante bacheliers.

Vers la fin du grand festin, le roi Artus prit la parole : « Je vous rends grâce et merci, sei-
« gneurs qui avez formé ma cour en si grand
« nombre. Écoutez ce que pour l'honneur de
« mon règne j'entends établir. Je voue à Dieu
« que, toutes les fois que je porterai couronne,
« j'attendrai pour me mettre au manger que
« quelque cas aventureux me soit conté; et je
« m'engage à mener l'aventure à fin par un de
« ceux qui, pour acquérir honneur et gloire,
« consentiront à séjourner à ma cour, à titre
« d'amis, de pairs et compagnons. »

Les chevaliers de la Table ronde n'hésitèrent pas à répondre au vœu du roi, et chargèrent Nascien de porter pour eux la parole. « Sire
« roi, » dit Nascien, « devant Dieu, devant vous
« et devant tous, les compagnons de la Table

« ronde font vœu que jamais, tant que le siècle
« durera, nulle dame ou demoiselle ne vien-
« dra réclamer justice en cour, sans y trouver
« un des nôtres, celui qu'elle désignera, prêt
« à combattre pour elle, envers et contre tout
« autre chevalier. »

Il n'y eut personne dans la salle qui n'applaudît à cet engagement. Gauvain, de son côté, s'adressant aux Chevaliers du roi qui l'avaient choisi pour leur chef, demanda s'ils ne voulaient pas aussi s'engager par un vœu. Tous le prièrent de le faire en leur nom et d'avance approuvèrent ce qu'il lui plairait de dire. Alors, s'approchant de la reine : « Madame, » dit-il, « mes compagnons et moi Gauvain, vous prions « de nous retenir pour être vos chevaliers et de « votre maison. Quand nous serons en terres « lointaines, et qu'on nous demandera d'où nous « venons et qui nous sommes, nous aurons « ainsi le droit de répondre que nous sommes de « la terre de Logres et chevaliers de la reine Ge- « nievre. — Beau neveu, » s'empressa de répondre la reine, « grand merci à vous et à vos « compagnons. Je vous retiens comme mes « seigneurs et mes amis ; et comme vous vous « donnez à moi, je me donne à vous de cœur fin « et loyal. — Voici, maintenant, » reprit Gauvain, « notre second vœu : Personne ne viendra jamais « réclamer devant vous aide et protection qui

« ne trouve un de nous prêt à défendre sa cause
« un contre un, et qui ne puisse compter sur
« celui qu'il désignera pour champion. Il l'em-
« mènera aussi loin qu'il voudra, et, si l'on n'en
« reçoit pas de nouvelles à la fin du mois, chacun
« de nous ira à sa recherche et emploiera à la
« quête un an et jour : après ce terme, il revien-
« dra conter les aventures qui lui seront arrivées,
« bonnes ou mauvaises, sans rien cacher de ce
« qui sera à son honneur ou à sa confusion. »

Il n'y eut pas assez d'applaudissements et de joie dans toute la cour. Le roi, se levant de nouveau, dit à la reine : « Dame, puisque vous
« recevez aujourd'hui cet honneur insigne de
« tant de braves et loyaux chevaliers, il faut que
« votre pouvoir réponde à ce qu'ils sont en droit
« d'attendre de vous. Je mets en votre abandon
« mon trésor, pour le départir ainsi que vous
« l'entendrez. — Grand merci, mon seigneur, » dit la reine, en se mettant à genoux devant le roi ; « et puisqu'il vous plaît de tant me favori-
« ser, écoutez-moi, beau neveu Gauvain : j'en-
« tends retenir quatre clercs qui ne feront autre
« chose que mettre en écrit les aventures de
« vous et de vos compagnons ; de façon qu'après
« votre mort, les prouesses de chacun de vous
« soient racontées et soient tenues en mémoire
« par ceux qui viendront après vous. »

La volonté de la reine fut suivie, et les compagnons de la Table ronde dirent qu'ils adoptaient la forme de ces derniers vœux. A compter de ce jour, Gauvain et ses compagnons furent appelés les Chevaliers de la Reine.

De tous ceux qui applaudissaient aux vœux des chevaliers et aux paroles du roi et de la reine, le plus bruyant était Dagonet de Carlentin. C'était pourtant un fou de nature, la plus couarde pièce de chair qu'on pût imaginer. Il sautait, frappait des mains et criait qu'il irait dès le point du jour à la quête des aventures. « Ne me suivrez-vous pas, messire Gau« vain? êtes-vous assez sûr de vous, assez vail« lant pour l'entreprendre? Quant à tous les « autres, à ces beaux compagnons de la Table « ronde, je sais d'avance qu'ils n'auront pas le « cœur de m'accompagner. » Ces paroles faisaient rire ceux qui les entendaient. Il lui arriva pourtant maintes fois de s'armer. Alors il s'en allait dans les forêts; quand il voyait un haut chêne, il y suspendait son écu et ferraillait tant qu'il en enlevait le vernis; puis, au retour, il disait qu'il avait combattu et tué un ou deux chevaliers : mais, s'il venait à rencontrer un chevalier armé, il prenait aussitôt la fuite. Parfois il lui arrivait de se trouver devant un chevalier qui, perdu dans ses pensées amoureuses, ne voyait plus devant lui et n'entendait plus rien. Dagonet alors s'approchait, mettait les mains au frein du cheval, et le ramenait comme il eût fait un prisonnier. Tel était Dagonet, d'ailleurs beau de sa personne et de haut lignage : donnant à penser, tant qu'il ne parlait pas, qu'il était de bon cœur et de grand sens.

VIII.

TOURNOI A LOGRES. — FÉLONIE DES COMPAGNONS DE LA TABLE RONDE. — LEUR RÉCONCILIATION AVEC GAUVAIN. — AMOURS DE GUIOMAR ET DE MORGAIN.

Ainsi les chevaliers de la cour d'Artus se trouvèrent séparés en deux confréries. D'un côté, les compagnons de la Table ronde, revenus de Carmelide ; de l'autre les chevaliers de la Reine : les premiers, au nombre de deux cent cinquante ; les seconds, placés sous la direction de Gauvain, au nombre de quatre-vingt-dix. Ceux-ci avaient recueilli le plus de gloire dans la campagne de Carmelide : de là, de sourds ferments de jalousie contre eux de la part des chevaliers de la Table ronde.

Quand les nappes furent levées, Keu le sénéchal s'écria : « Que faisons-nous ici ? la fête « passera-t-elle sans tournoi ? — « Honni, » dit Sagremor, « qui refuseroit d'y paraître ! » Tous aussitôt de courir aux armes courtoises. « Mais, » demanda Gauvain, « comment enten- « dez-vous tournoyer ? — Nous jouterons, » dit Minoras, « contre les chevaliers de la reine Ge- « nievre en nombre égal. — Et combien se- « rez-vous ? — Nous serons, » dit Adragan, « cinq « cents. — Nous arriverons donc en même nom- « bre. — Il ne s'agit plus, » dit Sinados, « que « de commencer ; car le jour passe. »

Ils furent bientôt sur le pré devant les murs de la ville ; à droite était la rivière, à gauche les fossés creusés devant les murailles. Quand les mille armés furent séparés en deux bandes : « Où sont, » crièrent les hérauts, « les vrais hommes d'armes ? or y pa- « raîtra qui bien y fera ! »

Sinados, du côté de la Table ronde, sortit le premier des rangs ; de l'autre côté, Agravain l'Orgueilleux, frère de Gauvain. Les glaives frappent sur les écus, les trouent, les écartèlent, et volent en pièces. En passant l'un contre l'autre, les deux jouteurs se heurtent avec une telle violence qu'ils tombent en même temps à terre, les chevaux sur le corps. On s'élance des deux côtés pour les secourir, mais non sans frapper du fer tranchant des lances, et la mêlée devient générale.

Pendant ce temps, Gauvain s'était approché des fossés, en face des fenêtres où le roi se tenait appuyé, avec la reine Genievre, les rois Ban et Bohor, et nombre de dames et pucelles. Dès qu'Artus l'aperçut : « Beau neveu, » dit-il, « ayez soin de prévenir ou d'empêcher « toute apparence de mauvais vouloir entre les « jouteurs. — Je puis bien, » dit Gauvain, « ré- « pondre de moi, non de la folie des autres. A « vous, Sire, d'intervenir si vous apercevez « quelque désordre; pour moi, je ne pourrai voir « les miens en mauvais point, sans leur venir « en aide. — Je proposerai, » dit le roi Ban, « d'armer une partie de vos gens; s'il en est « besoin, ils sépareront les furieux. » Artus fit armer aussitôt trois mille écuyers et sergents, prêts au service qui leur serait demandé.

On venait à grand'peine de dégager et remonter Sinados et Agravain; l'acharnement entre les deux partis devenait de moment en moment plus furieux : les chevaliers de la Table ronde poussaient ceux de la Reine et gagnaient sur eux assez d'avantage pour les contraindre à reculer : le roi Loth vint à propos les soutenir (1); ce fut aux chevaliers

(1) Le romancier, comme on le verra, va faire intervenir ici Loth et Gauvain à deux reprises ; je pense que

de la Table ronde à lâcher pied, laissant étendus dans la plaine un assez grand nombre des leurs. Mais ils revinrent bientôt avec sept cents nouveaux chevaliers reprendre l'offensive : les autres, accablés par le nombre, eurent beau résister de leur mieux, il leur fallut faire retraite, au milieu de tels cris qu'on n'eût pas alors entendu Dieu tonner.

Jusque-là, Gauvain, Yvain et Sagremor s'étaient contentés de regarder les combattants ; quand ils virent les chevaliers de la Reine perdre le terrain : « Par ma foi, beau cousin, » dit Yvain, « nous tardons trop ; ne voyez-vous que « les nôtres sont repoussés ? — Honni le che- « valier, » dit Sagremor, « qui ne leur portera « secours ! Parler sans agir vaut moins qu'un « bouton. — Suivez-moi donc, » dit Gauvain. Ils brochent des éperons, fondent au milieu des deux bandes, comme éperviers sur perdrix ; de leurs glaives roidement tendus, ils portent à terre les quatre premiers qu'ils rencontrent : à de tels coups, ceux de la Table ronde devinent leurs noms. Bientôt tous les chevaliers de la Reine sont ralliés autour de Gauvain ; du haut des fenêtres, les dames admiraient leur

---

c'est une double variante d'un récit plus ancien. Gauvain ne dut porter aide aux chevaliers de la Reine qu'après avoir vu les chevaliers de la Table ronde violer les conventions en s'armant d'armes à outrance.

contenance. « Si, » disaient-elles, « Sagremor est « beau de corps et de membres, il est encore « plus beau de force et de cœur. Heureuse qui « l'aura pour ami! bien peu serait courtoise « et sage celle qui lui refuserait quelque « chose. » Girflet, Galesconde et messire Yvain avaient aussi leur part de louanges. De leur côté les compagnons de la Table ronde faisaient bonne défense; mais comment maintenir le camp contre messire Gauvain? comment songer à l'arrêter? Il abattait devant lui chevaux et chevaliers, il faisait sauter les heaumes, écartelait les écus, refoulait enfin la troupe ennemie jusqu'au bord de la rivière, en laissant dix prisonniers au pouvoir des chevaliers de la Reine. Girflet, Sagremor et Agravain les envoyèrent à Genievre, au nom de monseigneur Gauvain, leur capitaine. La reine les reçut à grande joie, leur distribua de ses joyaux, et les invita à prendre place aux fenêtres afin de voir la suite du tournoi.

Les deux compagnies n'avaient encore contrevenu aux conventions du tournoi qu'en appelant tour à tour des auxiliaires inattendus : mais, quand ceux de la Table ronde virent la journée perdue, ils ne gardèrent plus de mesure, et plusieurs d'entre eux, laissant les armes courtoises pour les glaives forts et tranchants, revinrent lances sur feutre, et frappèrent aussi furieusement que s'ils avaient eu les Saisnes à combattre. De la première course ils abattirent vingt des meilleurs chevaliers de la reine. Yvain apperçut le premier leur félonie : « Voyez-vous, » dit-il à messire Gauvain, « le « beau jeu qu'on fait à nos compagnons ? — « Ce n'est pas, » dit Gauvain, « le fait de pru- « d'hommes. Allez, Gueret de Lamballe et « Guiomar, allez aux compagnons de la Table « ronde, et dites-leur de ma part et de celle de « mes amis qu'ils agissent mal : il faut qu'ils « s'arrêtent, ou nous en ferons clameur au roi. « S'il est un seul de nous qui ait méfait, nous « l'amenderons. » Les deux chevaliers allèrent porter ces paroles. Loin d'être accueillis favorablement, on leur répondit : « Peu nous chaut « de ce que vous nous mandez ; en grogne qui « voudra! Dites à Gauvain qu'il faut voir où « sont les meilleurs vassaux, et qui sait mieux « fournir une course. » Les messagers ainsi mal reçus reviennent à monseigneur Gauvain : « Eh « bien! s'il est ainsi, montrons, » dit Gauvain, « quels sont les meilleurs. » Puis, tirant à l'écart Sagremor, ses trois frères, Yvain, Galeschin, Dodinel, Keu d'Estraus et Girflet : « Sei- « gneurs, » dit-il, « les compagnons de la Table « ronde ont fait une action déloyale : deman- « dons nos hauberts ; armons-nous du mieux « que nous pourrons. » Il y en eut bien quatre-vingts des meilleurs qui, répondant à cet appel, empoignèrent les glaives aigus et ceignirent au côté les grandes épées. Leurs amis, rudement menés par les chevaliers de la Table ronde, avaient grand besoin d'eux; mais Nascien, voyant Gauvain revenir à la charge : « Seigneurs, » dit-il aux siens, « nous avons mal « exploité : le neveu du roi revient entouré de « ses meilleurs amis ; comment soutenir leur « choc sans dommage? mieux vaudrait cesser « le tournoi. — Non ! » lui répondirent-ils, « nous avons commencé ; nous achèverons. » Et ils continuèrent à jouer des glaives, en arrêtant ou poussant les autres. Cependant les chevaliers du roi Loth suivaient l'exemple de Gauvain; ils laissaient les armes courtoises, et prenaient les pointes acérées. Arrivés auprès de Gauvain : « Chevauchons, » disent-ils, « de com« pagnie : vous n'étiez que quatre-vingts, ils sont « bien deux cents ; mais nous sommes en état « de punir ceux qui entreprirent la folie. » En ce moment, comme les chevaliers de la Reine, refoulés jusqu'à la rivière, se croyaient tout à fait vaincus, ils entendirent monseigneur Gauvain s'écrier : « En avant, mes amis ! donnons « à ces félons une leçon dont ils se sou« viennent. »

Les chevaliers de la Reine, à ces paroles, reprennent espoir et tournent visage vers ceux qui les ont si rudement foulés. Messire Gauvain, le glaive au poing, atteint le premier qu'il rencontre, tranche le heaume, la coiffe, pénètre jusqu'à la cervelle; le glaive brisé, il tire son épée, frappe mortellement un second, un troisième; nul ne lui résiste, les rangs ennemis s'ouvrent devant lui, devant ses compagnons. Nascien veut les arrêter, Gauvain lui fait vider les arçons. En se relevant : « Ah! messire Gauvain, messire Gauvain, » dit-il, « on vantait votre courtoisie, votre prud'homie, « vous faites mentir votre renom; car vous êtes « couvert de toutes vos armes, comme si vous « aviez à combattre de véritables ennemis; vous « en serez blâmé. — Je ne sais, mais je serai « toujours prêt à me défendre seul contre « ceux qui douteraient de ma loyauté. A vous « peut-on faire le reproche : vous avez com-« mencé la folie, et n'avez tenu compte de mon « message. — Sire, si la folie est nôtre, celui « qui l'a commencée l'a bien payée : il est « navré à mort. De grace, arrêtez-vous. — « Non, non, je n'entends pas que les cheva-« liers de la Table ronde aient à se féliciter de « leur félonie. Tout ce que je puis, c'est de « vous laisser retourner, sans autrement vous « navrer. » Cela dit, Gauvain reprend la poursuite et refoule les compagnons de la Table ronde jusqu'au bord de la rivière; plusieurs y tombèrent pour n'en pas sortir, laissant glaives et écus flotter sur les eaux.

Le combat dura longtemps encore : les deux partis, soutenus à plusieurs reprises par de nouvelles recrues, poussèrent et furent poussés tour à tour jusque dans l'enceinte de la ville. L'église de Saint-Étienne servit quelque temps de boulevard et de refuge aux furieux combattants; mais enfin, grâce à l'intervention des trois rois et de la reine, Gauvain consentit à poser les armes et permit à ceux de la Table ronde de s'éloigner confus et déconfits. Mais ce ne fut pas sans échanger de rudes paroles avec Hervis du Rinel, le chef des chevaliers vaincus. « Si nous avons méfait envers
« vous, » dit Hervis, « nous l'amenderons,
« et, pour l'amour de vous et non d'autres,
« mes compagnons resteront les amis de vos
« compagnons. — Ils ne seront pas les miens, » reprend Gauvain, « je ne les aimerai jamais;
« partout où je les trouverai, je les traiterai
« en ennemis. Nous sommes quatre-vingts, et
« nous défions en pleine campagne les cent
« vingt meilleurs d'entre eux. — Ah! Sire, « dit Hervis, » vous parlez ainsi dans le feu de la co-
« lère; quand vous serez reposé, vous penserez
« autrement. Il y aurait trop de deuil et de
« dommage si, pour un moment de folie, tant
« de prud'hommes abandonnaient la cour du

« roi Artus. — Qu'ils fassent comme ils l'en-
« tendront ; mais sachez que, partout où je
« pourrai les retrouver, j'irai à leur rencontre
« pour leur montrer que je les tiens à enne-
« mis. »

Comme ils s'éloignaient sur ces paroles, le
roi Artus arriva : « Beau neveu, » dit-il, « est-ce
« ainsi que vous avez écouté la prière que je
« vous fis ce matin ? vous avez frappé mes che-
« valiers à mort; vous leur avez fait du pis que
« vous avez pu, et j'en ai le plus grand chagrin
« du monde. — Sire, qui commence la folie
« doit la payer. Je n'ai rien fait en dépit de
« vous ; et je suis prêt à m'en défendre envers
« et contre tous. »

Les quatre rois décident Gauvain à se désarmer. Sagremor, Yvain et leurs compagnons retournent à leurs hôtels ; autant en font les chevaliers de la Table ronde. Ils revêtent les robes de cour; ceux que leurs blessures et l'extrême fatigue ne retenaient pas arrivent au palais et entrent, se tenant par la main, deux à deux, dans la maître-salle. Les rois se lèvent et leur font belle chère. La reine vient à eux, invite Gauvain, Yvain et Sagremor à prendre place sur la même couche auprès d'elle. Bientôt l'enjouement se peint sur tous les visages, ils rient, gabent et conversent, la reine montrant surtout combien elle est heureuse de la bonne tenue de ses chevaliers. Ceux de la Table ronde paraissent en toute autre disposition ; confus de leur défaite, ils regrettent de l'avoir méritée, et ne songent qu'aux moyens d'apaiser le courroux de monseigneur Gauvain. Ils tombèrent d'accord d'envoyer à la cour Hervis du Rinel, Nascien et Sinados qu'ils estimaient sages et les mieux emparlés. Ces messagers arrivent se tenant par les mains, devant le roi Artus. « Soyez les bienvenus, » dit le roi en se levant. « Sire, » dit Hervis du « Rinel, » asseyez-vous et votre compagnie, « pour entendre ce que nous venons vous dire. « Les compagnons de la Table ronde nous en- « voient vers monseigneur Gauvain afin de lui « déclarer qu'ils sont prêts à réparer le tort « qu'ils ont pu faire, ainsi que vous et madame « la reine le déciderez : ils veulent rester les « amis de monseigneur Gauvain et de ses « compagnons. — Madame, » dit alors le roi, « vous entendez ce que messire Hervis nous « dit ; vous ne refuserez pas votre bonne entre- « mise, et vous demanderez à monseigneur « Gauvain de consentir à l'accord qu'on lui « propose. » La reine fait un signe d'approbation ; mais Gauvain se tait et détourne la tête. « Eh quoi ! » dit le roi, « voulez-vous repous- « ser les offres que vous font d'aussi vaillants « prud'hommes? — Prud'hommes ! » fait Gau-

« vain. — Sans doute, » reprend Artus. — « Je
« reconnais, » dit Gauvain, « qu'ils auraient bien
« dû l'être. — Allons, madame, « dit le roi,
« je vois que vous seule pourrez adoucir
« notre beau neveu. » Genievre s'approche
alors de Gauvain et le prenant par la main :
« Sire neveu, vous savez que la colère aveugle
« souvent le prud'homme au point de le rendre
« semblable au moins sage : le roi et moi nous
« vous prions de laisser tout ressentiment ;
« cette terre a trop grand besoin de tous
« ses défenseurs, et vous n'êtes qu'en petit
« nombre à côté des Saisnes qui nous mena-
« cent. Aimez-vous donc tous les uns les autres,
« et n'allez pas vous diviser et vous détruire au
« profit de nos véritables ennemis. » Gauvain,
qui avait laissé parler la reine, tout d'un coup
se prenant à rire : « Ah ! dame, dame ! » fait-il,
« qui veut apprendre avec vous n'a qu'à bien
« vous écouter. Dieu soit loué, qui nous ac-
« corde la compagnie et les avis de dame si
« bonne et si sage ! Pour ce qui est de moi,
« disposez à votre volonté et de mon corps
« et de mon cœur, sauf ce qui pourrait me
« tourner à honte. — Oh ! » reprend la reine,
« bien peu sage la dame qui attendrait de
« vous la moindre félonie ! »

C'est ainsi que Genievre apaisa le courroux
de monseigneur Gauvain. Hervis du Rinel,

Nascien et Sinados allèrent avertir les compagnons de la Table ronde de revenir avec eux vers le roi et la reine. Yvain, Sagremor et les trois frères de Gauvain approchèrent ; on leur raconta ce qui s'était passé, et on leur fit entendre qu'ils n'avaient rien de mieux à faire que de consentir à la paix.

Les compagnons de la Table ronde s'agenouillèrent alors devant monseigneur Gauvain, après avoir étendu sous leurs pieds le pan de leurs manteaux. « Sire, » dit Hervis du Rinel, « nous vous offrons, telle que vous la voudrez, « l'amende des torts que nous avons faits. » Monseigneur Gauvain le relève aussitôt par le poing, tandis que ses trois frères et Sagremor, Yvain et leurs amis, relèvent courtoisement les autres. Tous les courroux sont apaisés ; la reine rend les prisonniers faits durant le combat, après leur avoir donné de nouvelles robes ; enfin, on convient qu'à l'avenir les chevaliers de la reine et les compagnons de la Table ronde ne jouteront jamais les uns contre les autres, sinon pour éprouver, seul à seul, leur valeur. En ce temps-là, les chevaliers de la reine n'étaient pas plus de quatre-vingt-dix ; ils auront atteint le nombre de quatre cents, quand sera accomplie la quête aventureuse et difficile du Saint-Graal.

Vers ce temps-là fut répandue dans le royaume

de Logres la grande nouvelle que le Saint-Graal, où Joseph d'Arimathie avait recueilli le sang de Notre-Seigneur, se trouvait, avec la sainte lance dont Jésus-Christ avait été percé, dans la Grande-Bretagne. On ignorait en quel endroit le précieux trésor était caché; on savait seulement que la faveur de le découvrir et de mettre fin aux temps aventureux était reservée au meilleur chevalier du monde. Cette nouvelle fut répandue par des voix inconnues. Quand les compagnons de la Table ronde apprirent ce qu'on devait attendre du meilleur des chevaliers, ils se mirent en quête, dans l'espérance de rencontrer ce glorieux prédestiné et d'avoir occasion de mettre en relief leur valeur et leur prud'homie. Venait-on à leur parler d'un bon chevalier? ils s'attachaient à ses traces, ils se mettaient durant an et jour à sa recherche, sans faire une seule nuit de séjour nulle part; s'ils le trouvaient, ils l'amenaient en cour, éprouvaient sa chevalerie et le recevaient compagnon de la Table ronde. A son retour chacun racontait ce qu'il avait fait et les aventures qu'il avait mises à bonne ou mauvaise fin, sans en rien déguiser. Les quatre clercs de la reine Genievre mettaient le tout en écrit et de mots en mots; ainsi les connaissons-nous et la mémoire s'en est-elle gardée.

L'accord fait comme on a vu, entre les

chevaliers de la Reine et ceux de la Table ronde, le roi Ban donna deux bons conseils à Artus. Le premier fut d'obtenir de tous les barons qui formeraient sa cour la promesse de ne jamais tournoyer les uns contre les autres, et de ne se mesurer qu'avec les chevaliers arrivant des contrées étrangères pour essayer leur force contre les chevaliers de Logres. L'autre conseil fut de prolonger les trêves avec les princes feudataires qui ne le reconnaissaient pas encore pour fils d'Uter-Pendragon. Ces princes ne devaient pas en repousser la proposition, tant ils avaient déjà éprouvé de dommages, tant ils avaient dû sentir le besoin de réunir toutes leurs forces contre les Saisnes, ennemis communs d'Artus et de chacun d'eux. « Il con-
« viendrait donc, » ajouta le roi Ban, « de leur
« envoyer de hauts et puissants messagers. Si
« je ne craignais le mauvais gré du roi Loth,
« je proposerais de faire choix de lui ; car nul
« ne serait aussi en état de tout mener à bien.
« —D'autant mieux, » reprit Artus, « qu'il con-
« naît mieux que personne les détours de che-
« mins et les voies qui conduisent chez chacun
« de ces princes. — Je vois, » dit alors la reine,
« un danger dans le choix que vous entendez
« faire, et peut-être vaudrait-il mieux en-
« voyer un chevalier dont la vie serait moins pré-
« cieuse.— Non, madame, » répond le roi Ban,

« un simple chevalier n'aurait pas assez de
« gravité pour en imposer aux rois qui nous
« font la guerre; tandis que monseigneur Loth,
« longtemps de leur conseil et de leur société,
« sera mieux écouté, exposera mieux ce que de-
« mande l'intérêt commun et comment peut
« être gardé l'honneur de leurs couronnes. —
« Puisque tel est votre avis, » dit le roi Loth,
« je m'y accorde volontiers, à la condition que
« mes quatre fils seront du voyage. » La condition affligea le roi Artus; il aimait tant Gauvain qu'il ne pouvait se résoudre à le laisser
partir. Enfin il céda; le roi Loth et ses quatre
fils se préparèrent à partir dès le lendemain
au point du jour.

Et comme la compagnie se séparait pour aller reposer, Guiomar, le cousin de la reine, demeura seul dans une garde-robe basse avec Morgain, la sœur d'Artus. Morgain dévidait alors un fil d'or dont elle voulait faire une coiffe pour la femme du roi Loth, sa sœur. La demoiselle savait beaucoup de lettres, sa voix était douce et tendre, son esprit des plus enjoués. Merlin lui avait appris les grands secrets d'astronomie; elle avait encore ajouté à ces premières leçons : si bien que les gens du pays ne la nommaient que Morgain la fée. Elle était brune de visage, droite et flexible, d'un parfait embonpoint, ni trop maigre ni trop grasse. Sa tête avait toute la beauté que femme pouvait désirer, jamais on ne vit de mains plus parfaites que les siennes ; sa chair répandait une odeur suave de lait : ajoutez encore qu'elle avait une éloquence vive et persuasive. D'ailleurs c'était la femme la plus ardente et la plus lascive de la Grande-Bretagne. Quand une folle ardeur ne l'emportait pas, elle était bonne, gracieuse et bienveillante à tous ; mais, quand elle avait pris quelqu'un en haine, elle n'entendait à nul accord. On ne le vit que trop à l'égard de la reine Genievre, la dame qu'elle devait le plus aimer et à laquelle elle causa de mortels ennuis : elle la couvrit même de honte à ce point que tout le monde s'en entretint, comme on le racontera plus tard.

Guiomar entra donc dans la chambre où se tenait Morgain et la salua doucement en souhaitant que Dieu lui donnât bon jour. Morgain rendit le salut. Il s'approcha, s'assit près d'elle, prit le fil d'or entre ses doigts et lui demanda quel était l'ouvrage qu'elle entendait à faire. Guiomar était grand, bien taillé de tous ses membres ; il avait le visage frais et coloré, les cheveux blonds et bouclés, la bouche riante et gracieuse. Morgain l'écouta, le regarda volontiers : tout lui plut en Guiomar, ses paroles et sa personne. Il se hasarda à la prier d'amour : Morgain rougit, répondit comme il souhaitait, et telle fut l'ardeur qui la saisit aussitôt qu'elle ne lui refusa rien de tout ce qu'il demanda. Alors il se prit à l'embrasser, à la serrer contre sa poitrine; enfin, dame nature aidant, ils se jetèrent sur une grande et belle couche, et jouèrent le jeu commun que chacun sait. Ils restèrent ainsi longuement ensemble et se revirent les jours suivants, sans que personne découvrît rien de leur intelligence. Mais Genievre, en ayant plus tard appris quelque chose, les contraignit à se séparer. De là de violents transports de haine et de ressentiment que rien ne put jamais calmer ni adoucir.

VIII.

VOYAGE DE LOTH ET DE SES FILS. — ÉLIÉZER FILS DU ROI PELLES DE LISTENOIS. — PARLEMENT D'ARESTUEL EN ÉCOSSE.

Le roi Loth et ses quatre vaillants fils sortirent de Londres au point du jour par la porte Bretonne ou de Bretagne, pour entrer dans le chemin qui conduisait à la ville d'Arestuel en Écosse, distante de quatre lieues du territoire occupé par les Saisnes. Il leur fallait passer par le château de la Sapine, traverser la plaine de Roestoc, entrer dans la forêt de Lespinois, longer les rives de la Saverne, gagner la plaine de Cambenic, puis la cité de Norgales et enfin Arestuel. Montés sur de bons palefrois, cinq garçons les suivaient pour les servir, conduire leurs destriers, charger et décharger les sommiers. Ils découvrirent la plaine de Roestoc et déjà se réjouissaient d'arriver sans aventure, quand ils furent obligés de s'arrêter devant un convoi de butin et de prisonniers, qu'une compagnie de deux cents Saisnes conduisait devant Clarence, alors assiégée par leur roi Hargodabran. Les prisonniers étaient fortement attachés sous le ventre des chevaux, et fréquemment battus de bâtons et de sangles. Les chefs de ces mécréants étaient Sorbaré, Monaclin, Salebrun, Isoré et Claridon. Claridon montait le Gringalet, cheval qui n'avait pas son pareil au monde, courant dix lieues sans être touché des éperons et avant qu'une seule goutte de sueur mouillât sa croupe, sa tête, ses épaules ou ses oreilles. A la vue des Bretons, les Saisnes crièrent : « Rendez-vous ! nous gardons ces « passages au nom du roi Hargodabran ; nous « allons vous conduire à lui. » Gauvain, son père et ses frères montèrent à la hâte sur leurs chevaux de guerre et brochèrent des éperons, pour passer outre. Un long combat s'engagea dont le détail vous sera épargné ; vous saurez seulement que, grâce à la valeur de Gauvain, les Saisnes, assez mal armés, furent obligés de livrer passage et que les rois Salebrun et Monaclin y laissèrent la vie. Là Gauvain conquit le cheval de Claridon, le Gringalet pour lequel il eût donné le château de Glocedon et dont la renommée devint dès lors inséparable de la sienne. Quant à sa bonne épée Escalibur, c'était, comme on l'a dit, un don du roi Artus qui l'avait détachée de l'enclume.

Les garçons et valets avaient conduit les palefrois dans un bois voisin, pendant que les chevaliers combattaient : ils rejoignirent, dès qu'ils virent la plaine libre et les Saisnes regagner Clarence à toute bride. Loth et ses fils les attendaient avec impatience, car ils étaient harassés de fatigue, et leurs armes étaient toutes bosselées, écartelées ou rompues.

La forêt dans laquelle ils s'engagèrent vers le milieu de la nuit était grande et profonde. Ils arrivèrent devant une maison qui leur parut être celle du forestier. Elle était fermée de larges fossés remplis d'eau et bordés d'une ceinture de troncs de chênes, étroitement joints, recouverts d'une couche d'épines aiguës et vigoureuses. Le hasard seul les mit sur la trace

de la poterne, ils y frappèrent : « Soyez les bien-
« venus, sires chevaliers, » leur dit celui des fils
du forestier qui leur ouvrit et les conduisit
dans une grande cour : ils y descendirent de
cheval; le jeune homme les fit entrer dans une
salle de plain-pied où ils furent reçus par le
vavasseur, sa femme, trois jouvenceaux et deux
belles filles. Tous se levèrent en les voyant : on
leur présenta l'eau chaude pour laver ; on leur
posa des manteaux sur les épaules. Les tables
dressées, ils s'assirent au manger, le vavasseur
près du roi Loth, la dame du château près de
Gauvain; les fils servirent les mets, et les demoiselles offrirent le vin (1), tout en regardant beaucoup les jeunes étrangers. Quand les
nappes furent ôtées : « Sire, » dit le vavasseur
au roi, « si vous le trouviez bon, je demanderais
« qui vous êtes. — Je vous le dirai, » répondit
Loth, « mais auparavant veuillez me dire à
« qui appartient la forêt et le pays où nous
« sommes. — Elle est au roi Clarion de Nort-
« humberland dont je suis le forestier. — Cla-
« rion, » reprit Loth, « est le plus prud'homme
« que je sache; et m'est avis qu'il ne pouvait
« faire pour son forestier un meilleur choix.
« Vous avez belle et courtoise famille. — Mes
« enfants ont eu de bons exemples, » dit le va-

(1) Le vin au lieu de la cervoise, ce qui nous ramène
à l'origine française de la composition.

vasseur; « plusieurs de leurs parents sont à la
« cour du roi Artus : ils viennent même d'être
« reçus au nombre des chevaliers de la reine
« Genievre, noble compagnie, m'a-t-on dit,
« formée par monseigneur Gauvain, le fils
« du roi Loth. De plus j'ai appris que le
« roi Loth s'était accordé au roi Artus. — Quels
« sont, » reprit Loth, « ces chevaliers, parents
« de vos enfants ? — La dame que vous voyez
« est sœur de père de Meraugis de Porlesgués,
« cousine germaine d'Ayglis des Vaus et de Ka-
« hedin le Petit ; Yvain de Lionel est mon ne-
« veu, par mon frère Grandalis, châtelain de Gre-
« nefort. Pour moi, j'avais de grandes terres à
« tenir, mais les Saisnes les ont ruinées. Je suis
« Minoras, sire du Neuf-Chastel en Northum-
« berland (1). — Par Dieu ! » dit le roi Loth,
« je connais tous ceux que vous avez nom-
« més ; ils sont des meilleurs chevaliers. Mais
« plût à Dieu que le roi Clarion fût en la
« place où vous êtes ! J'ai besoin de lui parler,
« et je ne serai satisfait qu'après l'avoir vu.
« En attendant, dites à tous ceux qui vous le
« demanderont que vous avez cette nuit hé-
« bergé le roi Loth d'Orcanie et ses quatre fils.
« — Monseigneur, » dit Minoras, en se jetant à

---

(1) Apparemment aujourd'hui la grande ville de
Newcastle. Tout ce curieux récit du message de Loth
est omis dans beaucoup de manuscrits.

genoux, nous pardonnerez-vous de vous avoir
« fait si peu d'honneur? — Relevez-vous, vous
« en avez assez fait pour nous attacher à vous
« toute la vie. Sachez que nous voudrions
« conférer avec les barons de ce pays, pour les
« engager à joindre leur service au nôtre,
« à oublier ce qui peut nous diviser, pour ne
« penser qu'à chasser les Saisnes de l'île de
« Bretagne. — Où pensez-vous faire cette as-
« semblée ? » demanda Minoras. — « A Ares-
« tuel en Écosse, qui est sur la marche la plus
« proche. — S'il vous plaisait, monseigneur,
« j'irais avertir le roi Clarion. — Je vous en sau-
« rais le meilleur gré. Vous lui direz que je l'at-
« tends dans Arestuel, pour la Notre-Dame de
« septembre (1). »

Minoras promit de faire ce que le roi Loth
désirait; mais la nuit s'avançait, les lits furent
faits, ils allèrent s'y reposer des grandes fatigues de la dernière journée.

(Ici les textes les plus complets nous trans-

---

(1) Les manuscrits portent tous ici cette date,
tandis que le suivant épisode y substitue la Saint-Bar-
thélemy. Cela déjà donnerait à croire que l'incidence
du roi Pelles et de son fils est l'œuvre des assembleurs.
Dans le manuscrit 747, après la phrase qui va nous
montrer les hôtes de Minoras allant reposer, près d'une
page est laissée en blanc, et l'épisode du fils de
Pelles est écrit d'une autre main.

portent sans préparation chez le roi Pelles, dont nous avions à peine entendu parler jusque-là. C'est peut-être le seul fragment conservé d'une branche que les assembleurs auront éliminée. Cette branche, je suppose, était encore l'œuvre de Robert de Boron et contenait la suite des aventures d'Alain et de ses frères.) (Voyez tome Ier, p. 357.)

Le roi Pelles avait pour fils un beau damoisel âgé de quinze ans. Quand son père lui demanda s'il ne désirait pas d'être adoubé, il avait répondu qu'il voulait demander ses armes au meilleur chevalier qui fût au monde. — « Vous pourrez bien attendre longtemps, » dit le père. — « Je le servirais trois ans vo« lontiers, pour mériter de lui l'honneur que « je désire. Et savez-vous pourquoi ? Afin « de le mettre sur la voie qui conduit où nous « sommes, et de lui épargner les rudes aventu« res qui semblent l'attendre, comme je vous « l'ai entendu dire maintes fois. Ma joie d'ail« leurs serait grande, si je voyais mon oncle « guérir des plaies qui couvrent ses jambes. — « Ah ! beau fils ! » répond le roi Pelles, « vous « auriez beau montrer la voie à ce chevalier, « il ne doit venir ici que par la vertu de « ses prouesses ; c'est à la suite des plus belles « aventures qu'il poura voir le Saint-Graal « que garde ma petite fille, âgée de cinq ans,

« et de laquelle naîtra en loyal mariage celui
« qui doit parachever les aventures. Vous savez
« que trois prud'hommes sont destinés à les
« accomplir : les deux premiers vierges, le troi-
« sième parfaitement chaste. »

(Ce paragraphe doit avoir été remanié; au moins l'a-t-on mis en désaccord avec le *Joseph* et le *Merlin* de Robert de Boron pour le rendre plus conforme à la généalogie qui termine le *Saint-Graal*. Là, Josephe transmet le saint vaisseau à son cousin Alain, fils de Bron; Alain le laisse à Josué, dans la ville de Corbenic; de Josué il passe à ses descendants, Almanadep, gendre du roi Luce, Cartelois, Manael, Lambour, tous surnommés *rois Pêcheurs*. Au roi Lambour succède Phelean le Méhaigné, père des rois Pelles, Pellinor et Helain. L'auteur du *Saint-Graal* oublie que, dans le *Joseph d'Arimathie*, le roi Mordrain le Méhaigné devait survivre à tous ses contemporains, et attendre, plusieurs siècles, le chaste chevalier Galaad, auquel était réservé l'achèvement des aventures du Saint-Graal. Il faut donc qu'il y ait eu, dans le travail des arrangeurs du texte définitif, une confusion dont il est devenu impossible de sortir.)

Le fils du roi Pelles insista pour se rendre à la cour d'Artus, dans l'espoir d'être adoubé par Gauvain. Il partit le lendemain, accompagné d'un seul écuyer, et monté sur un palefroi amblant. Ils arrivèrent sans encombre jusque dans la plaine de Roestoc. Mais au bord d'un ruisseau qui coulait de la source du Pin s'étaient arrêtés deux rois mécréants, Pinarus et Manaquis, qui, de la Roche aux Saisnes, conduisaient un renfort de cinq cents hommes devant Clarence. La compagnie mangeait et buvait à la fraîcheur de la source et à l'ombre des arbres, tandis que les chevaux paissaient tranquillement dans la plaine.

Dès que le damoisel aperçoit les Saisnes, il demande ses armes et fait échange de son palefroi contre le cheval que conduisait Lidonas, son écuyer. Puis, l'épée à l'arçon de la selle et le glaive au poing, il presse le pas autant qu'il peut. Pinarus, le voyant arriver, charge un de ses hommes d'aller demander qui il est, d'où il vient, où il va. « Nous sommes, » dit le damoisel, « de la terre voisine, et nous allons à nos « affaires. — Qu'on l'arrête, et qu'on me l'a- « mène ! » dit Pinarus à ses gens ; et plus de quarante montent pour faire ce qu'il désirait. Le damoisel piquait toujours son cheval de l'éperon ; mais, se voyant atteint, il se retourne brusquement et frappe d'un coup mortel celui qui l'approchait le plus ; puis il continue sa course. Rejoint de nouveau, il est bientôt environné de vingt ou trente Saisnes qui le pressent de la lance, si bien que son haubert est faussé et son heaume aplati sur sa tête ; pourtant, de chaque coup de lance, il tue ou désarçonne l'un ou l'autre. Quand le glaive est brisé, il saisit l'épée et se défend encore ; mais enfin, tout meurtri, on le voit fléchir sur le cou de son cheval, tout en frappant ceux qui s'aventurent de trop près. Enfin il allait tomber mort ou pris, quand Dieu lui envoya un secours inattendu. Ici nous devons revenir au roi Loth et à ses enfants que nous avons laissé prenant congé du forestier.

Pendant que les fils de Minoras vont avertir le roi Clarion de se trouver au rendez-vous d'Arestuel, Loth et ses quatre fils étaient rentrés dans la forêt. Le temps était doux, l'air tiède, l'herbe mouillée de la rosée matinale ; les oiseaux chantaient à qui mieux mieux sur les arbres ; tout en un mot ramenait nos damoiseaux à des pensées d'amour. Guirres chevauchait le premier, puis Gaheriet, puis Agravain ; enfin, un peu plus éloignés, le roi Loth et Gauvain. Gaheriet, le plus amoureux, se mit alors à chanter un son nouveau, d'une voix dont la douceur semblait charmer les oiseaux eux-mêmes. Le soleil s'étant levé, Gaheriet s'arrêta pour aller au pas de ses frères. « Chantons en-
« semble, » dit Guirres : et leurs voix formèrent bientôt les accords les plus doux et les plus beaux.

Quand ils eurent fini, Guirres dit : « Frères, « par la foi que vous devez à mon père, que « feriez-vous si vous trouviez maintenant en « ce bois une des filles de Minoras? Voyons, « Agravain, parlez d'abord; vous êtes notre « aîné. »

— « Moi, » dit Agravain, « je ferais d'elle mon « plaisir, qu'elle voulût ou non. — Oh ! pour « cela, » dit Gaheriet, « je m'en garderais bien : « je conduirais la pucelle en lieu sûr où elle « n'aurait rien à craindre de personne.— Moi, » dit Guirres, « j'en ferais mon amie, si elle le vou- « lait bien, mais pour rien au monde je n'userais « de violence. Où serait le plaisir, si le jeu « n'était aussi doux pour elle que pour moi? »

Ils en étaient là, quand Loth et Gauvain les rejoignirent après avoir entendu leurs propos. « Décidez, » dirent les trois frères, « qui de « nous a le mieux parlé. — Je fais, » dit Loth, « votre aîné Gauvain juge de la cause. »

Gauvain alors : « Je n'aurai pas besoin de « longues réflexions; Gaheriet a dit le mieux, « Agravain le plus mal. Si la demoiselle était en « lieu dangereux, n'aurait-elle pas droit de « compter sur lui comme sur un protecteur ? « Cependant on voit qu'elle ne pourrait faire de « pire rencontre. Guirres a bien parlé, quand « il s'est défendu de rien demander à la « violence : ainsi doit penser un cœur amou-

« reux. Mais Gaheriet a le mieux dit, et ainsi
« ferais-je moi-même. »

Tous alors se mirent à plaisanter et gaber, Agravain comme les autres. « Comment ! Agra-
« vain, » dit le roi Loth, « vous traiteriez ainsi
« la fille de votre hôte, vous le payeriez ainsi
« de l'accueil qu'il vous a fait ! il aurait donc
« un bien grand sujet de regretter sa cour-
« toisie ! — Oh ! » fit Agravain, « il ne s'agit pas
« de priver sa fille de la vie ou d'un membre. —
« Mais de plus encore, » dit Loth, « de lui ôter
« l'honneur. — Par ma foi ! » reprit Agravain,
« je fais peu de compte d'un homme qui, te-
« nant une femme seul à seul, s'avise de la
« respecter ; et, s'il laisse échapper l'occasion, il
« n'en sera jamais aimé. — Au moins ne perdra-
« t-il ni son honneur ni celui de la dame. —
« Pourtant n'en sera-t-il pas moins gabé.
« — Et qu'importe ce qu'on en dise, s'il a fait
« son devoir, s'il n'a pas mérité de vilains re-
« proches ? — Je ne vois pas, » continue Agravain, « comment avec de telles façons de
« penser vous ne vous rendez pas tous moines,
« pour n'avoir plus à craindre la rencontre
« d'aucune femme ; il m'est avis que vous
« en avez peur. — Moi, » dit Loth, « je dis que,
« si vous vous maintenez ainsi, vous ne pouvez
« manquer de mauvaise aventure. »

Ce que le roi Loth avait prévu arriva. Agravain languit longtemps pour avoir dit de méchantes paroles à une pucelle qui chevauchait en compagnie de son ami. Il engagea le combat et blessa gravement celui qui la conduisait; mais, quand il voulut partager le lit de la demoiselle, il lui trouva les jambes puantes et lui fit un tel affront de paroles que, pour s'en venger à son tour, elle l'affligea d'une blessure qui ne se fût jamais refermée sans Gauvain et Lancelot, auxquels fut réservé le pouvoir de le guérir, comme on verra par la suite.

Il était heure de tierce quand ils sortirent de la forêt pour entrer dans une terre qui longeait le bois jusqu'à Roestoc. Bientôt ils entendirent des cris perçants : c'était Lidonas, l'écuyer du varlet de Listenois, chassant d'une main le sommier qui portait les provisions, de l'autre le palefroi de son maître. Dès qu'il aperçut les princes d'Orcanie : « Ah! mes sei« gneurs, venez porter secours au plus beau, « au plus brave, au plus noble des damoiseaux. « Mon maître est depuis longtemps seul aux « prises avec plusieurs centaines de Saisnes, « il résiste encore, mais il est seul, et ne pourra « tenir longtemps. Il est là, sur la lisière du « bois. » Appeler les garçons, prendre les chevaux de bataille, vêtir les hauberts, ceindre les épées, cela fut pour Gauvain, ses frères et leur père, l'affaire d'un moment. Tout en suivant Lidonas, Agravain demanda à l'écuyer son nom. « Je suis, » dit-il, « au fils du roi Pelles « de Listenois. — Où allait ce prince? — Droit « à la cour du roi Artus, pour servir monsei- « gneur Gauvain, et tenir de lui sa cheva- « lerie. » Gaheriet s'adressant à Agravain : « Je pense, beau sire, que vous allez vous « montrer aussi terrible pour les Saisnes que « vous entendez l'être pour les dames? — « Oui. Et vous, sans doute, vous ne toucherez « pas plus aux Saisnes que vous n'entendez « toucher aux pucelles? — Par Dieu, sire Agra- « vain, vous êtes mon aîné, mais on verra qui « de nous deux saura mieux faire. — Oh! que « je me priserais peu, si je n'allais plus loin que « vous! — Il n'y a pas grande courtoisie à se « vanter aux dépens des autres : tout ce qu'on « vous demande, c'est de faire du mieux que « vous pourrez. — Je ferai si bien, que vous « n'oserez me suivre. — Allez, allez! nous « verrons bien. — Enfants, » dit alors le roi Loth, « cessez toutes ces gaberies; il faut com- « battre des glaives, non des paroles. Vous, « Lidonas, rentrez dans la forêt, et restez-y « jusqu'à ce que vous voyiez comment la chose « ira. » En ce moment, le damoisel de Listenois sortait du bois, l'épée toute sanglante au poing; plus de deux cents Saisnes le serraient de près, mais il renversait toujours les plus rapprochés. Quand il aperçut les cinq chevaliers : « Ah! pour Dieu, » s'écria-t-il, « venez « à mon secours ; vous voyez quel besoin j'en « ai. — Ayez confiance, » répond Agravain, « tant que nous vivrons, vous n'aurez garde. »

En même temps il presse des éperons son cheval et va frapper de sa lance un Saisne qu'il renverse pâmé. Gaheriet le suit de près, de trois coups de son glaive il en abat trois autres. Le bois se brisant dans le corps du dernier, il tire son épée, en jetant encore à son frère des paroles irritantes. Jamais secours ne vint plus à propos ; mais Gauvain seul décida les Saisnes à lâcher leur proie, en immolant deux de leurs rois, en remontant plusieurs fois ses frères et son père sur les chevaux qu'il enlevait aux païens. Après une longue résistance, les Saisnes crurent avoir affaire à des fantômes sortis de l'enfer, et cherchèrent leur salut dans les détours de la forêt, heureux de pouvoir de là gagner Clarence, et conter au roi Hargodabran leur déconvenue. On peut se faire une idée de la joie du varlet de Listenois en reconnaissant dans ses libérateurs les princes d'Orcanie et, dans celui qui portait sur son écu le lion rampant de sinople, monseigneur Gauvain qu'il allait chercher, et qui eut grand plaisir à le recevoir comme le premier de ses écuyers.

Mais, quand les Saisnes furent entièrement hors de vue, la querelle recommença entre les fils du roi Loth qui seraient devenus ennemis, si Gauvain ne les eût apaisés. Gaheriet le premier dit au roi : « Beau père, demandez à mon « frère Agravain s'il a grande envie de se jouer « aux demoiselles qu'il pourrait rencontrer en « ce bois. » — Agravain, le regardant de travers : « Vous raillez plus volontiers mainte- « nant, » dit-il, « que vous ne faisiez quand « un Saisne vous tenait abattu, et que pour vous « délivrer vous avez eu besoin de Gauvain.

« — Si je suis tombé, » dit Gaheriet, « je « n'en puis mais ; au moins n'ai-je cessé de me « défendre : vous feriez mieux de ne pas parler « de cela ; car vous fûtes tellement serré de « près, que si la plus belle dame du monde « vous eût alors prié d'amour, vous n'auriez « pas su lui dire un seul mot, et vous auriez laissé « un enfant de cinq ans prendre vos braies. »

Ces mots augmentèrent la colère d'Agravain ; s'ils avaient été seuls, il eût assurément commencé la mêlée. Loth, pour mettre fin à la querelle, demanda ce qu'il fallait faire des sommiers que les Saisnes avaient abandonnés : « Mon Dieu ! père, » dit Gaheriet, « prenez les « conseils d'Agravain, lui qui, à l'en croire, a « tout gagné ! — Voilà une parole que tu « payeras, » s'écria Agravain étincelant de fureur. Et, prenant un tronçon de lance, il le fit tomber de toute sa force sur le heaume de Gaheriet. En vain Guirres essaya-t-il de lui enlever ce qui lui restait en main, il n'en continua pas moins à frapper. Gaheriet parait les coups sans user de représailles, et cependant Gauvain revenait de la poursuite des Saisnes. « Qu'est-ce ? » demanda-t-il. — « C'est, » dit le roi Loth, « Agravain que l'orgueil rend fou. — Non, ja- « mais, » fait Agravain, « je ne pardonnerai à « Gaheriet ses paroles insolentes. — Quoi! si « je vous en prie? » dit Gauvain. — « Vous ou « tout autre, peu importe. — Vraiment! Si « vous avez encore le malheur de le toucher, « je vous en ferai repentir. — Que je sois mau- « dit, si je me soucie de vos menaces. — « Voyons donc ce que vous ferez. » Agravain presse son cheval, court l'épée nue sur Gaheriet, la laisse tomber sur le heaume qu'il écartèle et dont il fait voler des étincelles. Gaheriet continue à tout recevoir sans paraître ému : mais Gauvain tirant du fourreau Escalibor : — « Par l'âme de mon père, tu seras châtié de « ton outrecuidance. — Oui, Gauvain, » dit Loth à son tour, « ne l'épargne pas, tue ce « mauvais garçon! » Gauvain comprend que son père dit cela moins pour lui que pour être entendu d'Agravain. Il vient à son frère le poing levé, et le frappe du pommeau de son épée sur

l'oreille assez fortement pour le jeter étourdi
à terre. Il allait faire passer son cheval sur lui,
quand Gaheriet lui dit : « Ah! beau doux
« frère, ne vous courroucez pas ainsi contre
« lui ; vous connaissez trop son orgueil et
« sa furie pour prendre à cœur ce qu'il peut
« dire ou faire. — Tais-toi, je ne comprends
« pas que tu ne te sois pas défendu. — Vous
« oubliez, beau frère Gauvain, qu'il est mon
« aîné et que je dois lui porter honneur; tout
« ce que je lui disais n'était que pour gaber
« et rire. — Pourtant, » dit alors Guirres, « as-tu
« les premiers torts, tu le connaissais et tu
« as pris plaisir à l'exciter. Il est juste que tu
« en sois puni. — Par Dieu ! » répond Gaheriet,
« ce n'est pas avec un étranger que j'irais ga-
« ber ; et puisqu'il faut se garder de le faire
« entre proches et amis, c'est la première et la
« dernière fois que je l'essayerai. Si nous n'a-
« vions pas un message à remplir de compa-
« gnie, je vous quitterais même à l'instant. —
« Pour moi, » continua Guirres, « j'en voudrais
« à Agravain s'il ne se vengeait de vos mauvaises
« paroles. — Et moi, » fit Gauvain, « je dis mal-
« heur à vous, si vous faites la moindre injure
« à Gaheriet. — Dès que vous nous en priez,
« beau frère Gauvain, nous nous en garderons;
« mais je suis dolent de vous voir prendre son
« parti contre nous, et de rejeter sur nous le

« blâme. — Faudrait-il donc louer Agravain
« d'avoir couru sur son frère en présence
« de notre père? — Aussi, » dit le roi Loth,
« peu s'en faut que je ne vous mette à pied
« et ne vous reprenne, Guirres et Agravain,
« les armes que vous portez. — Père, » dit
Guirres, « vous ne parlez pas de vous-même :
« sans mon frère Gauvain, vous ne feriez ja-
« mais ce que vous dites. — Dans tous les cas,
« je recommande à Gauvain, si vous faites le
« moindre outrage à Gaheriet, de vous châtier
« comme deux traîtres. Mais enfin, » continua
Loth, « que ferons-nous des sommiers conquis ?
« — Nous ne les pouvons mieux employer, »
dit Gauvain, « qu'en les envoyant à Minoras,
« pour le remercier de son bon accueil. Ils nous
« seraient ici d'un grand embarras. Nous les lui
« ferons présenter par le varlet du damoisel
« que nous avons secouru et par un de nos
« garçons. » On fit approcher les deux varlets,
qui prirent le chemin de la maison de Minoras.
Le forestier les reçut à grande joie et remercia
le roi d'Orcanie de son généreux souvenir.

La querelle d'Agravain apaisée, les quatre
frères demandèrent au damoisel de plus grands
détails sur ce qui le regardait. « J'ai à nom,
dit-il, «Éliézer; mon père est le roi Pelles de Lis-
« tenois; mes oncles, le roi Alain de la Terre
« Foraine et le roi Pellinor de la Forêt Sau-

« vage. Pellinor a douze fils ; l'aîné est âgé de
« dix-sept ans, le dernier de cinq. L'un d'eux
« est parti pour se rendre à la cour d'Artus : un
« treizième est conçu, mais n'est pas encore né. »

Avant d'atteindre la ville d'Arestuel en Écosse, nos messagers mirent encore à fin deux aventures. Une nuit qu'ils étaient assez mal hébergés dans un ermitage isolé au milieu des bois, Gauvain crut entendre dans le lointain de grands bruits, des cris et des plaintes. Il avertit Éliézer, son nouvel écuyer, qui lui amena Gringalet, lui présenta ses armes et le suivit monté sur un autre cheval. Ils trouvèrent à quelque distance une demoiselle aux mains de cinq hommes armés, qui la frappaient et menaçaient de la tuer, si elle ne se taisait et ne satisfaisait pas leur odieuse brutalité. A quelques pas de là, un jeune homme entièrement nu était battu de verges et de bâtons. Gauvain commença par délivrer la demoiselle en tuant les infâmes ravisseurs : cependant Éliézer mettait les autres malfaiteurs en fuite. Le chevalier délivré conta à son libérateur comment, avec sa cousine, la sœur de la dame de Roestoc, ils s'étaient écartés sans trop s'en apercevoir de la compagnie avec laquelle ils revenaient de Calingue à Roestoc, et comment ils avaient été surpris par une troupe de larrons armés qui les avaient entourés, et auraient sans doute à la demoiselle ravi l'honneur, à lui la vie, sans le secours inespéré qu'ils venaient de recevoir. Gauvain était rentré silencieux à l'ermitage avant le lever du soleil, et le lendemain matin ses trois frères ne furent pas peu surpris en le trouvant profondément endormi, puis Éliézer auprès de Gringalet, et non loin du lit d'herbe où ils avaient eux-mêmes reposé, une demoiselle et un chevalier qu'ils n'avaient jamais vus. Tout leur fut raconté : l'orgueilleux Agravain ne put écouter ce récit sans témoigner son dépit de n'avoir pas été averti de prendre part à l'aventure: « Oh! » dit Gaheriet, « on s'est bien gardé de vous « réveiller ; on aurait craint de vous arracher « aux doux songes que l'amour de votre amie « vous envoyait. » Agravain cette fois ne releva pas la parole.

Ils arrivèrent, vers la fin de cette seconde journée, devant la ville de Roestoc : la situation en était admirable. Environnée de bois épais et de prés fleuris, arrosée de rivières qui descendaient de la fontaine du Pin, le soleil frappant sur les murailles en faisait jaillir des étincelles. Le chevalier qu'Éliézer avait délivré vint à la porte et fut aisément reconnu du haut des créneaux par la dame de Roestoc. Elle fit ouvrir, et, quand ils furent entrés, la dame, après avoir échangé quelques mots avec sa sœur, revint d'un air riant aux chevaliers, et leur fit la meilleure chère du monde. Elle les conduisit dans son beau palais, on les y désarma; on leur lava le visage, la bouche et le menton avec l'eau chaude et tiède, puis ils se placèrent sur une couche et conversèrent agréablement avec la dame jusqu'au moment où, les tables étant dressées et les nappes mises, on s'assit au souper. Après avoir été servis des meilleurs mets, on se leva, on raconta comment la demoiselle avait été tirée d'un grand danger, comment le pays était ravagé par les Saisnes, comment ce château de Roestoc dépendait du fief d'Artus, et comment enfin le roi Loth et ses quatre fils s'étaient mis en voyage dans l'espoir de persuader aux rois et princes fendataires de tenir un parlement à Arestuel en Écosse, le jour de la Notre-Dame de septembre. Le châtelain de Roestoc se chargea de transmettre ces vœux au roi des Cent chevaliers, Aguiguenon, qui devait être en ce moment à Malehaut.

De Roestoc, nos messagers passèrent devant le château de Loveserp, à deux lieues de Cambenic; ils virent les flammes et la fumée dévorer les habitations : les Saisnes, maîtres de la campagne, avaient enlevé les bœufs, les troupeaux, tout ce qu'ils avaient trouvé dans les métairies. Le duc Escans s'était avancé contre eux avec sept mille hommes ; les Saisnes, trois fois plus nombreux, l'avaient repoussé et contraint à reprendre le chemin de la ville. Le roi Loth et ses fils ne purent voir ce tableau de désolation sans lacer les heaumes, pendre les écus à leur cou, monter les destriers, et s'avancer dans la campagne. Le duc Escans, les voyant approcher, fit arrêter ses gens, et la lutte devint moins inégale. Gauvain, ses trois frères, Éliézer et le roi Loth firent les prodiges qui leur étaient ordinaires ; les Saisnes, après avoir vu mourir leurs rois Orient, Brandalus, Dodalis et Moydap, lâchèrent pied et cherchèrent leur salut dans les forêts voisines.

Après cette grande victoire, le duc Escans les conduisit dans la ville de Cambenic et raconta comment il devait son salut et la défaite des Saisnes à la valeur des princes d'Orcanie et du jeune Éliézer de Listenois. On venait de les désarmer quand les deux varlets chargés de conduire les chevaux conquis au forestier Minoras revinrent et rendirent compte de la façon dont le présent avait été reçu. « Com-« ment le font, » dit Gaheriet, « les filles de « notre hôte ? — Fort bien, » répond Lidonas, « elles vous mandent salut à tous. — Ah ! si la « pensée d'Agravain leur était connue, elles « seraient encore plus reconnaissantes ! » Tous se prirent à rire de la parole, à l'exception d'Agravain qui, après avoir un peu rougi, prit le parti d'en rire comme les autres.

Le duc Escans connut alors le but du voyage du roi Loth et comment le roi Clarion de Northumberland et le roi des Cent chevaliers avaient déjà promis de se trouver à la Notre-Dame de septembre dans Arestuel. « Plaise à « Dieu, » dit Escans, « que nous soyons tous « bientôt accordés au roi Artus ! C'est pour nos « péchés que les Saisnes se maintiennent depuis « deux ans dans le pays. Vraiment il nous « sera difficile de renverser un roi sacré et « enoint, un roi reconnu par la gent commune « et par le clergé, soutenu par les rois de Gan- « nes et de Benoyc. — Si tous les autres prin- « ces pensaient comme vous, » dit Loth, « la « Bretagne s'en trouverait mieux. Pour moi, j'ai « déjà fait accord avec le roi Artus, et qui- « conque sera contre lui sera également contre « moi. » La fin de l'entretien fut que le duc Escans assisterait à l'assemblée d'Arestuel, et qu'il se chargerait d'y amener le roi Ydier de Cornouaille, le roi Urien (de Galles) beau-frère de Loth, le roi Aguisel, le roi Nautre de Garlot, le roi Tradelinan de Norgales, le roi Karadoc-Briebras d'Estrangore, le roi Belinan de Sorgales et le seigneur de l'Étroite marche. En effet, tous ces princes promirent de répondre à l'invitation qui leur en fut faite.

Le premier qui vint à Arestuel fut le roi Clarion de Northumberland, bon chevalier, prince des plus débonnaires. Le second fut Aguiguenon, le roi des Cent chevaliers, aimé de tous ses voisins. Le troisième, le duc Escans de Cambenic. Puis le roi de Norgales Tradelinan, le roi Belinan, le roi Karadoc d'Estrangore, le roi Aguisel, le roi Urien, enfin le roi de Cornouaille, Ydier, dont les domaines étaient les plus éloignés (1).

Les onze princes et les quatre fils de Loth s'étant réunis dans un pré, le jour de la fête de Notre-Dame, Gauvain prit la parole. « Seigneurs, » leur dit-il, « le roi Artus, à qui nous sommes, « nous a envoyés vers vous qu'il souhaiterait « grandement avoir pour amis, dans l'espoir de « conclure avec vous de nouvelles trêves jus- « qu'au fêtes de Noël : durant ces trêves il « pourrait réunir ses hommes aux vôtres, pour « les opposer de concert aux Saisnes, et contrain- « dre nos ennemis communs à vider le pays. La « sainte Église accorde dès ce moment le par- « don de leurs péchés à ceux qui prendront « part à la guerre sainte. »

Les princes, quand Gauvain eut cessé de par-

---

(1) Nous répétons souvent ces noms de rois, devenus les héros de poëmes postérieurs.

ler, demandèrent à savoir, avant de répondre, ce que le roi Loth en pensait. « Je pense que c'est
« la meilleure offre qu'on puisse vous faire.
« Je ne parle pas comme pourrait le faire un
« vassal d'Artus, mais dans la pensée de tous
« les maux que la guerre nous a déjà causés et
« nous doit causer encore. Sans nos divisions,
« les Saisnes ne seraient pas entrés en Bre-
« tagne, nos péchés seuls les y ont maintenus.
« — Comment ! » dit alors le roi Urien, « auriez-
« vous déjà fait hommage à Artus ? — Oui.
« — En cela, vous n'avez pas loyalement agi ;
« car, si nous jugions à propos de continuer la
« guerre, vous estimeriez que nous sommes
« contre vous aussi bien que contre Artus, et
« telle ne serait pas notre intention. — Il est
« vrai, » reprit le roi Loth, « que je serai désor-
« mais l'ennemi des ennemis du roi Artus. —
« Cela n'est pas d'un prince loyal ; vous avez juré
« d'être avec nous, vous ne pouvez être à
« d'autres. — Seigneurs, » dit le roi Loth,
« il m'en a pesé de m'accorder au roi Artus.
« Le jour même où je pensais lui causer le plus
« d'ennuis, Gauvain, mon fils, après m'avoir
« abattu, ne m'accorda la vie qu'à la condition
« de faire ma paix avec Artus. — Ainsi, » dirent-ils tous ensemble, « vous avez été con-
« traint : plût à Dieu qu'il nous en fût autant
« arrivé ! »

Ils parlèrent longtemps et enfin tombèrent d'accord de la trêve qu'on leur demandait. Gauvain, entre les mains duquel ils la fiancèrent, leur proposa de prendre jour pour arriver avec tous leurs hommes dans la grande plaine de Salisbery. Le roi des Cent chevaliers promit de s'y trouver au jour de la Toussaint, et tous les autres princes dès qu'ils auraient assemblé leurs forces. Ces résolutions arrêtées, ils prirent congé les uns des autres; vers la Toussaint, ils arrivèrent de tous côtés dans la plaine de Salisbery. D'autres princes s'étaient encore joints à eux, comme les rois Amadean et Clamadan, Brangore, Alain, Pellinor, Pelles de Listenois, le puissant roi Lac, le duc des Roches, vaillant baron du royaume de Sorelois.

Mais ici le récit revient au roi Artus et à la ville de Logres où il résidait.

IX.

LES CHEVALIERS DE LA TABLE RONDE. — MERLIN. — LES SAISNES DEVANT GARLOT. — LEUR DERNIÈRE DÉFAITE. — RETOUR DES ROIS BAN ET BOHOR EN GAULE.

La nouvelle de la trêve conclue avec les onze princes feudataires de la couronne de Logres fut accueillie avec des transports de joie par le roi Artus, les rois Ban et Bohor, tous les chevaliers de la Table ronde et de la Reine : c'était le présage du départ des Saisnes. Le lendemain du jour où l'on en était informé dans Logres, trois chevaliers de la Reine, Sagremor de Constantinople, Galeschin, fils du roi Nautre de Garlot, et Dodinel le Sauvage, revêtirent leurs armes et sortirent de la ville dans l'intention de chevaucher vars la grande et profonde forêt voisine, pour y chercher aventure et quelque occasion de prouesse. Sur leurs traces chevauchèrent aussitôt trois compagnons de la Table ronde, couverts d'armes déguisées, désireux de rencontrer les chevaliers de la Reine pour se mesurer avec eux et ressaisir l'avantage qu'ils avaient précédemment perdu. C'étaient Agravadain, frère de Lyas le Vermeil d'Estramore (lequel eut depuis guerre avec le roi Artus), Manoval et Sinoronde l'Angre. « Entrons « si vous m'en croyez, » dit Manoval à ses deux compagnons, « dans cette forêt qu'on nomme « à bon droit la Forêt aventureuse. » La proposition est approuvée. Les trois compagnons prennent la voie la plus féconde en aventures, celle qui conduisait au château de l'*Espine*. Cependant les chevaliers de la Reine arrivaient au milieu de la forêt, dans une belle lande (1) où ils s'arrêtèrent pour reposer. « Pourquoi, » dit alors Galeschin, « messire Gauvain et ses « frères ne sont-ils ici ? nous irions réveiller les « Saisnes. — La chevauchée, » reprit Dodinel, « serait dangereuse ; ces forêts n'ont pas de « refuge, nos chevaux y périraient de faim. » Ils en étaient là, quand survinrent les trois compagnons de la Table ronde, que leurs armes déguisées ne permirent pas de distinguer. — « Connaissez-vous ces chevaliers ? » demanda Sagremor. — « Non, » fit Galeschin. De l'autre côté, Agravadain disait : « Je vois trois cheva- « liers qu'il y aurait plaisir à mettre à pied.

(1) La *lande* n'est pas seulement une terre inculte, mais une étendue de terre couverte d'herbes, de bruyères ou de mousse.

« Ils sont trois comme nous; nous pouvons
« donc sans félonie nous mesurer. » Cependant les chevaliers de la Reine relaçaient les heaumes qu'ils avaient ôtés pour respirer le frais ; ils allaient continuer leur chemin quand les autres crient : « Arrêtez-vous ! il faut
« croiser le fer ou nous laisser vos chevaux.
« — Comment, » dit Sagremor, en tournant vers eux la tête de son cheval, « vivez-vous du
« métier de larrons ? S'il en est ainsi, quand
« nous sortirons de la forêt, vous pourrez
« faire tenir ce que vous aurez pris dans une
« bourse de Poitevine (1). — Gardez-vous toute-
« fois, » reprit Agravadain, « nous vous défions. »

Les chevaux sentent aussitôt la pointe de l'éperon, et le glaive sous l'aisselle, l'écu devant la poitrine, on les aurait vus tous les six fondre l'un sur l'autre assez rudement pour trouer les écus, démailler les hauberts. Agravadain brise sa lance sur le haubert de Sagremor, celui-ci enfonce le fer de la sienne si profondément dans les chairs de son adversaire que le sang en jaillit à gros bouillons ; cheval et cavalier roulent à terre. Agravadain se redresse en pied, tire l'épée du fourreau pour attendre Sagremor au retour de la passe : Sagremor descend,

(1) Et quant nous venrons auque nuit à l'hostel, vous aurez petit à mengier dou gaaing que vous emporterez de nous. (Msc. 749, f° 302.)

attache la bride de son cheval au bois de sa lance fichée en terre, tandis que le coursier d'Agravadain s'enfuit à travers bois. Le combat recommence entre eux, rude et violent. Sagremor gardant toujours l'avantage : « Che- « valier, » dit-il, « rendez-vous, ou vous êtes « mort. — J'en suis bien loin. — Plus prêt que « vous ne pensez. — Vous savez menacer, mais « vous ne savez pas effrayer. — C'est la cou- « tume des fous de ne pas voir le danger, « quand ils pourraient le prévenir. » Et ils continuèrent, l'un à frapper, l'autre à parer les coups de son mieux.

Manoval et Sinoronde avaient en même temps attaqué Galeschin et Dodinel, et n'avaient pas été moins rudement reçus. Ils vidèrent les arçons, se relevèrent et poursuivirent, comme Agravadain, le combat avec l'épée. Après une heure de résistance, ils cédèrent du terrain et reculèrent, toujours en refusant d'avouer leur défaite. « Rendez-vous, chevaliers, » criaient les autres. — « Non, non! nous aimons mieux « mourir. — A leur aise! » dit Sagremor, en frappant le heaume d'Agravadain d'un coup qui ouvrit la coiffe du haubert et pénétra dans le haut du crâne. Galeschin et Dodinel tenaient de leur côté les deux autres chevaliers sous leurs genoux, et, délaçant heaumes et coiffes, se disposaient à leur trancher la tête, quand survinrent Yvain, le fils du roi Urien, Keu le sénéchal, et Girflet, le fils de Do de Carduel. Artus, averti par Merlin, les avait envoyés. « Assez! assez! » cria Yvain, « moi et mes « compagnons nous répondons de ces trois « chevaliers, et nous ferons droit à ce que vous « réclamerez. »

Sagremor reconnaissant Yvain : « J'y consens « volontiers, sire, il n'est rien que pour vous « je ne fasse. » Les deux autres s'arrêtent également. Yvain, Keu et Girflet descendent et blâment fort les trois chevaliers de la Reine d'avoir jouté contre ceux de la Table ronde.

— « Valait-il mieux, » répond Sagremor, « lais- « ser nos chevaux à qui voulait les prendre ? En « aurions-nous plus d'honneur; en lèverions- « nous plus haut la tête ? Comment défendront « leurs amis ceux qui ne sauront pas se défen- « dre eux-mêmes ? — Si vous aviez demandé « les noms, » répliqua messire Yvain, « vous « n'auriez pas répondu à leur appel. — Vous « savez donc qui ils sont ? — Sans doute ; mieux « vaudrait peut-être ne pas vous le dire. Celui « que vous avez abattu est Agravadain des « Vaux de Galore ; les deux autres sont Ma- « noval et Sinoronde. — Ils ont, » dit Dodi- nel, « commencé la folie, et ils ont trouvé « qui l'a continuée. Un fou toujours en ren- « contre d'autres. — Laissez ces propos, »

interrompit Keu ; « que les chevaliers de la
« Table ronde, s'ils trouvent bon de chercher
« querelle, aillent venger la mort de Fourré ! »
Cela donna beaucoup à rire à tous, à l'exception des trois blessés, que l'aventure couvrait de honte. Ils rentrèrent à Logres : les vaincus allèrent se faire ventouser et panser ; les autres se rendirent à la cour, où, après s'être désarmés chez la reine, ils prièrent Yvain de raconter ce qui était arrivé. « La querelle, » dit le roi Artus, « ne vient pas de la haine des uns
« contre les autres, mais du désir qu'ont
« tous les chevaliers de la Table ronde d'emporter le prix de prouesse et d'honneur
« sur les compagnons de la reine. Afin de
« prévenir ces luttes, il sera bon de réunir
« les deux compagnies : ainsi disparaîtra
« toute occasion de rivalité. C'est là ce que
« je ferai dès que nous serons délivrés des
« Saisnes. »

On vient de voir, par l'avis donné au roi Artus de la rencontre des six chevaliers dans la forêt, que Merlin était revenu à la cour de Logres. En s'arrachant des bras de Viviane il était passé en Norhumberland, pour dicter à Blaise le récit des aventures, à compter du mariage d'Artus.

Et, avant de quitter Blaise, il avait écrit sur des bandes de parchemin l'annonce des merveilles qui devaient accompagner la quête du Saint-Graal. Les premières lettres disaient :

« *C'est le commencement des aventures du pays de Bretagne, par lesquelles sera atterré le lion merveilleux. Elles seront mises à fin par un fils de roi, chaste et le meilleur chevalier du monde.* »

Merlin prit les bandes et les posa en croix sur tous les chemins qui devaient être le théâtre des aventures; elles furent enlevées successivement par les chevaliers destinés à les mettre à fin.

Et, ces belles précautions prises, Merlin était retourné en Gaule; quelques heures lui avaient suffi pour passer du Northumberland dans la petite Bretagne. Il avait vu Léonce de Paerne et Pharien, défenseurs du pays en l'absence des rois Ban de Benoyc et Bohor de Gannes; en les avertissant de se préparer à passer la mer avec les forces qu'ils pourraient réunir, il leur avait prescrit de tracer sur leur bannière blanche une croix vermeille. Car c'est à Merlin que les anciennes légendes bretonnes et nos romanciers rapportaient l'origine des enseignes et armoiries. D'ailleurs, Léonce et Pharien pouvaient s'éloigner des royaumes de Gannes et de Benoyc; le jeune Lambesgue, neveu de Pharien, Banin, le fils de Gracien, et Gorlier, le seigneur de la Hautemore devant suffire, en leur absence à la défense du pays.

MERLIN EN MESSAGE.

En prenant congé d'eux, Merlin avait encore donné quelques jours à sa chère Viviane. Puis il s'était rendu dans la terre de Lamballe, auparavant possédée par le roi Amant. Le sénéchal de ce prince en avait alors la garde : il se nommait Nabunal.

Toutes ces terres de Gaule promirent soixante mille hommes distribués en trois échelles, qui durent passer la mer au premier signal de Merlin. Nabunal se promit de mener en Bretagne le jeune Gosangos de Lamballe, fils du malheureux roi Amant. C'était un bachelier beau, preux et hardi, qui longtemps avait aimé la fille de Leodagan. Peut-être même l'eût-il épousée s'il eût été chevalier et si la guerre ne se fût pas élevée entre les deux rois. De son côté Genievre l'avait en grande amitié; ils souhaitaient de se revoir, et maintes fois s'envoyaient de tendres messages.

De Lamballe Merlin s'était rendu chez Leodagan qui s'était empressé de semondre tous ses hommes et de les mettre à la disposition d'Artus. Cléodalis, le bon sénéchal, fut chargé de les conduire.

C'est donc au retour de ces voyages que Merlin avait averti le roi Artus de la folle querelle faite par les chevaliers de la Table ronde aux chevaliers de la reine.

Peu de jours après, Artus donna le signal du

départ pour le camp de Salisbery. Il fit en arrivant disposer les tentes sous les oliviers (1) : Keu le sénéchal dressa la grande enseigne sur celle du roi : le champ en était blanc à la croix vermeille, ainsi que l'avait recommandé Merlin. Le dragon agitait sa queue flamboyante au-dessus de l'enseigne.

On dut à Merlin le plan et l'ordonnance de la grande bataille. Mais, avant tout, le roi Artus alla rendre visite à chacun des princes qui avaient répondu à son appel. Il en était beaucoup, parmi ces alliés, qui ne tenaient rien de lui et venaient à son aide pour l'amour de Dieu. « Sans eux, » disait Merlin, « vous ne pourriez délivrer des « Saisnes l'île de Bretagne; sachez que jamais « tant de chevaliers ne seront assemblés dans « cette plaine, jusqu'au jour où le fils tuera le « père, et le père le fils. » Artus eût bien voulu recevoir l'explication de ces dernières paroles, mais Merlin refusa de lui en découvrir le véritable sens.

Avant que l'ordre fût donné de quitter Salisbery, le jeune écuyer Eliezer de Listenois était allé trouver messire Gauvain, pour lui rappeler le vœu qu'il avait fait d'être « adoubé » de sa main. Gauvain chargea Gaheriet de lui

---

(1) Par les oliviers dont il est si souvent parlé dans les anciens romans du nord de la France, il faut toujours entendre les saules.

apporter des armes dignes d'un fils de roi ; mais le roi Pelles avait eu soin de placer dans les coffres d'Eliezer celles qu'il devait revêtir, et l'écuyer Lydonas les mit à la disposition de Gauvain. Elles étaient blanches, traversées d'une bande de sinople de bellic (1) ; le haubert était à doubles mailles (2) fortement jointes et cependant si légères qu'elles n'eussent pas fatigué un enfant de neuf ans.

Guirres et Gaheriet lui attachèrent les chausses et le revêtirent du haubert ; ils lacèrent ensuite une ventaille aussi blanche que neige. Cela fait, messire Gauvain lui ferma l'éperon droit et lui ceignit l'épée ; Gaheriet lui chaussa l'éperon gauche, puis messire Gauvain dit en lui donnant la colée : « Tenez, doux ami ! recevez « de moi la chevalerie, au nom et en l'hon- « neur de Jésus-Christ, qui daigne vous accor- « der de maintenir et accroître la gloire de « sainte Église et la vôtre. — Ainsi l'octroie « notre Seigneur ! » répondit Eliezer.

Alors Guirres et Gaheriet prirent par la main le nouvel adoubé et le menèrent en la

---

(1) Ce mot, employé fréquemment dans les livres de la Table ronde, est interprété par Cotgrave : *rouge de cinabre*. Peut-être répond-il plutôt à *forme de cloche,* du mot anglais *bellic.* Ce serait alors la pièce héraldique nommée *vair.* — *Variante :* « une bende de fin or en bellic. »

(2) De là les noms de *haubert-doublier, treslis.*

chapelle du roi Artus; ils y veillèrent la nuit, jusqu'au lendemain après la messe. Le jour suivant, il y eut grand dîner à la table d'Artus; messire Eliezer y fut placé entre les deux rois Ban et Bohor : puis une quintaine fut dressée; le jeune prince y fit merveilles et chacun dit que, s'il vivait, il ne pouvait manquer d'être un des meilleurs chevaliers du monde.

L'armée bretonne quitta Salisbery sous la garde de Merlin. On roula tentes et pavillons, on les transporta sur charrettes; on emplit les coffres et les malles; les chevaliers montèrent sur les destriers, tous armés à l'exception des écus, heaumes et lances que portèrent les écuyers. Au premier rang flottait l'enseigne blanche à la croix vermeille.

En approchant du château de Garlot, la forteresse du roi Nautre, ils entendirent un grand bruit et de longs cris de détresse. C'était une échelle de vingt mille Saisnes qui, partis quelques jours auparavant de la plaine de Clarence, avaient déjà commencé le siége de Garlot. La reine de Garlot, n'attendant aucun secours contre les mécréants, avait pris le parti de sortir secrètement par une poterne. Accompagnée de son sénéchal, elle espérait gagner une maison nommée la Rescousse, où le roi Wortigern avait jadis trouvé un refuge contre la poursuite d'Hengist; mais les Saisnes, avertis du projet de la reine, l'avaient suivie, avaient tué le fidèle sénéchal et la ramenaient captive. La reine de Garlot était sœur consanguine d'Artus, et se nommait Blasine. Pour la délivrer, il fallut engager un grand combat. Eliezer y tua le roi Pignoras, Ban le roi Pincenart, Artus le roi Magloras.

Gauvain avait suivi longtemps un vaillant Saisne qui frappait autour de lui, abattait bras, jambes et têtes à chacun de ses coups. Il pressa Gringalet et le joignit : « Chevalier, » dit-il, « tu es vraiment de grande prouesse; « es-tu prince ou roi, comme semblent le don-« ner à penser tes armes et la hauteur de ton « courage? — Oui, je veux bien te le dire, je « suis roi d'une contrée de Saxe : on me « nomme Brandon, et mon oncle, le plus grand « prince du monde, est le roi Hargodabran. — « En vous voyant, » répondit Gauvain, « j'ai « deviné votre haute lignée et regretté que « vous ne soyez pas chrétien. Si vous vouliez le « devenir, je serais heureux de vous épargner. « — Non; plutôt mourir que changer ma loi. « — Il m'en pèse, » dit Gauvain, « j'aurais « grandement aimé votre compagnie. » Alors il leva la grande épée Escalibor, et fit voler dans le pré la tête du roi Brandon. Les Saisnes prirent aussitôt la fuite; la reine Blasine fut délivrée, et la grande armée bretonne poursuivit sa marche vers Clarence.

Ils furent encore arrêtés par d'autres rois saxons qui venaient d'apprendre la mauvaise issue du siége de Garlot. Une seconde mêlée coûta la vie à bien des chrétiens; mais au moins pouvons-nous remercier ici l'auteur d'avoir eu fort peu recours à la science surnaturelle de Merlin, à ses enchantements, à ses prestiges, pour assurer aux Bretons la victoire. Nous épargnerons cependant au lecteur tous les incidents de ces combats, la langue de nos jours ne conservant pas la vivacité, l'agrément qui semblent, dans cet ordre de récits, appartenir à l'ancienne. Il nous suffira de rappeler le nom de ceux qui prirent la plus glorieuse part à la défaite des Saisnes.

Dans la première bataille étaient le duc Escans de Cambenic, le roi Nautre de Garlot et le roi Tradelinan de Norgales.

Dans la seconde, les rois de Gannes, de Benoyc et des Cent-Chevaliers.

Dans la troisième, le roi des Lointaines îles Gallehaut, le roi Cleoles et le duc Belays.

Dans la quatrième, les rois Clarion de Northumberland, Belinan de Sorgales, père de Dodine, et le varlet Gosengos.

Cleodalis, sénéchal de Carmelide, les rois Karadoc d'Estrangore et Loth d'Orcanie conduisaient la cinquième.

La sixième, Aguigeron, sénéchal du roi Clamadas, Helain de la Terre-foraine, et Palenaus, sénéchal des rois Pelles et Pellinor de Listenois.

Enfin, la septième était conduite par le roi Artus ; on y comptait le roi Braugore, Minoras, sénéchal du roi Lac, messire Gauvain, ses frères et les chevaliers de la Table ronde.

Chacune de ces batailles se composait d'environ trente mille guerriers, ce qui donne un ensemble de plus de deux cent mille hommes. C'est assurément beaucoup pour le temps et pour le peuple breton.

Les Bretons y perdirent peu de chevaliers renommés. La mort du sénéchal du duc Escaus fut vengée sur le roi Salabris ; le roi Ban immola Margon, bouteiller du roi Sorbaré, et Sorbaré fut coupé en deux par Pharien. Les Saisnes, obligés de lâcher le pied, se rapprochèrent de la mer où, trouvant les vaisseaux qui les avaient amenés, ils furent tout heureux de quitter la terre de Bretagne, sans attendre le roi Hargodabran qui tenait toujours Clarence assiégée.

Avant d'arriver en vue du camp de ce prince, Merlin voulut parlementer avec les rois bretons. Il leur apprit, lui qui avait le secret de l'avenir, que la Bretagne resterait sous le joug des Saisnes tant que l'union et la concorde ne seraient pas rétablies entre eux et le roi Artus, leur suzerain naturel. Ces paroles du prophète furent accueillies par les murmures de quelques-uns et l'assentiment de la plupart. On consentit à la paix, à l'union générale. Tous ces rois, naguère ligués contre Artus, vinrent lui faire hommage, poser leurs mains dans les siennes et recevoir la nouvelle investiture de leurs domaines.

Dans le troisième et dernier combat livré sous les murs de Clarence, les chrétiens eurent affaire à une armée plus nombreuse encore : les Saisnes n'en furent pas moins mis en déroute, et, avant de regagner leurs vaisseaux, ils virent tomber la plupart de leurs rois. Des vingt qui avaient campé devant Clarence, six seulement parvinrent à échapper au glaive ou à l'épée des rois Artus, Ban et Bohor, de Gauvain, de ses frères, de Sagremor, de Lignel, de Galeschin et des chevaliers de la Table ronde. Ces rois furent Hargodabran, Oriant, Fausabré, Cornicant, l'amiral Napins et Murgalan de Trabeham.

Après cette victoire enfin décisive, le premier soin des rois bretons fut de rendre grâce à Dieu de l'appui qu'il avait daigné donner aux chrétiens. On ne saurait dire les richesses qu'on trouva dans le camp abandonné des mécréants; amas d'or et d'argent, draps de soie, splendides pavillons, belles armes, bons destriers. Artus en fit le partage général sans retenir la moindre chose, et de façon à contenter tout le monde. On fit inhumer les morts et panser les blessés pendant les cinq journées qu'on passa dans la ville de Clarence en fêtes et réjouissances. Au sixième jour, les princes qui avaient amené leurs hommes au roi Artus prirent congé. Pour Ban et Bohor, Loth, messire Gauvain et les chevaliers de la Table ronde, ils revinrent avec le roi Artus dans la ville de Kamalot et furent reçus joyeusement par la reine Genievre. Merlin dit au roi : « Sire, maintenant que Dieu vous « a donné victoire et que vous avez délivré la « terre de Bretagne des Saisnes, vous pouvez « donner congé aux rois Ban et Bohor, éloignés « depuis si longtemps de leurs domaines. Ils « ont un furieux ennemi dans le roi Claudas de « la Deserte ; j'entends les conduire jusqu'au « rivage de la mer avant de mettre à fin d'autres « affaires qui m'intéressent. »

Artus les vit partir avec de grands regrets, tout en comprenant que les deux rois ne pouvaient plus longtemps oublier le soin de la terre qu'ils avaient à défendre. Ils arrivèrent, la nuit même qui suivit leur départ, devant le château des Mares, et là se place l'histoire, racontée plus haut (1), des amours de la fille du châte-

---

(1) Pages 112-121.

lain Agravadain le Noir avec le roi Ban, et de la conception du bon bâtard Hector des Mares.

Les deux rois rentrèrent dans leurs domaines de Gannes et de Benoyc ; leurs reines, qui depuis si longtemps gémissaient de leur absence, les accueillirent comme on peut penser, l'amour passager et involontaire du roi Ban pour la fille d'Agravadain ne l'empêchant pas d'aimer et honorer sa reine épousée. Quant à Merlin, il alla passer quelques jours dans les bras de sa chère Viviane, et de là revint à maître Blaise auquel il fit écrire tout ce qui était arrivé dans la Grande-Bretagne à partir de la grande assemblée de Salisbery. C'est ainsi que la connaissance nous en a été transmise et que nous avons pu vous le raconter.

X.

GRANDE COUR A KAMALOT. — MESSAGE DU ROI RION. — MERLIN JEUNE ENFANT, PORTE-ENSEIGNE. — DERNIER COMBAT D'ARTUS ET DE RION.

Le roi Artus demeura plusieurs mois à Kamalot, heureux de ses précédentes victoires, heureux surtout de l'amour qu'il portait à Madame Genievre, la plus belle et la plus sage des reines. Quand approcha la mi-août, il dit à monseigneur Gauvain qu'il voulait tenir une cour plénière aux fêtes de la Sainte-Vierge, et qu'il entendait y convier les princes et barons de ses terres. Il n'avait pas encore eu le temps de remercier ceux dont il avait reçu l'hommage, et il ne doutait pas que plus d'un étranger ne se joignît à eux. D'ailleurs il pensait que chacun amènerait sa femme ou son amie, pour ajouter à l'agrément, à l'éclat de la fête.

Des chartes furent envoyées à tous les princes bretons, aux rois de Gannes et de Benoyc, pour leur demander gracieusement et comme en témoignage d'affection de se trouver à la mi-août dans la ville de Kamalot, eux et leurs vavasseurs, leurs femmes ou leurs amies. Tous, après la lecture de ces lettres, se préparèrent à paraître devant le Roi et la Reine de la façon la plus avantageuse. Ils arrivèrent en grand nombre, et la ville n'en eût pas contenu la dixième partie, si bien que la prairie fut couverte de tentes et de pavillons. Tous, chevaliers et écuyers, dames et demoiselles, furent accueillis avec une grâce charmante par Madame Genièvre, qui ne semblait occupée que de chacune d'elles. Elle prodigua les présents d'or et d'argent, les draps, les tissus de soie, tandis que le roi de son côté distribuait les armes et les chevaux. En un mot, il n'y eut personne parmi les invités dont le cœur ne fût rempli d'affection et de bons sentiments pour des princes qui leur faisaient tant d'honneur.

La veille de la mi-août, après les vêpres entendues à l'église de Saint-Étienne, on prépara le festin non pas dans le palais du roi, mais au milieu de la prairie, sur l'herbe verte et fraîche. D'un côté la table des hommes dont le roi faisait les honneurs; de l'autre côté celle des dames, présidée par la reine Genièvre au milieu des sœurs du roi; les reines d'Orcanie, de Galles et de Garlot; des reines de Gannes et de Benoyc, des duchesses, comtesses et damoiselles. Il n'y eut pas dans toute la Bretagne un seul jongleur ou ménestrel qui manquât à la fête. Le service avait été confié à de riches ducs et comtes. La soirée fut employée à de joyeux divertissements, jusqu'au moment où chacun dut se retirer pour reposer.

Le lendemain, au point du jour, le roi et tous ceux qui formaient la cour allèrent entendre une belle messe à l'église de Saint-Étienne, en l'honneur de la douce mère de Jésus-Christ. L'offrande fut belle; tous les rois et toutes les reines, au nombre de vingt-quatre, y portaient couronne et formaient une radieuse enceinte autour d'Artus et de Genievre.

Au sortir de l'église, comme le sénéchal Keu venait de servir le premier mets à la table des rois, on vit entrer dans la salle la plus belle forme d'homme qu'on pût imaginer. C'était un varlet vêtu d'une cotte de satin vermeil, serrée d'une ceinture de soie à fermoir d'or et de pierres étincelantes. Ses cheveux étaient d'un blond foncé, sur sa tête brillait une couronne pareille à celle des rois; ses chausses de drap brun étaient ourlées d'orfroi, ses souliers de cuir blanc de Cordoue fermés par deux boucles d'or. A son col était suspendu une harpe d'argent semée de pierres précieuses, les cordes en étaient de fin or. Un seul point était à désirer et ternissait l'éclat de sa beauté : tout en ayant les yeux beaux et vairs, il ne voyait goutte. De sa ceinture descendait une chaînette à laquelle était attaché le collier soyeux d'un petit chien plus blanc que la neige. Le varlet, conduit par le chien devant Artus, prit la harpe dans ses mains, et harpa si doucement un lai breton, que la mélodie ravit de plaisir et charma tous ceux qui étaient présents ; le sénéchal Keu lui-même, au lieu de poser les mets sur la table, s'arrêta comme interdit par les sons qu'il entendait. Mais, avant de dire quel était ce bel aveugle, il faut donner des nouvelles d'une plus ancienne connaissance, le roi Rion, que nous avons perdu de vue depuis que le roi Artus l'a chassé de Carmelide.

Il ne s'était pas consolé de la défaite qu'il avait essuyée et brûlait de s'en venger. Dès qu'il fut remis de ses fatigues et de ses blessures nombreuses, il manda les barons de ses terres et les rois dont il avait obtenu l'hommage. Paladeus, roi d'Irlande, arriva le premier avec quinze mille hommes : Sapharin avec douze mille, Sarmedon avec treize mille, Argant avec quatorze, Taurus avec quinze, Ari de Galore avec seize, Solimas de Colentraigle avec quinze, Kahahin avec dix, et le roi Alipantin, de la Terre des Pastures, avec vingt mille. Quand ils furent réunis autour de son faudesteuil :

« Seigneurs, » leur dit-il, « vous êtes mes

« hommes et vous tenez de moi vos terres : vous
« me devez servir à votre pouvoir, envers et
« contre tous. Je vous demande aujourd'hui de
« m'aider à venger ma honte ou plutôt la vô-
« tre ; car les offenses qui s'adressent à moi re-
« tombent sur vous. Je vous adjure de vous
« trouver d'ici à deux mois devant la cité de
« Caroaise, en Carmelide, afin de tirer bonne
« vengeance de l'affront que le roi Leodagan
« nous a fait subir. »

Les rois et barons répondirent tout d'une voix qu'il ne fallait pas les prier, et qu'ils se trouveraient au rendez-vous à l'époque indiquée. Caroaise fut bientôt menacée par une armée innombrable. Cleodalis, le bon sénéchal, avait d'abord couru au-devant d'eux et les avait harcelés pour donner aux habitants des campagnes le temps de conduire en forteresses leur bétail et leurs meubles : mais il ne put les empêcher d'assiéger la ville. Le cinquième jour de son arrivée, le roi Rion eut le chagrin d'apprendre la grande victoire remportée par les Bretons à Salisbery, et l'intention du roi Artus de tenir une grande cour à la mi-août dans sa ville de Kamalot. « Laissons-les festoyer, » ce dit-il, « nous aurons le temps de rabattre leur
« joie quand nous en aurons fini avec Leodagan.
« Toutefois, si cet Artus venait réclamer sa
« grâce avant la prise de Caroaise, je sens que

« de pitié je pourrais lui permettre de tenir de
« moi sa couronne ; mais le mieux est de lui
« envoyer un message et de lui faire entendre
« combien il aurait intérêt à se soumettre,
« avant de se laisser chasser honteusement de
« ses domaines. »

Les lettres écrites et scellées furent remises à celui de ses chevaliers auquel il avait le plus de confiance, après qu'il eut juré de les remettre aux mains d'Artus. Ce chevalier arriva le jour même de la mi-août à Kamalot : il entra dans la salle du festin comme le harpeur achevait son chant et comme le sénéchal venait de poser les mets sur la table. On lui indiqua le roi Artus, il s'approcha et parla ainsi :

« Roi Artus, je ne te salue pas ; celui qui
« m'envoie ici ne me l'a pas commandé. Je
« dois me contenter de remplir le message qu'il
« m'a confié. Quand tu seras instruit de ce que
« mon seigneur te mande, tu verras comment
« tu peux le satisfaire. Si tu t'y accordes, tu en
« recueilleras honneur : sinon, tu devras renon-
« cer à ta couronne et t'enfuir pauvre et exilé.

« — Ami, » fit en souriant le roi Artus,
« dis-nous ce que ton maître t'a chargé de dire.
« Personne ici ne t'en empêchera. » Le chevalier reprit :

« Roi Artus, je suis envoyé par le seigneur et
« maître de tous les chrétiens, le roi Rion des

« Iles, qui, dans ce moment, lui dixième de rois,
« assiége le château de Caroaise en Carmelide.
« Les rois qui l'accompagnent sont, tous, ses
« hommes liges; il les a conquis, il en a pris les
« barbes avec le cuir. Mon maître te mande de
« venir à lui, et de consentir à tenir ta cou-
« ronne de celui qui est vraiment le premier
« roi de la terre. Voici les lettres qu'il m'a
« chargé de te remettre. »

Le roi prit les lettres, les remit à l'archevêque Dubricius qui, sur la nouvelle de l'arrivée
d'un message, était venu en cour. Le prélat les
déplia et les lut ainsi :

« Je, le roi Rion, seigneur et maître de toute
« la terre d'Occident, fais savoir à tous ceux qui
« ces lettres verront et entendront que je suis en
« ce moment campé devant le château de Ca-
« roaise, avec neuf rois qui m'ont rendu leurs
« épées et m'ont livré leur barbe à tout le cuir.
« De ces barbes j'ai fourré un manteau de sa-
« tin vermeil auquel il ne manque plus que les
« attaches. Ce considéré, roi Artus, en raison
« de ta grande prouesse et de ta renommée, je
« désire, pour accroître mon honneur et le
« tien, recevoir le don de ta barbe à tout le
« cuir, pour en faire les attaches de mon man-
« teau. Car j'entends ne m'en revêtir qu'après
« y avoir cousu ce dernier ornement. En-
« voie-la moi donc par deux ou trois de tes

« meilleurs amis, et deviens mon homme, pour
« désormais posséder en sécurité tes domaines.
« Autrement apprends que je n'aurai pas plus
« tôt détrôné Leodagan, que j'entrerai dans ta
« terre et prendrai de force jusqu'au dernier
« poil de tes joues. »

On peut concevoir le dépit et le courroux du roi Artus à la lecture de ces lettres ; toutefois il se contenta de répondre à celui qui les avait apportées : « Chevalier, prends congé quand tu « voudras ; mais dis à ton maître qu'il peut être « assuré de n'avoir de sa vie ma barbe. » Le chevalier remonta aussitôt et regagna le camp du roi Rion.

Cependant quel était ce bel harpeur breton auquel il ne manquait que l'usage de ses beaux yeux ? Il allait de rang en rang, le long des tables, et donnait à chacun des convives un son nouveau qui le ravissait de plaisir et d'admiration. Puis, s'étant rapproché du roi, qui l'avait vu bien souvent et pourtant ne le reconnaissait pas. « Sire, » lui dit-il, « je vous demande le « prix de mon chant. — Vous l'obtiendrez, « ami, si grand qu'il soit, sauf mon honneur « et celui de ma couronne. — Je n'en veux « à l'un ni à l'autre. Je demande seulement « la faveur de porter votre bannière dans la « prochaine guerre. — Oh ! » répond Artus, « cela touche à l'honneur de ma couronne.

« Le seigneur Dieu vous a privé de la vue ; com-
« ment conduiriez-vous la bannière qui doit
« être le point de ralliement de notre armée ?
« — Mon seigneur, Dieu est le vrai guide : il m'a
« déjà tiré de grands périls, il saura bien ici me
« conduire. » Ces paroles émerveillèrent les
barons, le roi Ban regarda le harpeur avec
plus d'attention et la pensée lui vint que
c'était Merlin. Ne l'avait-il pas vu dans le
château des Mares, sous la figure d'un jouvenceau de quinze ans ? — « Sire, » dit-il au roi
Artus, « accordez-lui ce qu'il demande : il ne
« semble pas homme à qui on doive répondre
« par un refus. — Mais comment, à votre avis,
« sera-t-il de mon honneur de confier notre
« bannière à cet enfant aveugle ? » Il n'avait pas
achevé que, regardant autour de lui, il ne vit
plus le harpeur ; il avait disparu. Artus alors
se souvint de Merlin et se repentit d'avoir
mal accueilli sa requête. « Le chien qui le
« conduisait, » dit-il, « m'a empêché de le re-
« connaître ; mais je ne devais pas oublier qu'il
« aimait à se déguiser. »

Alors entra dans la salle un petit enfant qui
pouvait avoir huit ans ; les cheveux entremêlés,
les jambes nues et sur ses épaules une massue.
« Sire, » dit-il au roi Artus, « il faut vous
« préparer à livrer bataille au roi Rion ; je de-
« mande à porter votre bannière. » Chacun

alors se prit à rire de la demande; Artus répondit : « Vous avez droit de la porter, je « vous l'accorde. — Grand merci ! » dit l'enfant, « comptez qu'elle sera en bonnes mains. » Ce disant, il les recommanda tous à Dieu et sortit. Quand Merlin eût repris sa figure ordinaire, il jugea le moment venu de faire arriver le contingent des deux rois Ban et Bohor; il alla donc à la mer; quelques heures lui suffirent pour se trouver à Gannes et pour avertir Pharien et Léonce de Paerne de tenir leur engagement et de conduire leurs gens à Kamalot, où le roi Artus les réclamait. Quand ils eurent promis d'agir comme on le demandait, Merlin repassa la mer, alla prévenir le roi Urien et tous les autres feudataires de se rendre également à Kamalot vers les premiers jours de septembre. Tous ces avertissements donnés, il reparut à la cour du roi Artus qui n'avait plus, lui dit-il, besoin d'envoyer des lettres et des messages aux rois et aux princes, attendu qu'ils étaient déjà tous prévenus. On donna sur le champ le signal du départ, et le roi chevaucha, avec tous les hommes de ses domaines, vers le royaume de Carmélide, toujours précédé de l'enseigne confiée à Merlin.

La dernière bataille livrée au roi Rion rappelle les incidents variés, le flux et le reflux des autres rencontres. Merlin ouvre le chemin qui conduit au camp ennemi; le dragon lance des flammes et des charbons de feu qui jettent l'épouvante dans les rangs ennemis. Le roi Pharaon arrêta cependant quelque temps l'armée bretonne; mais il rencontre pour son malheur Gauvain qui lui passe son glaive dans e corps et le jette mort tout étendu. Gauvain e mesurant des yeux : « Voilà, » dit-il, « un roi « qui a la paix jurée; mon oncle Artus n'aura « pas à défendre contre lui sa barbe! » La mêlée devenue générale, on ne pourrait dire qui fit plus merveilles d'Yvain, de Sagremor, de Guerries, de Gaheriet et d'Agravain, si ce n'est le roi Artus et son neveu Gauvain.

Mais il faut rendre justice au roi Rion : par un généreux désir d'arrêter les flots de sang, il saisit une branche de sycomore qu'un de ses rois tenait en main pour se faire mieux reconnaître, et, l'élevant en l'air, il annonça qu'il voulait parler :

« Roi Artus, » dit-il, « pourquoi souffrir la
« perte de tes chevaliers et des miens? Faisons
« mieux; si tu mérites le renom qu'on t'a fait,
« avertissons nos gens de se tenir à l'écart,
« de poser les armes et d'attendre la fin du
« combat que nous pouvons engager l'un
« contre l'autre. Si tu es vainqueur, je retour-
« nerai dans mon pays avec tous les hommes
« que j'ai amenés en Carmélide; si tu es vaincu,

« tu consentiras à tenir de moi ton royaume,
« et à me faire hommage comme les neuf rois
« que j'ai déjà conquis. Puis tu me donneras ta
« barbe; car j'en ai besoin pour les attaches
« de mon manteau. » — Artus répondit : « Le
« jeu que tu proposes n'est pas égal entre nous.
« Vaincu, tu retournes en ton pays aussi puis-
« sant que tu en es sorti; et moi, si tu es vain-
« queur, je dois te faire hommage de mes ter-
« res. Deviens mon homme si la fortune me
« favorise, et je consens à devenir le tien si tu
« demeures victorieux. — Eh bien, soit! je
« consens, » dit le roi Rion, trop assuré de
vaincre pour refuser rien de ce que le roi de
Logres demandait.

Ils firent reculer à une certaine distance les deux armées, et s'élancèrent l'un contre l'autre de toute la vigueur, de toute l'impétuosité de leurs chevaux.

Ils se rencontrèrent assez rudement pour que le fer des deux lances traversât l'écu opposé; le haubert résista. Quand les lances eurent volé en éclats, ils mirent la main aux épées, frappèrent sur les heaumes à coups redoublés, rompirent les cercles d'or, les fleurons, et éparpillèrent les pierreries dont les vertus avaient été souvent éprouvées. Les mailles jonchèrent la terre; le sang jaillit sous la pointe des fers; des deux écus à peine restait-il de quoi couvrir leurs poings, si bien que, jetant ces derniers morceaux à terre, ils prirent des deux mains leurs épées, martelant de nouveau les heaumes et les hauberts, pénétrant dans les chairs sanglantes et palpitantes. Bien leur valut d'être harassés de fatigue, car, dans l'état où se trouvaient leurs armes, haubert, heaume et écu, le moindre coup les eût navrés à mort.

Rion, le premier, voyant qu'il avait rencontré un champion plus rude que tous ceux auxquels il avait eu jamais affaire, dit : « Roi Artus,
« ce serait grand dommage d'abréger tes jours :
« car, je l'avoue, je n'ai jamais trouvé d'aussi
« vaillant chevalier. Et comme je crains de te
« voir courir à la mort avant d'avouer ta dé-
« faite, je te prie, par l'intérêt que je te porte,
« de t'avouer vaincu, pour ne me pas con-
« traindre à te tuer. Voici mes conditions : tu
« me donneras ta barbe : elle aura plus de prix
« à mes yeux, si je l'obtiens sans être achetée
« au prix de ta vie. »

Artus, au lieu de répondre à ces offres insolentes, courut sur Rion en levant des deux mains sa grande épée Marmiadoise ; il espérait la faire tomber d'aplomb ; Rion esquiva le coup, mais sans grand profit pour lui, car la lame brûlante porta sous le heaume, lui trancha le nez et descendant plus bas atteignit le cou du cheval qu'il sépara du poitrail. Le Danois tomba :

avant de lui donner le temps de se relever, le terrible Artus l'atteignit sur l'épaule gauche et enfonça la longueur de deux doigts de son arme dans les chairs. Rion se dresse un instant, puis retombe; Artus s'élance de cheval, met un genou sur lui, frappe à coups redoublés sur son heaume, le détache, l'ouvre, et haussant l'épée : « Roi Rion, rends-toi, ou tu es mort.
« — J'aime mieux la mort que la honte. » A ces mots, Artus n'hésite plus et lui tranche la tête à la vue des deux armées qui couvraient la prairie. On comprend la douleur des uns, la joie des autres. Artus fut ramené en triomphe dans Caroaise, et, pendant qu'on visitait ses plaies, que les mires assuraient qu'il n'y en avait aucune de mortelle, les vassaux du roi Rion se rendaient près du prince victorieux, lui faisaient hommage de leurs terres et le reconnaissaient pour leur suzerain. Ils retournèrent ensuite à la mer, emportant à grande douleur dans leurs vaisseaux le corps du redouté Rion. Pour Artus, après quelques jours de repos auprès du roi Leodagan, il donna congé à ses hommes et revint à Kamalot avec Gauvain, Merlin et les compagnons de la Table ronde. De là, il se rendit à Logres, où le prophète annonça que de longtemps il n'aurait besoin de son service et de sa présence à la cour. « Ah! Mer-
« lin! » fit le roi, « ne parlez pas ainsi; vos

« conseils me seront toujours nécessaires ; mais
« quels nouveaux dangers pourrons-nous encore
« courir ? — Je vous le dirai : quand le lion, fils
« de l'ourse et du léopard, menacera le royaume
« de Logres. » Après ces mots, Merlin s'éloigna, laissant le roi tout inquiet des paroles qu'il venait d'entendre, et dont il ne pouvait deviner le sens.

XI.

VOYAGE DE MERLIN A JÉRUSALEM. — LE NAIN ARMÉ CHEVALIER PAR ARTUS. — MESSAGE DE L'EMPEREUR DE ROME. — ARTUS EN GAULE. — LE GÉANT DU MONT SAINT-MICHEL.

Merlin n'était si pressé de laisser la cour d'Artus que pour faire un voyage en Syrie dont il eût, à notre avis, pu se dispenser. C'est là sans doute un épisode qui n'a rien de gallois ou de breton : les arrangeurs, le trouvant dans quelque lai particulier, l'auront cousu tant bien que mal à la trame de leurs récits.

Il était sorti du palais de Kamalot d'un pas

si rapide qu'aucun cheval n'aurait pu le suivre; il s'était perdu dans la forêt aventureuse, avait gagné le rivage de la mer, et de là, sans barque ni rames, il était arrivé le même jour à Jérusalem.

Flualis était roi de la contrée. Prince de grand renom parmi les Sarrasins, il venait de rassembler tous les sages de ses États et des États voisins, pour leur demander l'explication d'un songe : « L'autre nuit, » leur dit-il, « je
« m'endormis en croyant tenir la reine entre
« mes bras, quand tout à coup il me sembla voir
« deux serpents ailés à têtes épouvantables, dont
« les gueules jetaient de grands brandons de
« feu. L'un des serpents s'attachait à moi,
« l'autre à la reine ; ils nous portèrent sur la
« pointe de mon palais, dépecèrent nos bras et
« nos jambes et les répandirent çà et là. Alors
« vinrent huit serpenteaux, et chacun d'eux
« saisissant les autres parties de notre corps,
« les portèrent au sommet du temple de Diane,
« où ils les découpèrent en petits morceaux.
« Cependant les deux grands serpents rédui-
« saient en flammes le palais; la cendre de nos
« deux corps que le feu avait dévorés était par
« le vent transportée par-delà la mer, disséminée
« dans maintes villes en parcelles plus ou moins
« grandes. Tel est le songe qui m'a visité : s'il
« est quelqu'un de vous qui puisse m'en donner

« l'explication, je lui promets ma fille en ma-
« riage et la succession de mon royaume, s'il
« n'est pas marié; s'il est marié, il peut au
« moins compter sur le bail et le gouvernement
« de mes terres. »

Comme les sages cherchaient à deviner le sens de ce songe, et qu'en dépit de leurs veilles et de leur science ils ne trouvaient rien de satisfaisant, voilà qu'une voix se fait entendre du milieu de la salle, sans qu'on pût voir d'où elle partait. C'était la voix de Merlin, lui-même demeurant invisible : « Flua-
« lis, » dit-il « je vais t'apprendre le sens de ton
« songe. Les deux serpents dont les quatre
« têtes lançaient des flammes représentent deux
« princes chrétiens, tes voisins, qui doivent
« mettre ton palais en charbon. Les serpents
« vous ont porté, toi et la reine, sur la pointe
« du palais, parce que ces princes réduiront ta
« terre en leur pouvoir jusqu'aux portes de ce
« palais. Ils vous dépeçaient les membres, pour
« indiquer que tu dois t'arracher à la mauvaise
« loi sarrasine et confesser la vraie croyance.
« Quant aux huit serpenteaux qui portaient vos
« membres au sommet du temple de Diane, ils
« représentent les huit fils de deux princes
« chrétiens qui détruiront ce temple, où vos
« enfants se seront réfugiés pour leur mal-
« heur. Les deux grands serpents laissaient

« le reste de votre corps sur la pointe du palais,
« parce que la reine et toi vous serez exaltés en
« sainte chrétienté. Votre palais était mis en feu
« parce qu'il ne doit rien rester de ce qui tou-
« che à la mauvaise loi sarrasine. Enfin vous
« étiez réduits en cendres parce que vous serez
« purifiés de vos péchés par l'eau du baptême.
« Pour la cendre de vos corps dispersée au-de-
« là des mers, elle représente d'autres enfants
« qui naîtront de vous et dont la bonne renom-
« mée s'étendra par tout le monde. »

Nous sommes tentés d'excuser les sages de Syrie s'ils n'ont pu reconnaître le présage de tant d'événements inattendus dans le songe de leur roi.

Flualis fut témoin du meurtre de ses enfants dans le temple de Diane : le temple fut abattu, le royaume ruiné et dévasté. Son palais fut mis en cendres : la reine et lui furent chargés de fer, mais on leur conserva la vie. Ils apprirent les points de la loi chrétienne et demandèrent le baptême ; le roi garda son nom, la reine au lieu de Lubine voulut s'appeler Memicienne. Notre-Seigneur leur donna quatre filles au lieu des fils qu'ils avaient perdus. Elles épousèrent quatre nobles et loyaux princes chrétiens dont la postérité fut multipliée : l'aînée eut dix fils tous chevaliers, et huit filles ; la seconde, quatorze fils et trois filles ; la troisième, douze filles et cinq fils ; la quatrième, vingt-cinq fils et une fille. Toutes ces demoiselles se marièrent, tous les fils devinrent chevaliers du vivant de leur aïeul et de leur aïeule. Ils se vouèrent à la défense et à l'accroissement de la loi chrétienne. Après avoir tué grand nombre de païens et baptisé les autres, ils passèrent en Espagne, par-devers Galice et Compostelle, où ils continuèrent à tuer ou convertir les Sarrasins. Le roi Flualis, qui les avait suivis en Espagne, y mourut et fut enterré dans une ville que l'on appelait Nadres en ce temps-là. Puis tous retournèrent en Syrie, soumirent Jérusalem, étendirent leurs conquêtes sur toutes les terres de cette partie du monde. Les uns occupèrent Constantinople, les autres les quatre royaumes de Grèce, ceux-ci la Barbarie, ceux-là Chypre, trois enfin arrivèrent en Bretagne et se mirent au service du roi Artus, dont la renommée les avait attirés ; ils se firent un renom de prouesse, mais ne vécurent pas leur âge. Les deux premiers furent tués dans une bataille livrée par Lancelot du Lac au roi Claudas, et le troisième dans la grande bataille livrée par Mordret au roi Artus. C'est là du reste ce qu'on pourra retrouver dans le livre de Lancelot.

Merlin, après avoir ainsi parlé, sans daigner se montrer à ceux qu'il laissait dans la plus grande surprise, se transporta dans les Gaules, entraîné par le désir qu'il avait de passer quelques jours dans les bras de Viviane. Il fut reçu avec de grands témoignages de tendresse. Viviane l'aimait véritablement, tout en ne voulant pas lui sacrifier sa virginité. Pour accorder ce double sentiment, elle avait, comme nous avons dit, fait un charme sur l'oreiller où Merlin posait sa tête, et ce charme lui représentait en songe les plaisirs qu'il croyait devoir à la tendresse de son amie. Merlin, son histoire nous en est garant, n'eut de commerce charnel avec aucune femme, bien que jamais homme ne les aimât tant que lui. Il y parut assez par l'abandon qu'il fit à Viviane de tous ses secrets, de celui-là même dont elle devait tirer contre lui un si fatal avantage.

De la forêt de Broceliande, Merlin se rendit en Northumberland près de Blaise. Après avoir fait un assez long séjour dans la forêt, il reparut encore à Logres. Son retour fut l'occasion d'une grande fête, tous les barons du royaume honorant à qui mieux mieux celui qui avait si bien mérité de la nation bretonne. En ce temps-là vint à la cour une demoiselle de grande beauté, montée sur une mule fauve, et tenant devant elle le nain le plus contrefait, le plus laid qu'on puisse imaginer. Il était camus et boursouflé, avait de longs sourcils roux et recoquillés;

la barbe noire tombant jusque sur la poitrine, les cheveux hérissés, les yeux enfoncés dans la tête, les épaules hautes et rondes, une bosse devant, une autre derrière ; la main grosse et les doigts courts, les jambes tortues, l'échine longue et pointue. Pour la pucelle, elle était jeune et belle, et l'on ne pouvait se lasser de la regarder. Elle sauta légèrement, descendit son nain sous le pin qui se trouvait au milieu de la cour, et attacha sa mule au tronc : puis, prenant le nain par la main droite, elle monta dans la salle où se tenait le roi assis à table, et salua de la meilleure grâce du monde. Le roi lui ayant rendu son salut, elle parla ainsi :

« Sire roi, je viens vers vous de très-loin sur
« la renommée qui court de vous par le monde ;
« c'est pour vous demander un don : car on a
« répandu le bruit que vous ne refusiez jamais
« la demoiselle qui vous adressait requête.
« Veuillez bien prendre garde à ne me rien pro-
« mettre que vous ne soyez prêt à tenir en toute
« rigueur.

« Demoiselle, » répondit Artus, « deman-
« dez ce que vous voudrez ; s'il dépend de moi
« sans aller contre l'honneur de mon royaume, je
« vous l'accorderai.—Le don que je souhaite ne
« peut que tourner à l'honneur de vous et du pays.
« — Parlez donc, » reprit le roi, « vous ne serez
« pas éconduite.

— « Sire, je suis venue pour vous prier
« d'armer chevalier mon ami, que je tiens par
« la main ; il est digne d'un tel honneur par sa
« prouesse, sa hardiesse et son gentil lignage.
« Il n'eût tenu qu'à lui d'être adoubé de la main
« du roi Pelles de Listenois, dont la prud'homie
« est assez connue; mais il a fait serment de ne
« recevoir ses armes que de vous, et je viens
« vous prier de le contenter. »

Alors, il n'y eut personne dans la salle qui pût se défendre de rire, et Keu le sénéchal dont l'habitude était de railler et gaber les gens dit : « Demoiselle, tenez-le de court, qu'il
« ne vous échappe et que l'une des dames qui
« entourent madame la reine ne vous l'enlève, à
« cause de sa grande beauté. — Sire, » répondit la demoiselle, « je suis rassurée sur ce point
« par la prud'homie du roi, qui ne souffrirait pas
« que personne m'en fît tort. — Assurément,
« demoiselle, » dit Artus. — « Faites donc, sire
« roi, ce que je vous ai demandé. — Volontiers. »

Alors entrèrent dans la cour du palais deux écuyers montés sur roncins forts et élancés. L'un portait suspendu à son cou, par une guiche d'or battu, un écu au champ noir à trois léopards d'or couronnés d'azur. L'épée était attachée à l'arçon de la selle. L'autre menait en laisse un petit destrier bien taillé, dont le frein était d'or et les rênes de soie. Ils chassaient en avant deux sommiers, chargés de beaux et riches coffres. Quand ils furent descendus sous le pin, ils attachèrent leurs chevaux, défermèrent les coffres et en tirèrent un haubert blanc comme la neige, à doubles mailles d'argent, avec un heaume d'argent doré; ils entrèrent dans la salle où mangeait le roi et s'arrêtèrent près de la demoiselle. « Sire, » dit celle-ci, « voici « les armes dont mon ami sera revêtu; ne tardez « plus, je vous prie, car j'ai déjà trop longtemps « demeuré.—Prenez auparavant place au man- « ger, demoiselle. — Non, non; je ne mangerai « pas avant que mon ami soit chevalier. »

La demoiselle laissa sa main dans celle du nain, tant que le roi fut à table. Quand les nappes furent ôtées, elle tira de son aumônière un éperon d'or enveloppé dans un drap de soie; puis elle dit au roi : « Sire, dépêchez-moi : j'attends depuis longtemps. » Keu s'étant avancé dans l'intention de lui chausser l'éperon droit : — « Gardez-vous-en, sire chevalier, » dit la demoiselle; « nul autre ne doit mettre sur lui « la main que le roi Artus, qui s'y est engagé; « mon ami est de trop haute condition pour « être touché d'une main non royale.—Dieu me « garde! » dit Artus en riant, « vous avez raison. » Alors il lui chaussa l'éperon droit, ceignit l'épée, attacha le haubert et laça le heaume. Et, quand il fut armé, il lui donna la colée en disant :

« Dieu te fasse prud'homme! » mots qu'il avait coutume de prononcer en armant tous les nouveaux chevaliers. — « Mais, sire roi, » dit la demoiselle, « ne ferez-vous rien de plus ? — « J'ai fait, il me semble, tout ce que je devais. « — Vous ne lui avez pourtant chaussé qu'un « éperon ; que dois-je faire de l'autre ? — « Vous le lui attacherez vous-même ; autre- « ment il ne serait pas votre chevalier. — De- « mandez-lui donc s'il veut bien le permettre. « — Je vous en prie, chevalier, » dit gracieusement Artus. — « Je l'accorde, » répond le nain, « mais pour l'amour de vous. »

L'éperon gauche attaché par la demoiselle, ils prirent congé du roi. On leva le nain couvert de ses armes sur le destrier, la pucelle remonta sur sa mule et donna congé aux écuyers qui les avaient accompagnés. Pour elle et le nain, ils entrèrent dans la grande forêt aventureuse, où notre conte les abandonne pour revenir au roi Artus.

Il s'entretint longtemps en riant de cette visite inattendue : les chevaliers de la cour ne comprenaient pas comment une si belle demoiselle avait pu donner son amour à une créature si laide et si chétive. « En vérité, » dit la reine, « je ne puis revenir de ma surprise. Il faut qu'il « y ait là quelque fantôme qui lui trouble l'es- « prit. — Non, » dit Merlin, « elle sait que le

« nain est d'une laideur extrême, mais elle sait
« aussi qu'il n'y a pas de notre temps pièce
« de chair plus hardie, plus intrépide. C'est,
« comme elle, un fils de roi et de reine, et la
« grandeur de son courage l'emporte à ses yeux
« sur l'excès de sa laideur. Je n'avais jamais vu
« cette demoiselle; mais je sais qui elle est et
« comment on la nomme : vous pourrez bientôt
« apprendre vous-même toute la vérité sur le
« nain qu'elle conduit, et vous en éprouverez
« à la fois deuil et joie. Mais le moment n'est
« pas venu de vous instruire de tout cela : d'au-
« tres soins vont appeler votre attention, car
« Lucius, empereur de Rome, vous a envoyé des
« messagers qui dans ce moment franchissent la
« porte du palais, descendent sous le pin et vont
« monter les degrés de la salle. »

Merlin avait à peine cessé de parler qu'on vit entrer douze princes richement vêtus de draps de soie. Ils s'avancèrent deux à deux, se tenant par la main. Chacun portait un rameau d'olivier, indice de leur office de messagers. Arrivés devant le roi Artus qui siégeait entouré de tous ses barons, ils ne saluèrent pas et dirent :
« Roi Artus, nous sommes douze princes de
« Rome, envoyés vers toi par l'empereur Lu-
« cius. » Puis un d'eux tendant une charte enfermée dans un drap de soie : « Roi Artus, » dit-il, « donne à lire cette charte; tu verras et

« entendras ce que notre sire l'empereur Lu-
« cius exige de toi. » Le roi prit la charte, la remit
à l'archevêque Dubricius, homme sage, religieux et de bonne vie. Le prélat, l'ayant attentivement lue, en rendit ainsi les termes (1) :

« Moi, Lucius, empereur, seigneur et maître
« de Rome et des Romains, fais savoir à mon en-
« nemi le roi Artus ce qu'il a mérité par sa con-
« duite envers moi et la puissance romaine. Je
« suis non moins indigné que surpris de voir un
« orgueilleux Breton lever la tête contre Rome.
« Comment n'as-tu pas craint de courroucer la
« maîtresse du monde, tant que tu me savais en
« vie? Tu apprendras bientôt ce qu'on gagne à
« ne pas nous rendre ce qu'on nous doit, à pous-
« ser l'insolence jusqu'à refuser le tribut qui
« nous appartient. Avant de tolérer une telle
« négligence, on verra le lion fuir devant la
« brebis, le loup redouter la dent des che-
« vreaux, et le lièvre poursuivre les chiens ; car
« n'es-tu pas devant nous ce qu'est la brebis
« devant le lion, le chien devant le lièvre ? De-
« puis que Julius César a conquis la Bretagne,
« Rome a reçu le tribut des Bretons ; et c'est

(1) Ce discours, cette ambassade, la réponse d'Artus
et les principales circonstances de la guerre contre les
Romains sont empruntés à Geoffroy de Monmouth. Les
assembleurs ont remplacé la rédaction la plus ancienne
par cette fin du *Livre d'Artus*.

« pour avoir osé te soustraire à cette loi que
« Rome te somme aujourd'hui de faire droit, et
« de comparaître devant nous au prochain jour
« de la Nativité. Si tu ne tiens pas compte de
« notre bon plaisir, je t'enlèverai la Bretagne
« et toutes les terres que tu possèdes ; l'été pro-
« chain, je passerai les monts avec une armée
« que tu chercheras à éviter, mais qui saura
« bien te trouver et te conduire à Rome, pieds
« et poings liés. »

La lecture de ces lettres produisit un grand mouvement dans la salle ; les messagers auraient eu peine à défendre leur vie, si le roi n'eût modéré l'irritation commune, en rappelant les égards dus aux messagers qui ne font que leur devoir en transmettant les paroles et les écrits de ceux qui les envoient. Puis il invita les princes et barons à passer dans une autre chambre pour y tenir conseil et décider ce qu'il fallait répondre aux messagers. Un preux chevalier, nommé Cador (1), dit que le moment était venu d'employer mieux le temps qu'ils ne faisaient, et de ne plus passer les journées à rire, folâtrer avec les dames. « Ces messagers de Rome vont, « grâce à Dieu, réveiller le cœur des Bretons. — « Cador, » repartit Gauvain, « la paix est la paix,

(1) Geoffroy de Monmouth en avait fait un duc de Cornouaille.

« la guerre est la guerre. Les ébats sont bons
« dans l'attente des combats; les jeux, les plai-
« sirs, les entretiens avec les dames et demoi-
« selles, encouragent les chevaliers à montrer
« hardement et prouesse. »

Artus, ayant fait asseoir tous ses conseillers, parla ainsi :

« Amis et compagnons de ma bonne et de ma
« mauvaise fortune, qui m'avez suivis dans
« maintes guerres et m'avez si bien aidé à chas-
« ser de nos terres les étrangers, vous venez
« d'entendre ce que les Romains nous mandent;
« vous n'en avez pas été moins indignés que
« moi. Ils veulent avoir le tribut de Bretagne
« et des îles qui dépendent de ma couronne;
« ils disent que César les conquit par force et
« qu'il n'y trouva pas de résistance. La force
« n'est pas le droit; ce que la violence ravit, la
« justice le doit reprendre. Ils nous rappellent
« les hontes et les maux qu'ils nous ont causés;
« autant de raisons pour nous de les haïr et de
« leur rendre les maux qu'ils nous ont faits. Ils
« ont imposé tribut à nos pères, nous leur de-
« manderons tribut à notre tour. Nous avons
« assurément autant de motifs de réclamer
« Rome qu'ils en ont de réclamer Bretagne.
« Belinus, roi des Bretons, et son frère Brennus
« ont jadis conquis Rome, et bien plus, à la vue
« de leurs alliés, ils ont mis aux fourches qua-

« torze de leurs otages. Après eux, notre roi
« Constantin fut empereur de Rome ainsi que
« Maximien. Ainsi vous pouvez conclure qu'é-
« tant des parents de ces empereurs, j'ai sur
« Rome les mêmes droits que sur la Bretagne.
« Ils ont reçu nos tributs, nous avions aupa-
« ravant reçu les leurs : ils réclament la Breta-
« gne, moi je réclame Rome. Telle est ma
« pensée, dites si elle répond à la vôtre. »

Le discours du roi fut accueilli avec des transports de joie. Tous conseillèrent de mander ceux qui de près et de loin étaient tenus aux Bretons, et de se mettre avec eux sur le chemin de Rome. « Souvenons-nous, » disaient-ils, « que la Sibylle a prophétisé que
« trois Bretons seraient tour à tour les maîtres
« de Rome. Belinus a été le premier, Constan-
« tin le second, Artus doit être le troisième. »
Artus alors revint dans la salle où l'attendaient les messagers : « Retournez, » leur dit-il, » vers
« celui qui vous a envoyés : dites-lui que, mes
« ancêtres ayant conquis Rome à deux repri-
« ses, nous voulons qu'on leur rende l'ancien
« tribut qu'ils avaient imposé ; et, pour punir
« les Romains de leur négligence à s'acquitter
« d'un aussi saint devoir, nous allons mar-
« cher sur Rome, pour les mettre à raison. »
Les messagers écoutèrent en silence : ils reçurent de beaux présents du roi, se remirent en

route et raportèrent à l'empereur les paroles qu'ils avaient entendues. Lucius ne put les écouter sans rougir et pâlir de colère. Aussitôt il rassembla une armée formidable, passa le Montjeu, descendit en Bourgogne et vint établir son camp dans les plaines voisines de la grande ville d'Autun.

De son côté, Artus n'eut pas besoin d'écrire ses brefs aux princes et barons de ses domaines: Merlin s'était chargé de les mander, et moins d'une journée lui avait suffi pour avertir les rois d'Orcanie et de Carmelide, les barons d'Irlande et des Iles lointaines de se trouver à huit ou quinze journées de là, les uns devant Logres, les autres au pied du Montjeu. Artus se rendit à Douvres, passa la mer, arriva à Barfleur et tendit ses pavillons le long du rivage.

Le lendemain, ils venaient de lever le camp et continuaient leur marche, quand la nouvelle se répandit d'un géant venu d'Espagne, terreur du pays qu'il avait rendu désert. Tous les habitants, hommes et femmes, s'étaient dispersés çà et là comme troupeaux égarés, pour échapper à sa rage affamée. Il avait transporté une gentille demoiselle, nièce du comte Hoel de Nantes, dans son repaire, au sommet d'une grande montagne que les flots de la mer enserraient deux fois par jour, et qu'on a nommé le Mont Saint-Michel, depuis qu'une chapelle et une église y ont été fondées. Personne n'était plus assez hardi pour aller combattre le géant ou même approcher de son repaire ; il avait écrasé tous ceux qui d'abord s'y étaient aventurés, avec des quartiers de roches qu'il détachait et faisait tomber sur leur tête.

Artus, à cette nouvelle, appella Keu le sénéchal et Beduer le boutillier ; il les avertit de préparer ses armes pour le moment du premier somme. Tous les trois, suivis de deux écuyers, s'avancèrent jusqu'au pied de la plus haute des deux montagnes ; le flux ne l'avait pas encore recouvert. Sur les deux sommets, ils virent les flammes d'un grand feu. Sur lequel des deux monts se tenait le monstre, rien ne l'indiquait. Artus dit à Beduer : « Allez à la découverte, « et revenez dès que vous aurez reconnu le « gîte de l'ennemi. » La mer gagnant le pied des roches, Beduer prit un batelet dans lequel il fit le tour de la première montagne, puis, sautant à terre, il entendit de grands gémissements qui lui firent craindre de se trouver bientôt en présence du géant. Mais, reprenant courage, il mit au vent son épée et gravit la hauteur d'où les gémissements semblaient partir.

Arrivé au sommet de la montagne, il aperçut, à peu de distance des flammes, une tombe nouvellement creusée. Une vieille femme aux habits déchirés, aux cheveux en désordre, était assise sur le bord, poussant des cris aigus auxquels se mêlait le nom d'Hélène. Quand elle aperçut Beduer : « Ah! malheureux! » cria-t-elle, « quel funeste sort t'amène ici! C'en est « fait de ta vie, si le géant t'aperçoit. Fuis avant « son retour ; c'est un démon qui ne connaît pas « la pitié. — Bonne femme, » répondit Beduer, « cesse un instant tes cris, et dis-moi d'où vient « le grand deuil que tu mènes. Qui repose sous « cette tombe ? — Hélas ! » répondit la vieille, « je pleure et regrette la noble et gentille Hé-« lène, la nièce du comte Hoel de Nantes. Je « l'avais nourrie de mon lait, elle était confiée « à ma garde et je l'ai déposée dans cette « tombe. Un vrai démon l'avait enlevée, et « je l'avais suivi par amour pour la demoiselle. « Il voulut apaiser sur Hélène sa brutale con-« voitise ; elle ne put supporter son étreinte, « et mourut étouffée dans ses bras. Tout ce « que j'ai pu faire a été de creuser une fosse « et de l'y déposer, en versant jour et nuit des « larmes sur elle. — Mais, » dit Beduer, « pour-« quoi demeurer ici? vous ne pouvez espérer « de lui rendre la vie. — Il est vrai ; mais, « chevalier, vous me semblez gentil et cour-« tois, je ne veux rien vous cacher. Quand ma « chère et tendre Hélène eut cessé de vivre, le « géant me fit demeurer pour lui tenir lieu, en « dépit de ma vieillesse, de celle que je pleure.

« Il éteint sur mon corps ses feux impurs, et
« Dieu sait avec quelle répugnance je me sou-
« mets à ces cruelles épreuves. Hélas! il ne
« s'éloigne jamais sans m'avoir meurtrie, en-
« sanglantée. Voyez sur la montagne voisine
« un grand feu : c'est là qu'il est en ce mo-
« ment, mais il ne peut tarder à venir. Éloi-
« gnez-vous, au nom du ciel, et laissez-moi à
« mon deuil et à ma mauvaise fortune. »

Beduer prit cette femme en grande pitié et la réconforta de son mieux, avant de retourner vers le roi, pour lui apprendre que le géant était sur l'autre montagne. Artus, profitant du rapide reflux de la mer, avança de ce côté et se prit à gravir. Il avertit ses compagnons de demeurer à quelque distance sans le perdre de vue, pour emporter son corps si le géant restait vainqueur.

Puis, l'épée dressée au poing, l'écu devant la poitrine, il s'avança, et se trouva bientôt à portée du géant, lequel, accroupi devant le feu, rôtissait une forte pièce de chair embrochée dans un bois de lance. Il en taillait les morceaux les mieux cuits et les dévorait avec une sorte de rage. Au bruit des pas du roi, il tourne la tête, et, voyant approcher un homme armé, il saute en pieds, laisse le feu, court prendre un jeune tronc de chêne qui lui servait de massue et que deux hommes auraient eu grand'peine à soulever. Il le dresse sur son épaule, s'avance vers Artus, et, quand il est à portée, brandit la massue pour lui écraser la tête : mais le roi fait un mouvement rapide de côté, et le géant manque son coup : en se détournant, Artus pensait lui donner de l'épée par le visage, mais Marmiadoise avait rencontré la massue, la pointe seule avait atteint les sourcils et pénétré dans la racine du nez : le sang, descendant alors sur les yeux, inonda le visage du géant qui ne vit plus goutte. Ce fut là ce qui causa sa perte : il avait beau frapper, la massue n'était plus entre ses mains qu'une arme défensive. Artus le labourait de son épée tout en se gardant de trop approcher, car c'en était fait de lui si le géant venait à le saisir. Ils restèrent ainsi longtemps sans arriver à s'entamer l'un ou l'autre. Le monstre perdit le premier patience ; il jeta sa massue à terre, courut à tâtons du côté où il entendait marcher. Artus reculait, avançait, se détournait et portait de vigoureux coups ; mais la peau d'un serpent, cuirasse impénétrable, défendait le géant contre le tranchant de Marmiadoise.

Enfin, à force de tâtonner çà et là, le colosse saisit le bras d'Artus et se crut maître de sa vie ; il l'aurait en effet aisément étouffé, sans la légèreté merveilleuse du Roi, qui tant se débattit qu'il échappa de ses mains, tout froissé, tout meurtri. Après un moment d'arrêt, il revint à la charge, et l'acier de l'épée s'ouvrit un passage dans l'épaule droite : l'énorme bras demeura sans mouvement, mais la peau de serpent ne fut pas même entamée. Cependant le géant, de plus en plus inondé de sang, avait beau porter les mains sur ses yeux et les essuyer, il ne pouvait qu'entrevoir çà et là l'ombre du Roi : alors il s'élançait, grinçant les dents, de ce côté, Artus l'esquivait sans trop de peine et continuait à le frapper et d'estoc et de lame. A force de tourner et de s'agiter, le géant revint à l'endroit où il avait laissé sa massue; il la reprit et courut où son oreille l'avertissait que devait se trouver le Roi. L'escrime recommença et, se prolongeant, le mit dans la plus furieuse rage. Enfin il entrevit encore son adversaire, il se jeta sur lui, le saisit des deux bras, et le serra de telle force que peu s'en fallut qu'il ne lui broyât l'échine. Tout en le serrant, il coulait la main le long du bras d'Artus pour lui arracher son épée; le Roi, devinant son intention, laissa tomber Marmiadoise; le géant entendit le son qu'elle rendit en tombant, et, du bras qui n'étreignait pas le Roi, voulut la saisir. Artus profita du moment où il se penchait et fit pénétrer dans l'aine un des javelots qu'il avait à la ceinture; la douleur que le monstre ressentit lui arracha un cri terrible; il fléchit, il tomba à terre. Alors Artus reprit

Marmiadoise, revint sur lui, souleva sa cuirasse, et lui plongea dans le corps le fer brûlant. On entendit un profond mugissement, ce fut le dernier soupir du monstre.

Keu et Beduer s'étaient assez avancés pour être témoins du combat et pour en voir la fin. Ils accoururent, témoignant la plus grande joie du monde. Ils ne revenaient pas de leur surprise en mesurant la grandeur du géant. Le Roi dit au boutillier de couper la tête et de la rapporter au camp; puis, allant vers les écuyers qui gardaient les chevaux, ils remontèrent au moment où le flot se retirait pour la seconde fois. Ils arrivèrent au camp et furent accueillis ainsi que vous pouvez imaginer.

[Cette histoire du combat d'Artus contre le géant du mont Saint-Michel est encore empruntée à Geoffroy de Monmouth. Est-elle d'origine bretonne? la désignation exacte du lieu de la scène semblerait le faire croire; mais d'un autre côté, elle offre tant de rapport avec la légende de Cacus, tué par Hercule, qu'on a quelque droit de conjecturer que le savant clerc Geoffroy de Monmouth avait bien pu la prendre dans Ovide : dans tous les cas, le romancier de la Table ronde ne l'eût pas, sans Geoffroy, introduite dans son ouvrage. Mais remarquez la singulière analogie des deux histoires. Les deux géants viennent d'Espagne,

Les flammes que Cacus exhale de son corps répondent aux feux allumés à l'endroit où l'autre se tenait. Le mugissement des bœufs révèle le repaire de Cacus, les cris et les pleurs de la nourrice mettent Artus sur les traces du ravisseur d'Hélène. Tous deux habitent au sommet d'une montagne, et tous deux perdent la vue par un heureux coup de leur ennemi. Dans une étude sur la légende mythologique de Cacus, M. Bréal a d'ailleurs fort bien démontré qu'une tradition analogue avait pu pénétrer dans plusieurs contrées. Ainsi les Celtes ou Bretons, comme les Étrusques, purent avoir leur géant, fléau des campagnes, dont un héros les aurait délivrés.]

XII.

GAUVAIN CHARGÉ D'UN MESSAGE VERS L'EMPEREUR. — BATAILLE DE LANGRES. — DÉFAITE DES ROMAINS. — LE CHAT DE LAUSANNE.

La montagne où le géant venait d'être vaincu reçut, à partir de ce jour, le nom de Tombe-Élaine, qu'il conservera toujours. Grande fut l'admiration des Bretons en apprenant qu'Artus était allé combattre et qu'il avait tué le monstre dont Beduer rapportait la tête. Dès le jour même, Artus posa sur la rivière d'Aube les fondements d'un château qui devait servir de repaire aux Gaulois, si la guerre se prolongeait.

Mais, avant de marcher au-devant des Romains, on convint d'envoyer un message, en échange de celui que le roi Artus avait reçu de l'Empereur. Le choix tomba sur messire Gauvain, sur Yvain de Galles et Sagremor de Constantinople dont on connaissait la prud'homie, la vaillance et la courtoisie. « Beau « neveu, » dit Artus à Gauvain, « vous con- « naissez les Romains, car vous avez jadis été « à Rome (1); vous direz à l'Empereur qu'il ait « à quitter les Gaules; elles sont aujourd'hui

---

(1) Ces derniers mots ne sont pas dans tous les manuscrits, par exemple dans le n° 206, Notre-Dame. Ils sont le fait des arrangeurs; car le séjour de Gauvain à Rome est en contradiction avec le précédent récit de l'enfance du héros et de son adoubement par Artus. Mais Geoffroy de Monmouth (livre IX, ch. 11) avait parlé de ce voyage. « Lors de la conquête de la « Norwége par Artus, Gauvain, » dit-il, « âgé de douze « ans, se trouvait à Rome, au service du pape Sup- « plice (ou Simplice), qui l'avait armé chevalier. — « Gauvain, » dit Wace à son tour, « revenait alors de « Rome, où le pape S. Sulpice lui avait donné des « armes. Son père l'avait envoyé à Rome pour ap-

« de ma couronne et non plus de la sienne. En
« cas de refus, vous lui proposerez de remettre
« au sort d'une bataille la décision de notre que-
« relle. ». Les messagers lacèrent les heaumes,
endossèrent les hauberts, ceignirent les épées,
et montèrent, la lame au poing, l'écu rejeté
sur le dos. Ils passèrent monts et vallées, et
arrivèrent au camp de l'Empereur, dans les
plaines de Langres. Les Romains sortaient de
leurs tentes pour les voir et demander s'ils ne
venaient pas implorer la paix. Sans daigner
leur répondre, Gauvain et ses deux compagnons
parvinrent jusqu'à la tente de l'Empereur et
descendirent, en laissant leurs chevaux aux
écuyers. Gauvain s'adressant alors à Lucius :

« Nous sommes envoyés par le roi Artus,
« notre seigneur lige, et voici le message dont
« il nous a chargés : il mande, et nous te di-
« sons pour lui, que tu aies à quitter la terre
« de Gaule, pour n'y remettre jamais les pieds.
« France est de sa couronne, il la tient, la
« tiendra et la défendra comme son propre

« prendre. » Enfin, Robert de Brunne, cité par sir Frédéric Madden :

« Loth sonne, syr Wawan,
« Had bene at Rome to remayn,
« With Supplice the pope to wonne,
« Honour to lete, langage to konne. »

« bien ; et, si tu prétends y rien réclamer, c'est
« par bataille qu'il conviendra de le faire.
« La force des armes l'avait donnée aux Ro-
« mains, la force des armes les en a dépouil-
« lés. C'est maintenant aux armes à décider
« entre les anciens et les nouveaux conqué-
« rants. »

L'Empereur eut peine à contenir sa colère
en entendant de telles paroles. « Assurément, »
dit-il, « la terre de Gaule est de mon domaine,
« et je ne la céderai pas. Si les Bretons l'ont
« injustement surprise, je saurai la reprendre,
« et dans un temps prochain. » Près de
l'Empereur se tenait un sien neveu, nommé
Quintilius, impatient de contradiction : irrité
de la fierté des messagers, il s'avisa de dire :
« Je reconnais bien ici les Bretons : lents à
« l'action, prompts à la menace. » Il en eût
dit davantage, mais Gauvain ne lui en laissa
pas le temps. Il leva son épée, et d'un seul
coup lui sépara la tête du corps. « Maintenant,
« à cheval ! » cria-t-il à ses compagnons. Et,
sans prendre congé, ils sortent de la tente et
remontent, les écus au cou, les lances dressées.
« Arrêtez-les ! arrêtez-les ! » criait l'Empereur ;
« qu'ils ne nous échappent pas, qu'ils paient
« leur insolence ! » De toutes parts on entendit :
« Aux armes ! aux chevaux ! courez, arrêtez-
« les ! » Cependant les messagers gagnaient du

chemin. Un des Romains, mieux monté et plus richement armé, avait devancé tous les autres ; il criait : « Retournez ! retournez ! « c'est couardise à vous de fuir. » Yvain, ramenant son écu sur sa poitrine, brandit sa lance, tourne brusquement son cheval court sur le chevalier et lui fait vider les arçons. « Ah ! » dit-il, « votre cheval était trop vif ; « que n'en preniez-vous un plus sage ? » A l'exemple d'Yvain, Sagremor tourne et fond sur un second chevalier, lui plonge sa lance dans la bouche entr'ouverte ; le fer reste fiché dans la gorge, le chevalier tombe comme s'il eût avalé le glaive. « Voilà, » dit Sagremor, « de quels morceaux je vous nourris ; restez là, « chevalier, pour avertir les autres du chemin « que nous prenons. » Un troisième Romain accourait à force d'éperons, c'était Marcel, un des premiers barons de Rome ; il avait promis à l'Empereur de ramener Gauvain mort ou vif. Quand Gauvain le vit à portée de cheval, il tourna vivement et de sa bonne épée mit à jour sa cervelle et le fendit jusqu'aux épaules. « Marcel, » lui cria Gauvain, « ne manquez pas, en enfer, de dire à Quinti- « lius que les Bretons savent encore mieux « faire que menacer. » Puis revenant à ses compagnons : « C'est assez maintenant, » dit-il, « d'avoir abattu chacun le nôtre ; laissons bruire

« et crier la meute tout à son aise. » Ils donnèrent chacun un dernier coup de lance, puis laissèrent courir derrière eux les Romains, lançant dards et carreaux, mais n'osant arriver jusqu'à portée de leurs glaives. Un seul chevalier romain, cousin de Marcel, leva son épée sur monseigneur Gauvain; Gauvain le prévint en séparant son bras de l'épaule : le bras retomba, l'épée serrée dans la main. Les Bretons gagnèrent un bois sur lequel était appuyé le château neuf d'Artus. Or six mille Bretons, prévoyant la poursuite des Romains, s'étaient avancés jusque-là pour soutenir les messagers. De leur côté, les Romains s'étaient hâtés de faire avancer une armée formidable; si bien que, peu à peu, la campagne fut couverte de bataillons acharnés les uns contre les autres. Les Romains, conduits par un preux et hardi chevalier nommé Petreius, soutinrent longtemps avec avantage l'effort des Bretons. Les grands coups de Yder, fils de Nut, de Gauvain, de Sagremor et d'Yvain n'auraient pas suffi pour décider la victoire, si Petreius, abattu de cheval en même temps que Sagremor, n'était pas demeuré prisonnier des Bretons. Alors, semblables à la nef qui a perdu son gouvernail, les Romains commencèrent à lâcher pied et à retourner vers le camp de l'Empereur. Petreius et les autres prisonniers furent présentés par Sagremor au roi Artus, et confiés aussitôt à la garde de Borel, de Cador, de Richier et de Beduer, pour être conduits à Benoyc.

Je ne suivrai pas tous les incidents de la guerre d'Artus contre les Romains : ils sont empruntés à Geoffroy de Monmouth ; on n'y voit de différence que dans la liste des guerriers qui prirent part aux luttes et contribuèrent au triomphe. Ainsi, les deux messagers, compagnons de Gauvain au camp de l'Empereur, sont, dans le conteur latin, Boson comte d'Oxford et Guerin de Chartres ; dans le roman c'est Yvain de Galles et Sagremor de Constantinople. Dans le combat livré par les Romains pour reprendre les prisonniers, le roman substitue Cleodalis, sénéchal du roi de Carmelide, à Guittar, duc des Poitevins. — La vallée, théâtre de la dernière bataille et située sur la ligne de Langres à Autun, est appelée *Suesia* par Geoffroy, *Seoise* ou *Ceroise* par le roman ; c'est, je pense, la vallée de Seyon. Aux rois et chefs admis par le latiniste, tels qu'Aguisel, roi d'Albanie ou d'Écosse, Loth, roi de Norwége (et non des Orcades), Hoel de Nantes, Gauvain, Keu et Beduer, le romancier joint Tradelinan de Norgalles, Escans de Cambenic, Urien de Galles, Yvain le Grand, Yvain l'Avoutre, Belinan de Norgalles, Nautre de Garlot, le roi des Cent chevaliers, Clarion de Northumberland, Karadoc d'Estrangore, Bohor de Gannes et Ban de Benoyc. Keu le sénéchal et Beduer le boutillier, blessés chez le romancier, avaient été tués chez Geoffroy de Monmouth, et ensevelis, le premier, au midi de Bayeux, le second, dans un ermitage situé au milieu d'un bois voisin de Chinon, ville précédemment fondée par Keu.

Les Romains entièrement vaincus, leur Empereur frappé d'un coup mortel par Gauvain dans un second combat (1), il semblait qu'Artus et ses Bretons devaient poursuivre leurs conquêtes jusqu'à Rome, à l'exemple de leurs ancêtres Belinus et Brennus. Mais tel ne fut pas l'avis de Merlin. « Roi Artus, » dit-il, « vous
« n'irez pas à Rome et vous ne retournerez pas
« encore en Bretagne. Ces contrées ont besoin
« de vous. Vers le lac de Lausanne se tient un

---

(1) D'autres leçons (msc. 747, f° 220), modifiées par les assembleurs pour mieux reproduire le récit de G. de Monmouth, font mourir l'Empereur d'une flèche lancée par une main inconnue ; cette variante est en désaccord avec ce que le romancier a dit plus haut, p. 214. Il est vrai que là, l'empereur est Julius César, et ici c'est Lucius ; mais la faute en est encore aux assembleurs qui ne firent pas attention que Lucius, dans Geoffroy de Monmouth, n'est pas empereur, mais seulement *procurator*, dictateur ou consul de la République.

« démon, épouvante de la contrée ; il tue et
« dévore tous ceux qui l'approchent ; la campa-
« gne en est devenue déserte. — Comment, »
dit Artus, « personne ne l'a-t-il attaqué ? —
« Ce n'est pourtant qu'un chat, » dit Merlin, « mais un chat vomi par l'enfer, si grand,
« si horrible que sa vue seule est capable de
« donner la mort. — Dieu nous garde ! » dit
le Roi ; « comment une pareille bête a-t-elle
« pu venir en ce lieu ? — Je vais vous le dire.

« Il y a quatre ans, au temps de l'Ascen-
« sion, un pauvre pêcheur s'arrêta devant le
« lac voisin de Lausanne : quand il eut pré-
« paré ses engins, il promit à Notre-Seigneur,
« en jetant ses rets, de lui donner le pre-
« mier poisson qu'il prendrait. Il jeta, tira
« du lac un grand brochet qui valait bien vingt
« sous. — Oh ! » se dit-il, « le Seigneur Dieu
« ne tient pas au premier poisson. Je lui don-
« nerai le second. — Il rejeta ses filets, tira
« un second poisson, plus grand et bien plus
« rare. — Dieu, » dit-il, « s'est passé du pre-
« mier ; il peut attendre le troisième. — Notre
« homme renouvelle ses appâts, rejette ses
« filets, et cette fois il tire un petit chaton
« plus noir que mûre. — Ce n'est pas encore
« là, » dit-il, « un don pour le Seigneur Dieu,
« gardons-le ; il mangera les rats et souris de
« mon logis. — Et sans plus songer à son

« vœu, il rapporta le chat et le nourrit si
« bien, qu'en moins d'un jour la bête étrangla
« lui, sa femme et ses enfants, puis s'enfuit
« vers la montagne qui s'élève au-delà du lac.
« Là est son repaire, d'où il sort chaque jour
« pour mordre et dévorer ceux qu'il aperçoit.
« Allez de ce côté, c'est le chemin qui mène
« à Rome; il viendra sur vous, et, avec la grâce
« de Dieu, vous en délivrerez le pays. »

Artus fit replier les tentes et l'on se mit en marche. Ils arrivèrent sur les bords du lac de Lausanne, et trouvèrent le pays désert et sans culture. Arrivés dans une vallée bornée par la montagne où se tenait l'affreux démon : « Je veux, » dit Artus, « voir seul de mes yeux « cet ennemi d'enfer. » Merlin se tenait à quelque distance; il donna un coup de sifflet. Aussitôt le chat, encore à jeun, s'élança pour dévorer sa nouvelle proie. Artus le reçut à la pointe de son épieu; le chat en broya le fer dans ses dents et fit chanceler le Roi, qui ne voulut pas lâcher son glaive. A force de mordre, le chat détacha le fût, puis, ayant rejeté le fer de sa bouche sanglante, il s'élance sur Artus qui, laissant le tronçon du glaive, lève l'écu, en frappe rudement le monstre et le renverse sur le dos. Aussitôt relevé, le chat saute une troisième fois sur le Roi, mais la lame de Marmiadoise pénètre et entame l'os de la tête. De nouveau rejeté à terre, le chat recule de quelques pas, esquive le second coup de l'épée et d'un grand bond s'attache à l'épaule du Roi, y enfonce les ongles, pénètre jusqu'à la poitrine et fait jaillir un ruisseau de sang qu'il lape avidement, comme pour s'en désaltérer. Le Roi prend son temps, glisse l'écu sous le ventre du chat, tout en labourant de son épée son dos, sa croupe et ses flancs. Le monstre rompt les guiches de l'écu; Artus, retombé à genoux, les retient dans sa main. Heureusement les ongles du chat étaient engagés dans le haubert et l'y laissaient comme suspendu. Le roi, d'un grand coup de Marmiadoise, tranche les deux griffes, et le chat tombe à terre en poussant un horrible cri. Il s'accroupit sur les pattes de derrière, gueule béante, en rechignant des dents. Un second coup le fait bondir, et d'un saut il va se pendre aux joues d'Artus. Ce fut un moment de douleur aiguë qui n'empêcha pas le Roi de passer Marmiadoise sous le ventre du monstre qui, sentant le feu de l'acier, lâcha le visage et serait retombé à terre, si les deux pattes qui lui restaient ne se fussent embarrassées dans les mailles du haubert. Artus, d'un suprême effort, les tranche comme les deux autres. Le chat tombe, pousse un cri perçant et sautille de bonds en bonds jusqu'à l'entrée de la roche.

Artus avait eu le temps de le prévenir; il attendait le chat qui, tout affaibli, tout mutilé, trouve encore la force de s'élancer sur son adversaire. Mais il rencontre Marmiadoise, et l'épée pénétrant dans ses entrailles le fit retomber sans mouvement, pour ne plus se relever. Il était mort.

Merlin et les autres compagnons d'Artus accoururent : « Sire, comment vous est-il allé ? « — Bien, grâce à Dieu ! J'ai tué le démon qui « désolait ce pays; mais je n'eus jamais affaire « à si redoutable ennemi. J'avais eu moins « de peine avec le géant du Mont en péril de « mer, et je rends grâces à Notre-Seigneur de « m'avoir secouru dans un si grand danger. »

Ils regardèrent les pattes demeurées dans l'écu : jamais ils n'en avaient vu de pareilles. « Comment cette montagne avait-elle nom ? » demanda le Roi à Merlin. — « Ceux du pays « la nomment la Montagne du Lac, à cause du « lac dans lequel elle vient baigner ses pieds. « — Je veux, » dit Artus, « que le nom en « soit changé, et qu'on l'appelle désormais le « Mont du Chat. » C'est en effet ainsi qu'on la désigne aujourd'hui, et qu'on ne cessera de la nommer.

XIII.

RETOUR D'ARTUS EN GRANDE-BRETAGNE. — GAUVAIN ET LE LAID CHEVALIER. — QUÊTE DE MERLIN. — ENTREVUE DE MERLIN ET DE GAUVAIN.

RTUS, au retour de Lausanne, apprit que les chevaliers chargés de conduire les prisonniers romains à Benoyc, avaient été surpris et attaqués en route par les gens du roi Claudas, devant le château de la Marche, et auraient été forcés de les leur abandonner, sans l'arrivée inattendue de Pharien et de Leonce de Paerne. Il crut devoir demander raison de ce nouvel acte d'hostilité. Gauvain alla, par ses ordres, investir la Marche, et, quand il eut emporté cette forteresse, il en fit combler les fossés, abattre les tours et le donjon. Cette vengeance fut, comme on verra, l'occasion d'une nouvelle guerre entre le roi Claudas de la Déserte et les deux frères, Ban et Bohor. Quant aux prisonniers romains, Artus n'en voulut pas recevoir rançon; en leur rendant la liberté,

il leur fit seulement jurer de ne jamais porter les armes contre les Bretons. Il aurait prolongé son séjour dans la ville de Benoyc, sans la nouvelle qu'il reçut de la mort du roi Leodagan de Carmelide. Il se remit donc en mer, donna congé à tous ses barons et reparut à Logres, où il mêla ses larmes à celles de la reine Genievre.

Artus ne devait plus retourner en Gaule : il avait pour la dernière fois pris congé des deux rois Ban de Benoyc et Bohor de Gannes. Merlin l'avait encore suivi à Logres; mais, après avoir pris quelque temps sa part des entretiens de la cour, il demanda congé, et les prières d'Artus ne l'empêchèrent pas de déclarer qu'il s'éloignait pour ne plus jamais revenir. Un pouvoir irrésistible, plus grand que le sien, celui de l'amour, le ramenait, malgré toutes ses prévisions, dans la forêt de Broceliande, vers celle qui allait à jamais l'arrêter dans le cercle magique dont lui-même avait appris le secret. Ainsi devenait-il volontairement victime de celle qu'il aimait. Mais les liens dont elle allait le retenir n'avaient rien qui l'effrayât : avec Viviane, pouvait-il encore souhaiter ?

L'éloignement de Merlin avait jeté le roi Artus dans une profonde mélancolie. Un jour, Gauvain, frappé de ses longues rêveries, lui

demanda la cause de tant de souci. — « Je vous
« le dirai ; les dernières paroles de Merlin me
« font désespérer de le revoir, lui qui m'a rendu
« tant de grands services. Je donnerais ma
« cité de Logres pour avoir de ses nouvelles.
« — Sire Roi, » dit Gauvain, « je suis prêt
« à entreprendre la quête de Merlin. Je vais
« monter, et je jure, par la chevalerie que je
« tiens de vous, de le chercher pendant an et
« jour, et de revenir à la cour après ce terme
« si je n'ai pu découvrir sa retraite. » Trente
preux chevaliers s'engagèrent dans la même
quête. Voici les noms de ceux qui partirent :
Yvain de Galles, Sagremor, Gaheriet, Agravain
et Guirres, Do de Carduel, Caulas le Roux,
Blios de Casel, Kanet de l'Isle, Amadas le
Crespé, Placide le Gai, Landalis de la Plaigne,
Aiglin des Vaus, Clealis l'Orfelin, Guirres de
Lamballe, Kahedin le Beau, Clarot de la
Broche, Galesconde, Yvain aux Blanches mains,
Yvain de Lionel, Gossouin d'Estrangore, Alibon de la Roche, Segurade, Ladinel, Ladinas
de Norgales, Drian de la Forêt périlleuse, Briamont de Ragudel, Sarain de l'Étroite marche,
Parade de Carmelide, et Clamadeus le Noir.

Tous, après avoir fait serment de poursuivre
la quête pendant un an, partirent de Logres et
gagnèrent l'entrée de la forêt. D'une croix
partaient trois chemins fourchus. Sagremor,

lui sixième, entra dans celui de droite; Yvain de Galles, dixième, alla devant lui; Gauvain et les autres prirent à gauche.

Or, on se souvient de l'affreux nain que le roi Artus avait armé chevalier, et qui était reparti avec la belle demoiselle qui lui avait donné son amour. Le couple marcha jusqu'à la chute du jour, et se trouva au sortir de la forêt dans une longue et large pièce de terre. La demoiselle, jetant les yeux autour d'elle, vit avancer un chevalier fort bien armé et monté sur un grand destrier gris de fer. « Voyez-vous qui vient à nous? » dit-elle au nain. — « Ne vous en souciez, demoiselle, et « chevauchez tranquille. — Mais, sire, il vient « à nous, et je sais que son intention est de « m'entraîner avec lui. — Chevauchez tran- « quille, demoiselle; n'en prenez aucun souci. » Cependant approchait le chevalier, et d'aussi loin qu'il crut être entendu : « Bienvenue soit « ma dame et mon amie! Enfin ai-je trouvé ce « que tant ai désiré! — Doucement, cheva- « lier, » repartit le nain, « soyez moins pressé, « vous pourriez méprendre; cette demoiselle « n'est pas encore à vous. — C'est tout un; « dans un moment elle sera mienne. » Ce disant, il approchait et allait tirer la bride du palefroi. — Le nain, faisant signe à la demoi- selle de continuer son chemin, met la lance sur fautre, porte son écu à la hauteur de l'œil et pique son cheval des éperons par une ouverture pratiquée aux deux côtés de la selle ; car ses petites jambes ne s'allongeaient pas au delà. « Gardez-vous, chevalier ! » cria-t-il avant de fondre sur lui. — « A Dieu ne plaise, » répond l'autre, « que je daigne jouter contre « si chétive créature ! » Mais, tout en gardant sa lance droite, il eut soin de parer le coup avec son écu ; le nain l'atteint vigoureusement, perce l'écu, traverse le haubert et heurte le chevalier assez rudement pour lui faire quitter les arçons : il tomba l'épaule démise. La douleur lui fit pousser un cri. Le nain, rappelant la demoiselle, la pria de l'aider à descendre : elle approcha, le prit entre ses bras et de là le mit à terre. Alors, tirant l'épée du fourreau, il vint au chevalier demeuré pâmé, lui délaça le heaume et menaça de lui trancher la tête s'il ne s'avouait vaincu. Le chevalier fut longtemps sans répondre. Le nain abaisse la ventaille, et quand le chevalier ouvre les yeux et voit l'épée levée sur lui : « Merci ! » cria-t-il. — « Ren- « dez-vous, » répondit le nain, « ou vous êtes « mort. — J'aime mieux mourir ; mais, sans « prononcer ce vilain mot, j'espère en votre « merci. — Il faut le prononcer ou donner « votre vie. — Ah ! gentilhomme, je me rends ! « je suis en ta merci ! — Eh bien ! vous irez

« vous mettre, de ma part, dans la prison du
« roi Artus; le roi fera de vous ce qu'il en-
« tendra. — Je m'y accorde, » dit le chevalier,
« et j'y engage ma foi. — Remontez mainte-
« nant, sire chevalier, » dit le nain. — « Hélas!
« j'ai l'épaule détachée, je ne puis faire un
« mouvement. S'il vous plaisait aller à l'extré-
« mité de ce val, vous apercevrez mon manoir;
« il est heure de reposer, vous y séjournerez
« et m'enverrez de mes gens qui me ramène-
« ront. » Le nain consentit à tout cela. Il s'approcha de la demoiselle; d'une main elle retint
la bride de son destrier, et, penchée sur le cou de
son palefroi, elle souleva de l'autre le nain, et le
replaça, non sans quelque peine, en selle; puis
ils chevauchèrent vers la maison. Six écuyers
viennent au-devant, les descendent lui et la demoiselle, le désarment et le couvrent d'un riche
manteau. « Ne perdez pas de temps, » dit le
nain; « là-bas, votre seigneur est gisant et
« blessé; il vous attend pour le transporter ici. »
Les écuyers disposèrent une bière, la posèrent en travers sur deux palefrois, et vinrent
au chevalier. Ils le soulevèrent doucement et
l'amenèrent sur la bière jusqu'à la maison.
Alors, l'ayant désarmé, ils le mirent au lit,
mandèrent les mires et le soignèrent du mieux
qu'ils purent. — « Et qui vous a donc blessé? »
demandèrent-ils. — « Un chevalier que je ne

« connais pas. » La honte l'empêchait de dire qu'un nain l'eût vaincu. Il recommanda de faire à ses hôtes le plus grand honneur : on leur donna un beau souper et, pour reposer, la plus belle chambre et les deux meilleurs lits de la maison. Le lendemain, dès qu'ils furent levés, la demoiselle arma son nain elle-même, car elle l'aimait trop pour souffrir qu'un autre mît la main sur lui. Quand il ne resta plus que le heaume à lacer, elle le prit par la main et le conduisit dans la chambre où se tenait le chevalier blessé. « Dieu, » lui dirent-ils, « vous donne le bon jour! — Et à « vous bonne aventure! » Puis, l'ayant remercié de la belle chère qu'il leur avait faite, ils prirent congé. La demoiselle leva le heaume, le laça sur la tête du nain qu'elle aida à monter, et lui tendit sa lance et son écu, comme les écuyers amenaient son palefroi et la levaient elle-même. Ils suivirent la route d'Estrangore. Mais nous les retrouverons avant le terme de leur voyage.

Quant au chevalier blessé, dans l'impatience d'acquitter son engagement, il n'attendit pas la guérison de ses plaies pour commander à ses écuyers de préparer une bière cavalière et de le transporter à la cour du roi Artus. On posa sur la bière un bon et beau lit, on la couvrit d'un riche drap de soie, et deux che-

vaux doucement amblants furent mis sur la voie qui conduisait à Carduel en Galles, où séjournaient alors Artus et la reine Genievre, à grande compagnie de chevaliers, de dames et demoiselles. Arrivés au palais, on descendit le chevalier sous deux sycomores plantés devant la porte principale. Le Roi était alors assis au dîner, entouré de ses barons. Le chevalier se fit porter en litière dans la salle, et, après avoir humblement salué Artus, il le pria de faire venir la Reine devant laquelle il devait acquitter son vœu. Keu, le sénéchal, courut à la chambre où se tenait Genievre : « Dame, » lui dit-il, « un chevalier vient d'arriver en li-
« tière, apportant je ne sais quelles nouvelles;
« mais il ne veut les dire qu'en votre pré-
« sence. » La Reine se leva de table et se rendit dans la salle du Roi, bien accompagnée de dames et demoiselles. Dès qu'elle fut venue, le chevalier se fit dresser sur son séant, et de sa plus forte voix parla ainsi :

« Roi Artus, pour acquitter ma promesse et
« pour garder loyauté, je viens me mettre en
« ta prison, honteux et confus d'avoir été con-
« quis par la plus laide et la plus chétive créa-
« ture du monde. » Cela dit, il fit signe à ses écuyers de l'emporter. Mais le Roi : « Com-
« ment ! chevalier, s'il est vrai que vous veniez
« en ma prison, vous devez agir en prison-

« nier. Dites-nous donc par quelle aventure
« vous avez été conquis et envoyé vers moi.
« — Puisqu'il faut avouer mes ennuis et ma
« honte, je vous obéirai. Apprenez, Sire, que
« j'ai aimé la plus belle et la plus gente demoi-
« selle que puisse renfermer le monde ; c'est
« la belle Beaune, fille du puissant roi Clama-
« dan. Je la demandai en mariage, et son
« père eût désiré me l'accorder, car je suis
« de haute lignée, fils de roi et de reine; le
« parrain dont je porte le nom est Trade-
« linan de Norgalles. Mais cette demoiselle
« n'agréa ni mon amour ni ma demande ; elle
« aimait, dit-elle, un nain, la plus hideuse
« créature qu'on puisse voir. Un de ces jours
« je chevauchais à quelque distance d'un
« mien logis, quand je rencontrai la belle
« Beaune sous la conduite de ce nain. » Ici
le chevalier raconta sa triste mésaventure, et
comment il avait promis de tenir la prison
du Roi. « Chevalier, bel ami, » lui dit alors
Artus, « vous avez été envoyé en prison cour-
« toise, vous êtes libre de retourner : mais
« veuillez auparavant me dire quel est ce che-
« valier nain. — C'est, » répondit Tradelinan,
« le fils du roi Brangore, de la terre d'Estran-
« gore. — Brangore, » dit Artus, « est un
« prince loyal envers Dieu et envers les hom-
« mes, et je ne comprends pas comment Notre-

« Seigneur a pu lui donner un tel héritier.
« — Ah ! sire Roi, Notre-Seigneur souffre bien
« des choses, mais il ne faut pas accuser de la
« laideur de leur fils le père ou la mère. Ce fils
« était jadis de la beauté la plus merveil-
« leuse. Il y aura neuf ans à la Trinité qu'il
« était encore grand et merveilleusement for-
« mé ; il avait treize ans. — Treize ans ! » fait
le Roi ; « mais ce n'est pas la moitié de trente,
« et maintenant je lui en donnerais plus de
« soixante ! — Il n'en a pourtant que vingt-
« deux, comme je le tiens de mon père, le roi
« Anadéan. — Et comment ce changement lui
« arriva-t-il ? — Sire, par une demoiselle qui
« s'était éprise pour lui d'un violent amour et
« qu'il ne put aimer. Je n'en sais rien de plus.
« — Maintenant, » dit le Roi, « je ne vous re-
« tiens pas : vous pouvez retourner en votre
« pays, et Dieu vous accorde la prompte gué-
« rison de vos plaies ! » Le chevalier se fit
replacer sur la litière, et reprit le chemin de
sa terre, laissant le roi Artus, la reine Genievre
et toute la cour émerveillée de l'aventure.

Suivons maintenant le nain, fils de roi, et
les trois groupes de chevaliers qui se sont mis
en quête de Merlin. On se souvient qu'ils s'é-
taient séparés à l'entrée de la Forêt périlleuse,
Sagremor ayant pris à gauche, Yvain devant
lui, Gauvain à droite. Les aventures de Sagre-

mor et de ses dix compagnons, assez multipliées, ont été consignées dans le livre que les clercs du Roi étaient chargés de rédiger; le roman se contente de nous y renvoyer : mais la difficulté de le retrouver nous a empêché, jusqu'à présent, d'en faire notre profit.

Nous passerons donc à la quête d'Yvain de Galles. Au sortir de la forêt, Yvain entend des gémissements prolongés : bientôt une demoiselle paraît à ses yeux, montée sur une blanche mule et donnant toutes les marques du plus profond désespoir. « Dieu! » disait-elle tout échevelée, « que vais-je devenir, séparée de
« l'ami dont la vie vaut mille fois la mienne,
« celui qui n'a perdu sa beauté que pour
« m'avoir trop aimée! — Ma douce demoi-
« selle, » dit Yvain quand il fut près d'elle,
« pourquoi cette grande douleur? Dites-le
« moi ; si je puis l'adoucir, j'y ferai tous mes
« efforts ainsi que les chevaliers qui m'ac-
« compagnent. » La demoiselle, comme il prononçait ces mots, se laissa tomber toute pâmée sans trouver la force de répondre. Messire Yvain descendit la croyant presque morte, il la prit entre ses bras et toucha de son gantelet sa main découverte; le froid des mailles la fit revenir, elle ouvrit les yeux, et Yvain reconnut la dame qui, peu de jours auparavant, avait conduit e nain à la cour d'Artus. « Ah! franc

« chevalier, » s'écria-t-elle, « ayez pitié de
« mon ami que cinq hommes fer-vêtus ont
« assailli derrière ce petit tertre ; ils veulent
« le tuer. — Votre ami, quel est-il ? — C'est
« Anadean le nain, le fils du roi Brangor.
« Reprenez courage, » dit Yvain, « il vivra
« si je puis arriver à temps. — Hâtez-vous
« donc, chevalier, car ils ne haïssent personne
« autant que lui. »

Yvain remonta et piqua des deux vers le tertre indiqué, tandis que ses compagnons replaçaient la demoiselle sur son palefroi et suivaient le même chemin, d'aussi près que le pas lent de la mule pouvait le permettre. Yvain, ayant franchi le sommet du tertre, vit dans la vallée le nain qui se défendait vigoureusement contre deux des cinq chevaliers qui l'avaient attaqué; les trois autres avaient été déjà mis hors de combat, l'un percé d'un fer de lance dans la cuisse, l'autre atteint à l'épaule d'un tranchant d'épée qui la lui séparait du corps, et le troisième tué d'un autre coup d'épée qui lui avait fendu la tête jusqu'aux dents. Avant qu'Yvain fût arrivé, le quatrième prenait mesure de la terre, si bien que le dernier ne songeait qu'à prendre la fuite, si le preux nain ne lui eût fermé passage : il allait même l'immoler quand Yvain lui dit : « Chevalier, faites-lui
« grâce de la vie; il n'a plus de défense. —J'y

« consens, si tel est votre désir, » répondit courtoisement le nain ; « car vous me semblez prud'-
« homme, et il n'est rien que je ne fasse pour
« vous. » Ce disant, il remit son épée au fourreau, tandis que le chevalier, remerciant Yvain de l'avoir sauvé d'une mort assurée, rendait son épée au nain qui la recevait avec celle des trois autres navrés, en leur faisant jurer d'aller tenir la prison du roi Artus.

Telle fut la plus intéressante des aventures d'Yvain durant l'année de sa quête. Les dix enquêteurs rendirent fidèlement compte, en revenant à Logres, de leur voyage inutile et de tout ce qui leur était arrivé.

Venons maintenant à monseigneur Gauvain qui, au sortir de la forêt, s'était séparé de ses compagnons pour chercher isolément aventure. Il parcourut le royaume de Logres, demandant partout des nouvelles de Merlin et ne trouvant personne en état de lui en donner. Un jour, il s'était engagé dans une épaisse forêt, laissant à son cheval toute liberté de changer sa voie : il se perdait en tristes pensées, quand vint à passer près de lui une demoiselle montée sur un riche palefroi norois (1), à la selle d'ivoire,

---

(1) De Niort ; et non pas *norwégien*, comme on le rend ordinairement ; ou *noir* comme le voulait Du Cange. Dans Raoul de Cambray, Bernier est monté sur « le

aux étriers d'or et à la housse écarlate, dont les langues battaient jusqu'à terre. Le frein était à membres d'or attachés à des franges d'or battu. Pour elle, elle portait un bliaut de blanc samit; ses joues étaient serrées par une guimpe de lin et de soie, sa tête enveloppée d'un fin tissu qui la garantissait du hâle. Gauvain rêvait si profondément qu'il ne la vit pas, et, par conséquent, ne songea pas à la saluer. La demoiselle alors tournant vers lui la tête de son palefroi : « Ah! Gauvain, « messire Gauvain! on ne dit pas la vérité « quand on répète en tous lieux que tu es le « meilleur des chevaliers, le plus franc et le « plus courtois. Que tu sois le meilleur, j'y con- « sens ; mais assurément es-tu grandement en- « taché de vilenie quand, rencontrant une dame « seule en pleine forêt, tu oses passer devant « elle sans la saluer, sans dire mot. » Gauvain sentit la rougeur lui monter au visage en entendant les reproches de la demoiselle, et tournant aussitôt la tête de Gringalet : « Ma « douce demoiselle, » dit-il, « je suis en vérité « l'un des plus vilains chevaliers du monde ; « mais je rêvais si profondément à celui qui « fait le sujet de ma quête que je ne vous avais « pas vue; je vous prie donc de me le pardon-

destrier de *Niort* » (p. 92) et page 97 sur *son bon destrier norois.*

« ner. — Il faut t'apprendre à saluer une autre
« fois les dames : tu recevras pour l'avoir ou-
« blié tant de honte que tu t'en donneras
« garde une autre fois. Je ne veux pas cepen-
« dant que la punition soit durable ; mais,
« quant à celui que tu cherches, ce n'est pas
« dans le royaume de Logres que tu pourras
« en avoir nouvelles, c'est en la petite Bre-
« tagne. Je te quitte et te laisse suivre ton
« chemin, en te souhaitant de ressembler au
« premier homme que tu rencontreras. » Elle
s'éloigna, et Gauvain ne laissa pas, malgré
son ennui, de la recommander à Dieu. Il n'eut
pas chevauché la longueur d'une lieue (1), qu'il
rencontra le nain chevalier et sa demoiselle.
On était au jour de la Trinité, le soleil marquait
midi. Gauvain, voyant la demoiselle, n'ou-
blia pas ce qui lui était arrivé l'heure d'auparavant. « Dieu, damoiselle, » dit-il en la sa-
luant, « vous donne joie, et à votre compagnie !
« — Et à vous la bonne aventure ! » répondit
le chevalier nain. Et ils continuèrent à chevaucher d'un et d'autre côté.

A peine s'étaient-ils séparés, que le nain hideux sentit revenir son ancienne beauté et l'ap-

---

(1) « Une galesche, une lieue galesche. » Je crois que
ce mot répond à la *leuca gallica* de Jornandès et autres. C'est notre lieue de quinze cents à deux mille pas
opposée au *mille* anglais.

parence des vingt-deux ans qu'il avait réellement : grand, bien fourni des bras et des épaules. Il lui fallut quitter ses armes, qui n'étaient plus faites pour lui. Qu'on se représente les transports de joie de la demoiselle. Elle court à lui les bras tendus, elle le baise plus de cent fois, puis ils reprennent leur marche, riant, chantant, faisant la plus grande fête du monde. « Dieu, » disaient-ils, « envoie bonne aventure « à monseigneur Gauvain, qui nous souhaita « joyeuse journée ! » Le chemin les ramenait à la demoiselle que Gauvain n'avait pas saluée. Mais nous, au lieu de les suivre, voyons ce que devenait monseigneur Gauvain.

Il ne chevauchait pas seul depuis un quart d'heure, quand il sentit les manches de son haubert lui descendre sur les mains et les pans tomber deux pieds plus bas que les talons. Son heaume ne tenait plus sur sa tête et semblait toucher à peine ses cheveux. Ses deux pieds laissèrent les étriers pour remonter jusqu'aux flancs de la selle ; l'écu, auparavant posé sous son cou, s'élevait maintenant de deux paumes au-dessus de sa tête. Son épée traînait jusqu'à terre, et les renges en étaient devenues si grandes et si longues qu'il reconnut avec douleur qu'il avait perdu sa première forme pour prendre celle d'un nain. « Eh « quoi ! » se dit-il à lui-même, « est-ce là ce que

« la demoiselle m'avait annoncé? » Rien ne peut se comparer au chagrin qu'il ressentait; il continua cependant à chevaucher, triste et désespéré jusqu'à la mort. A l'issue de la forêt, il trouva une croix sur un perron et s'en approcha pour descendre. Alors il resserra ses étriers, raccourcit les manches de son haubert, laça plus étroitement son heaume et ses chausses de fer; il diminua les renges de son épée, la guiche de son écu, puis remonta, maudissant l'heure et le jour qu'il avait entrepris la quête de Merlin. Cela ne l'empêcha pas de parcourir montagnes et vallées, toujours demandant nouvelles du prophète. A ses questions on répondait souvent par des insultes et des railleries; souvent aussi, il lui arriva de punir ceux qui l'outrageaient, car, en changeant de forme, il avait gardé sa première vaillance et sa prouesse.

Quand il n'y eut plus dans le royaume de Logres un seul lieu qu'il n'eût visité, il résolut de passer la mer et de se rendre dans la petite Bretagne où la demoiselle lui avait annoncé qu'il entendrait parler de celui qu'il cherchait. Arrivé dans cette contrée, il vit approcher le terme de sa quête sans entendre parler de Merlin. « Hélas! que ferai-je? » se dit-il; « me « voici près du jour où je dois reparaître à la « cour du roi; j'ai fait serment de ne pas

« en demeurer éloigné plus d'une année. Cepen-
« dant je ne suis plus Gauvain, mais un être
« tout à fait misérable et digne de pitié; suis-
« je donc tenu de remplir les engagements de
« Gauvain? Hélas! oui, pour mon malheur;
« je puis aller et venir, je ne suis pas retenu
« prisonnier; je serais donc parjure si je ne
« revenais au terme fixé : or je n'entends pas
« avoir l'âme perdue aussi bien que le corps. »
En se parlant ainsi, il entra dans la forêt de
Broceliande qui le séparait du havre d'où il
devait se rendre en Grande-Bretagne. Tout
en chevauchant le Gringalet, il entend à main
droite une voix. Il tourne la tête et ne voit rien
qu'une légère vapeur qui, toute légère qu'elle
fût, empêchait son cheval d'avancer. Il prête
l'oreille, et distingue ces mots : « Messire Gau-
« vain, messire Gauvain, ne vous découragez
« pas; tout ce qui doit advenir adviendra.
« — Oh! qui me parle ainsi? » dit Gauvain.—
« Comment! » fait la voix, « ne me reconnaissez-
« vous? Vous saviez mieux autrefois qui j'étais.
« Ainsi va des choses en ce monde, et le pro-
« verbe est véritable : Éloignez-vous de la
« cour, elle vous oubliera. Je fus votre ami
« tant que je pus rendre service au Roi et à ses
« barons; aujourd'hui le Roi et ses barons ne
« pensent plus à moi. Honnis ceux qui m'ont
« si tôt oublié! »

Ces paroles firent penser à monseigneur Gauvain qu'il entendait la voix de Merlin. — « Oui, » dit-il, « je devais vous reconnaître, « car j'ai souvent entendu votre voix ; je vous « prie maintenant de vous montrer et de me « permettre de vous voir. — Non, Gauvain, « vous ne me verrez plus désormais ; j'en ai « regret, mais je ne puis autrement faire. « Je ne serai plus visible que pour mon amie. « Je suis enfermé pour toujours dans cette « étroite enceinte ; elle n'est de bois ni de « pierre, mais il n'en est pas de plus forte et « de plus impénétrable. Celle qui m'y retient « peut seule en reconnaître l'entrée. Elle y « vient, quand il lui plaît me donner la dou- « ceur de sa compagnie.

« — Comment ! beau doux ami Merlin, « vous êtes ici retenu sans pouvoir vous en « arracher ni pour moi ni pour tout autre ! « Vous, le plus sage des hommes ! — Et le « plus fou, » répondit Merlin. « J'ai couru dans « la fosse où je savais que j'allais être précipité. « C'est moi qui appris à mon amie le secret « de m'enfermer. — J'en ai grande douleur, » dit Gauvain ; « et comment le dire à monsei- « gneur le Roi qui a envoyé dix chevaliers à « votre quête, dans l'espoir qu'ils vous ramè- « neraient ? — Il faut en prendre votre par- « ti, nous ne nous reverrons jamais, et vous

22.

« êtes le dernier homme auquel je parlerai.
« Quand vous aurez quitté ce lieu, vous pour-
« rez tenter d'y revenir, mais vous n'y parvien-
« drez pas. Retournez en Grande-Bretagne,
« saluez-moi le Roi, la Reine, tous les ba-
« rons ; racontez-leur mon aventure. Vous
« les trouverez à Carduel-en-Galles, où repa-
« raîtront en même temps que vous les dix
« chevaliers qui sont allés en quête de ma
« retraite. Consolez-vous du changement que
« votre corps a subi; vous rencontrerez bientôt
« la demoiselle qui vous a joué ce mauvais
« tour. Mais, au moins, n'oubliez pas de la
« saluer. — Je n'y manquerai pas, s'il plaît à
« Dieu. »

Gauvain s'éloigna, le cœur rempli de joie et de regrets, heureux de l'espoir de retrouver sa première forme, triste d'avoir pour jamais perdu la compagnie de Merlin. Il vint à la mer, repassa dans l'île de Bretagne et se dirigea vers Carduel-en-Galles, en passant par la forêt dans laquelle il avait pour son malheur oublié de saluer la demoiselle. Il se souvint alors de la recommandation de Merlin, et, ne voulant pas s'exposer encore à manquer de courtoisie envers les dames, il ôta son heaume pour mieux voir autour de lui. Arrivé dans l'endroit de la première et funeste rencontre, il distingua, derrière une touffe épaisse de buissons, deux chevaliers armés, à l'exception du heaume, les lances et les écus appuyés sur le tronc de l'arbre auquel étaient également attachées les rênes de leurs destriers. Ils tenaient entre eux une demoiselle à laquelle ils paraissaient vouloir faire violence, l'un lui serrant les mains, l'autre se jetant sur elle en dépit de ses cris et de ses apparents efforts. « Chevaliers ! » leur cria aussitôt Gauvain en brandissant sa lance, « vous méritez la mort : comment osez-vous outrager les de- « moiselles sur la terre du roi Artus ? ignorez- « vous qu'elles y sont assurées envers et contre « tous ? — Ah ! Gauvain, » dit la demoiselle, « voyons s'il est assez de prouesse en toi pour « me faire échapper à la honte dont je suis me- « nacée. — Demoiselle, au moins serez-vous « bien défendue, tant qu'il me restera un souffle « de vie. » En l'entendant, les chevaliers se levèrent et lacèrent leurs heaumes ; car ils redoutaient Gauvain, bien que la demoiselle leur eût persuadé qu'ils n'avaient rien à craindre de lui, et que leurs armes étaient, par l'effet d'un enchantement, à l'abri de ses coups. — « Par Dieu, vilain et hideux nain, » dirent-ils, « c'est toi qui vas mourir : mais nous avons « grande honte d'attaquer une chose aussi « méprisable. — Tel que je suis, vous m'aurez, « sachez-le, rencontré pour votre malheur. Mais à Dieu ne plaise que je vous attaque

« à cheval, tant que vous serez à pied. Montez,
« montez, et vous verrez si je sais punir les
« chevaliers outrageux envers les dames. —
« Comment ! vous avez assez confiance en
« votre misérable corps, pour nous combattre
« d'égal à égal ! — J'ai, » dit Gauvain, « con-
« fiance en Dieu, et je m'assure qu'à l'ave-
« nir il ne vous arrivera plus d'insulter une
« seule demoiselle du royaume d'Artus. »

Les chevaliers montent, empoignent leurs glaives et reculent pour revenir ensemble sur monseigneur Gauvain. Ils rompent leurs lances sur son écu sans l'ébranler ; mais le premier que Gauvain atteint va mesurer la terre ; Gringalet s'arrête et le foule aux pieds : la lance rompue, Gauvain tire l'épée, s'adresse au second et le frappe si durement sur le heaume que la demoiselle se hâte de crier :
« Assez ! messire Gauvain, n'allez pas plus loin.
« — Demoiselle, si tel est votre désir, je baisse
« l'épée pour l'amour de vous ; et Dieu
« donne bonne aventure à vous et à toutes
« les demoiselles du monde ! Mais, sans votre
« défense, j'aurais châtié ces félons comme ils
« le méritaient. Quant aux vilenies qu'ils
« m'ont dites, je les pardonne ; il n'est que trop
« vrai, je suis une méprisable et hideuse créa-
« ture ; et cette infortune m'est arrivée dans
« cette forêt même, il y a six mois. » A ces mots,

la demoiselle se prit à rire. « Sire Gauvain, » dit-elle, « que donneriez-vous à celle qui vous « transformerait? — Je me donnerais d'abord, « puis tout ce que je puis avoir au monde. — « Oh! l'on ne vous en demande pas tant: faites « seulement serment de remplir mes vœux, « et je vous guérirai. — Vous m'y voyez pré-« paré. — Vous allez jurer, sur la foi que vous « devez au roi Artus, que vous ne refu-« serez jamais de venir au secours des dames « ou des demoiselles que vous rencontrerez, « et que vous n'en laisserez jamais passer une « seule sans la saluer. — Dame, je vous le jure, « comme loyal chevalier. — Soit donc: à la con-« dition que, si vous manquez à votre serment, « vous reviendrez dans la forme que vous avez « en ce moment. — J'y consens encore, pourvu « toutefois que la plainte des dames ou de-« moiselles soit juste et loyale; car, au prix de « la vie, ne voudrais-je jamais porter secours à « personne déloyale et trompeuse. — Redeve-« nez donc ce que vous étiez il y a six mois! » Et Gauvain sentit rompre les courroies dont ses chausses et ses manches de fer étaient atta-chées. Les membres s'étendirent, il reprit la forme qu'il avait auparavant. Descendant alors de cheval, il s'agenouilla devant la demoiselle, et promit d'être pour la vie son chevalier. « Merci! » dit-elle en le relevant par la main.

C'était elle, on le devine, qui lui avait d'abord ménagé cette mésaventure. Dès qu'elle eut pris congé de lui avec ses deux chevaliers, messire Gauvain se hâta de rallonger ses étriers et la guiche de son écu, puis remonta sur Gringalet, l'épée au côté, la lance en main. Il poursuivit son chemin vers Carduel où il arriva le même jour qu'Yvain, Sagremor et tous les chevaliers qui les avaient accompagnés. Le plaisir fut grand au récit des aventures d'Yvain et de Sagremor, mais surtout quand messire Gauvain raconta sa rencontre avec la demoiselle qu'il n'avait pas saluée, et la vengeance qu'elle lui avait infligée. Comme il cessait de parler, le premier nain entra dans la salle, sous la forme d'un très-beau jeune homme de vingt-deux ans. Ils s'avancèrent, lui et la demoiselle son amie, devant le Roi qu'ils saluèrent courtoisement. Artus ayant rendu leur salut : « Sire, » dit le jeune homme, « vous ne savez pas qui je suis;
« cela ne doit pas surprendre, car vous ne m'avez
« vu qu'une fois, et j'étais tel que personne ne
« s'aviserait de me reconnaître. — En tout cas, » reprit le Roi, « je vois en vous un jeune et par-
« faitement beau chevalier. — Grand merci!
« Sire, vous souvient-il de la demoiselle qui vous
« amena un nain pour le faire chevalier? — Oui,
« bel ami; à telles enseignes qu'il envoya cinq
« chevaliers en ma prison. — Sire, je suis le

« nain que vous avez armé, et voici la demoi-
« selle qui vous en pria. Quant aux cinq pri-
« sonniers que je vous ai envoyés, messire Gau-
« vain vous en dira la vérité : nous le rencon-
« trâmes à deux reprises; la seconde fois,
« c'était le jour de la Trinité, il nous souhaita
« bonne joie de par Dieu, et à peine nous eut-il
« quittés que je me sentis revenir sous la
« forme que je devais avoir, et que j'avais per-
« due dès l'âge de treize ans. » Anadean raconta
ensuite, en peu de mots, de quel pays il était
et comment il avait pour père le roi Tradelinan. Artus l'admit parmi les chevaliers de
la Table ronde, et la demoiselle demeura dans
la compagnie de la Reine.

Nous laisserons la cour de Logres pour dire
en peu de mots ce qui se passa dans les Gaules
après le départ d'Artus et de tous les chevaliers
venus avec lui de la Grande-Bretagne.

Le roi Ban eut de sa femme épousée un fils,
qui reçut en baptême le nom de Galaad, et
toute sa vie ne porta que le surnom de Lancelot. L'épouse du roi Bohor de Gannes mit dans
le même temps au monde un fils nommé Lionel, et, douze mois plus tard, un second fils,
qui reçut le nom de Bohor. Ces enfants furent
tous trois de grande renommée, non-seulement
en France, mais dans le royaume de Logres et

dans le monde entier. Mais, peu de temps après la naissance de Bohor, le roi son père tomba dans une grave maladie qui le retint dans la ville de Gannes, et le roi Ban en eut d'autant plus de chagrin qu'il ne pouvait que rarement lui rendre visite par la nécessité où il se trouvait de résister à un prince voisin, félon, opiniâtre et cruel, le roi Claudas du Berry : cette province, depuis les ravages et les incendies dont elle avait été victime, avait changé son nom en celui de la *Déserte* ou terre déserte. Claudas n'eût pas renouvelé la guerre sans la prise et la destruction du château de la Marche par le roi Artus, en revanche de l'attaque du convoi des prisonniers romains dont on a parlé plus haut. Non content du service qu'il avait droit d'attendre de ses chevaliers, Claudas avait eu recours aux Romains, et ceux-ci, toujours irrités de la mort de l'empereur Lucius et de la perte des Gaules, avaient une seconde fois confié au sénateur Ponce Antoine un ost considérable, pour aider le roi de Bourges contre les rois de Benoyc et de Gannes. Hoel de Nantes, après avoir longtemps résisté à Claudas, était descendu au tombeau, si bien que les Romains reprirent possession des provinces qu'Artus leur avait naguère enlevées. Ponce Antoine et Claudas entrèrent ensuite dans la terre de Benoyc. Ils trouvèrent dans le roi Ban un redoutable adversaire, qui les abattit souvent en pleine campagne et sous les murs de ses forteresses. Parfois Ban y gagna, parfois il y perdit; ainsi va de la guerre. Leonce de Paerne, Pharien, Gracian de Trebes, et Banin, le filleul du roi Ban, firent maintes belles armes et rivalisèrent de prouesses. Mais, à la fin, Leonce, Gracian et Pharien furent mortellement navrés. Le roi Ban vit tomber entre les mains des ennemis ses villes et ses forteresses; car il ne pouvait attendre aucun secours de son frère Bohor, retenu sur sa couche par un mal dont il ne devait pas revenir. Ainsi fut-il obligé d'abandonner la ville de Benoyc, et ne lui demeura-t-il de tout son royaume que le château de Trebes, où furent conduits la reine Hélène et le petit Galaad-Lancelot, encore au berceau. Le roi se fiait grandement et avec raison à son filleul Banin, bon et loyal chevalier, et au sénéchal de Trebes que le roi avait nourri enfant. Ce sénéchal le trahit; et ce fut par lui qu'il perdit le château de Trebes, comme on le verra dès le début du livre suivant, appelé le *Livre de Lancelot*.

TABLE

DES MOTS HORS D'USAGE

ADMIS DANS LES DEUX PREMIERS VOLUMES.

PLUSIEURS personnes dont le jugement est pour moi décisif ont paru regretter dans mon premier volume, et le regretteront sans doute dans les autres, l'emploi d'un certain nombre de formes et d'expressions vieillies, qui peuvent embarrasser le lecteur en donnant au style quelque chose de discordant et d'affecté. Il était bien difficile d'éviter cet inconvénient dans une œuvre qui se rapporte à des idées, à des mœurs si différentes des nôtres, et de trouver toujours dans notre langue académique l'expression juste d'armes, de vêtements, de tissus et d'étoffes qui n'ont plus leur équivalent dans l'usage moderne.

Ainsi le *casque*, le *bouclier*, la *cuirasse*, la *bandoulière*, la *ceinture*, la *cotte* et la *robe* ne semblent pas répondre exactement au sens de *heaume*, d'*écu*, de *haubert*, de *brand*, de *gambeson*, de *surcot*, de *hanap*, de *renge* et de *guiche*. Certaines tournures de phrases semblent également liées à l'expression des anciennes habitudes. Combien de fois avons-nous entendu regretter qu'on ne les retrouvât pas dans les agréables remaniements des Caylus et des Tressan! J'ajouterai que j'avais déjà pris la liberté de conserver ces tournures un peu surannées dans les *Aventures de Maître Renard* et dans mon *Garin le Loherain*. Les lecteurs de ces premières études m'en ont su gré; je réclame aujourd'hui pour les *Romans de la Table ronde* la même indulgence. D'ailleurs, plus j'avancerai dans la tâche que je me suis volontairement imposée, plus les désaccords de style, les incertitudes de rédaction tendront à disparaître; car, j'aime à le répéter avec le pieux Antoine de la Salle : *celui qui commence un livre n'est que l'écolier de celui qui l'achève.*

Un dernier mot sur le texte du livre

d'Artus que nous avons préféré. J'avais le choix entre celui que les lecteurs, et par conséquent les copistes du treizième siècle, avaient adopté, et la rédaction qu'un seul des nombreux manuscrits qu'il m'a été permis de consulter nous a conservée. Ce texte, le seul aussi qui soit exclusivement consacré au livre d'*Artus*, est inscrit dans notre grande Bibliothèque nationale sous le n° 337. La rédaction ordinaire s'y retrouve jusqu'au point où le roi Loth et ses fils partent en message vers les princes feudataires (tome II, p. 271). Mais, à compter de là, le copiste fait route à part : au lieu de suivre le roi Loth dans son intéressant voyage, il nous retient devant Clarence et nous raconte avec une prolixité désespérante tous les détails de la victoire remportée sur les Saisnes. Quand enfin les Bretons victorieux sont rentrés dans la ville, une grande querelle s'élève entre les barons sous les yeux du roi, querelle provoquée par les railleries de Keu contre le brave et impétueux Sagremor. En l'absence de son compagnon d'armes, Gauvain essaye d'imposer silence à l'indiscret sénéchal ; Keu ne reconnaît à personne le droit de le faire taire, « et qui « qu'en groigne en groigne ! » En ce moment, Gaheriet, frère de Gauvain, saisit par la nuque l'insolent railleur, et d'un coup de poing l'abat devant Artus, aux applaudissements de toute l'assemblée. Artus, vivement offensé de la façon dont on traite son sénéchal, veut une réparation ; Keu rendra à Gaheriet le coup de poing qu'il a reçu. Grand tumulte alors, grands murmures. Gauvain, ne pouvant apaiser le roi, se dessaisit de la charge de connétable, quitte la cour et jure de ne plus servir un prince qui encourage la médisance contre ses meilleurs chevaliers. Tous les compagnons de la Reine et de la Table ronde le suivent et font la solitude autour d'Artus. Vainement la reine Genievre conjure en pleurant Gauvain de ne pas les quitter ; ses touchantes prières sont perdues, et les quatre fils de Loth se disposaient à passer à la cour de Galehaut, le puissant roi des îles Lointaines, quand Artus arrive à l'hôtel de Gauvain, et livre en pleurant la personne de Keu, qui implore son pardon et demande à retourner dans le royaume de Bernoyc, *où il est né.* Gauvain ne peut résister longtemps : il accepte la satisfaction qu'on lui offre, tend la main à Keu, et s'agenouille à son tour devant le Roi. Cette scène est assurément d'une grande beauté, et rappelle, sans qu'on y puisse soupçonner l'apparence d'une imitation, les grandes querelles de Guillaume d'Orange avec l'empereur Louis, et celles de Girbert de Metz avec le roi Pepin, dans nos plus belles chansons de gestes.

Nous retrouvons, dans la même leçon particulière, les Saisnes vaincus dans une foule de rencontres meurtrières; puis les aventures de Sagremor, d'Yvain, du roi Artus et surtout de Gauvain, délaissées dans la rédaction ordinaire, bien qu'elles accusent une composition de première date et soient justifiées par des allusions clair-semées çà et là dans l'*Artus*, dans le *Lancelot*, dans la *Quête du Saint-Graal.* Gauvain est bien ici le modèle de valeur, de loyauté chevaleresque, d'inconstance amoureuse, que les auteurs de l'*Amadis* transporteront plus tard à leur Galaor. De plus, nous avons ici la conclusion de l'aventure de la *Laide semblance*, indiquée par le roi Rion (tome II, p. 193), les amours de Gauvain avec la dame de Limos et avec plusieurs autres demoiselles aussi belles et d'aussi bonne composition.

Tous ces galants épisodes offrent un agrément particulier, mais pouvaient faire monter plus d'une fois le rouge au visage des dames qui ne s'arrêtaient pas dans leur lecture assez vite. Notons de plus le personnage de Gosangos, fils du roi Amant de Lamballe, dont la rédaction ordinaire avait étourdiment laissé passer une mention fugitive (tome II, p. 305), et qui semble présenter ici la première ébauche de la situation faite à Lancelot du Lac. Gosangos et Genievre s'aimaient dès l'enfance, et le mariage de la princesse avec le roi Artus n'avait pas affaibli cette mutuelle inclination. Le fils d'Amant, dans une première, dans une seconde entrevue, obtient de la reine de Logres les aveux les plus décisifs, et, si les derniers cahiers de ce numéro 337 avaient été conservés, ils nous feraient assister sans doute à une troisième entrevue assez analogue à celle que Galehaut ménage à Lancelot. Que conclure de là, sinon que cette rédaction particulière, toute confuse, tout indigeste, tout inachevée qu'elle semble être, avait dû précéder la composition du *Lancelot du Lac*, et peut en avoir été la première inspiration? Mais la route dans laquelle s'était engagé l'auteur ne conduisant pas à une conclusion plausible, il y a bien de l'apparence que les rédacteurs définitifs renoncèrent à la suivre, pour retenir le livre d'*Artus* dans des limites mieux marquées. Au personnage ébauché de Gosangos, ils substituèrent l'histoire plus intéressante et mieux composée de *Lancelot du Lac*, et sacrifièrent les derniers récits épisodiques de la rédaction primitive, pour demander à Geoffroy de Montmouth les dernières laisses de la leur. C'est donc à Geoffroy de Montmouth que nous devons le combat contre le géant du Mont-Saint-Michel, le message de Gauvain près de l'empereur de Rome et la dernière bataille livrée par Artus sous les murs de Langres. Dans l'essai de renouvellement que je soumets aux lecteurs de notre temps, j'ai dû suivre de préférence les leçons consacrées; mais, après avoir acquitté ma promesse en donnant le *Lance-*

lot et le *Tristan*, je compte bien, si Dieu me prête vie, revenir aux rédactions particulières, souvent plus anciennes de composition, et desquelles se sont inspirés, à maintes reprises, les versificateurs français du treizième siècle.

En attendant cette heureuse conclusion, voici la Table et l'explication des mots vieillis dont j'ai cru pouvoir me servir.

TABLE
DES MOTS HORS D'USAGE,
ADMIS DANS LES DEUX PREMIERS VOLUMES.

Adouber, adoubement, II, 145. Vêtir, vêtement. Et en particulier, costume de chevalier.

Arbroie, II, 201, ou *arboie*. Lieu planté d'arbres.

Armes déguisées, I, 325. Celles que les chevaliers errants substituaient aux pièces de leur armure ordinaire.

Bachelier, I, 290. Jeune homme qui pouvait espérer d'être plus tard armé chevalier.

Ban, I, 328. Publication; annonce publique.

Behour, behourder, II, 88. Joutes à armes courtoises.

Bière, I, 368. Espèce de litière disposée pour transporter les blessés, les impotents. Ce n'est plus aujourd'hui que le coffre où l'on enferme les morts. Une *bière cavalière*, I, 369, est celle que traînaient deux chevaux, l'un devant, l'autre derrière.

Blandices, II, 183. Flatteries, caresses.

Brand, I, 229. La lame de l'épée.

Bref, I, 236. Écrit, parchemin sur lequel on a écrit.

Carole. Ronde, danse aux chansons.

Chausses, I, 341. Vêtement de guerre qui couvrait la partie inférieure du corps.

Contrait, II, 74. Boiteux, infirme.

Coule, II, 42. Jeu de boule analogue à notre *croquet*.

Coudrière, I, 163. Lieu planté de coudriers.

Déduit, II, 174. Plaisir, doux exercice.

Défermer, I, 162. Verbe plus expressif que celui d'ouvrir. Nous avons *refermer*, *enfermer*. Pourquoi avons-nous perdu *défermer* ?

Destiner, I, 310. Jeter un sort sur quelqu'un ou quelque chose.

Échelle, II, 211. Bataillon ou brigade.

Engigner, II, 17. Tromper, séduire. La Fontaine a réveillé cette bonne expression en citant une phrase de notre roman souvent répétée : « Tel, comme dit « Merlin, cuide engeigner autrui,—Qui souvent s'en-« geigne soi-même. » Le commentateur de la Fontaine, M. Guillon, dit à ce propos : « Le Merlin dont il « est ici question n'est pas le Merlin dont il est parlé « dans le *Roland Furieux*, mais Merlin Coccaie. » Voilà l'érudition de nos professeurs émérites.

Enquerre, I, 134. C'est la forme régulière du verbe *enquérir* qui l'a remplacé. La première personne donne encore aujourd'hui *enquérons*; tandis qu'*enquérir* devrait donner *enquérissons*.

Estraignes. Étrennes.

Faussart, I, 296. Grande faux à l'usage des géants.

Fer-vêtu, II, 374. Homme armé.

Fèvre, I, 128. Travailleur en métaux. Ce vieux mot, dont tant de noms propres attestent le grand usage, est aujourd'hui perdu. L'*orfèvre* n'est que le travailleur d'or et d'argent. Le *fèvre* comprenait l'*orfèvre*, le *taillandier*, le *forgeron*, le *heaumier*, le *brogniart*, etc., etc.

Fourré, II, 303. C'est le nom du héros grotesque d'un récit perdu. Il est encore cité dans la partie du livre d'Artus consacrée particulièrement à Gauvain, dont nous venons de parler dans le préambule de cette table. Artus, se plaignant de l'absence de Gauvain, Merlin répond : « Encore le r'aurez-vous le matin; « il n'est pas de cels qui tosjors gaitent l'orillier, et « se vantent à cheminées qu'il vencheront Forré. »

Gaber, II, 74. Railler, moquer.

Gambeson, I, 288. Court vêtement d'étoffe bourrée ou contrepointée qui couvrait la poitrine et le haut des cuisses.

Garçon, II, 17. Ce mot se prend toujours en mauvaise part, comme aujourd'hui vaurien, goujat. Nous avons transporté cette acception défavorable au substantif féminin.

Glaive, I, 326. Lance ou épieu.

Grand maître (le), I, 167. C'est ainsi que l'auteur du Saint-Graal désigne souvent l'une ou l'autre des personnes de la Trinité.

Hanap, I, 165. Une coupe pour boire. D'où l'ancien mot *hanepier*, partie supérieure de la tête, le crâne, qui avait la forme d'un *hanap*.

Hardement, I, 342. Vertu de hardiesse.

Haubert, I, 341. Vêtement de guerre qui couvrait la poitrine, le dos, la tête et les bras. Il fut remplacé par la cote de mailles, qui s'arrêtait à la naissance du cou.

Heaume, I, 290. Calotte ou chapeau de métal posé sur le capuchon du haubert.

Héberger, I, 133. Recevoir dans son hôtel, loger. C'est la définition de l'Académie ; mais pourquoi ajoute-t-elle que le mot est *familier?*

Huis, II, 107. La porte. D'où *huissier* et *huis-clos*.

Laisses. On désigne ainsi, dans les *Romans de la Table ronde*, les repos qui coupent la narration générale. Le mot vient de ce qu'avant de s'interrompre, l'auteur *laisse* un instant le récit commencé pour s'attacher à un autre récit.

Lettres fermées, I, 166. Lettres missives pliées.

Lieue galloise, I, 163, note. Le sens de « lieue de France », la *leuca gallica*, que je donne page 377, à cette expression, me semble maintenant plus juste.

Loer, II, 79. Conseiller, être d'avis de.

Louveau, II, 216. Jeune loup.

Menestrel, I, 285. Homme de métier, *ministerialis* ; et non pas seulement joueur d'instruments, ménétrier.

Mesnie. L'ensemble des gens de la maison, de la famille.

Mieudre, II, 79. Meilleur.

Mire, I, 320. Médecin ; contraction du latin *medicus*, qui a donné *mege*, *mie* et *mire*.

Moutier, II, 87. Église.

Navré, I, 330. Très-gravement blessé.

Ost, II, 388. Armée.

Palefroi, I, 369. Cheval de voyage. Le *destrier*, que conduisait en laisse un écuyer, était le cheval de bataille.

Pâmé, I, 166. Sans connaissance, tombé en faiblesse. Ce participe n'a jamais ici d'autre sens.

Pelisson. Vêtement léger qu'on jetait sur la robe.

Plommée, I, 288. Bâton terminé par une boule de plomb.

Popelicans, I, 206. Hérétiques qui suivaient l'opinion de Paul de Samosate, d'où leur premier nom de *Pauliciens*, devenu *Publicans* et enfin *Popelicans*. En

France, on étendait ce nom aux *Vaudois,* aux *Manichéens,* et plus tard aux *Albigeois.*

Prime ou *primes,* I, 326. Heure canoniale, répondant à six heures du matin.

Prouvaire, II, 29. Prêtre, formé de *presbyter.*

Prud'homme, I, 125. C'est l'orthographe moderne. Ce mot ne se dit guère aujourd'hui que d'un homme simple et prétentieux, grâces aux scènes comiques de H. Monnier. Dans notre roman, le *prud'homme* est le bourgeois honnête et de bon jugement, et de cette ancienne acception est venu le nom des juges en matière commerciale, le Conseil des prud'hommes. *Prud'homie* a précédé *bonhomie,* comme prud'homme *bonhomme* ; c'est un nom de famille honorable.

Quête, I, 242. Mot consacré dans les romans de la Table ronde, comme synonyme d'enquête, de voyage à la recherche de quelqu'un ou de quelque chose. Ainsi la quête de Merlin, la quête du Saint-Graal.

Queux ou maître-queux, I, 270. Le chef de cuisine.

Quintaine. Jeu de lance contre un pieu tournant, chargé d'un trophée d'armes.

Remembrance, I, 342. Souvenir. Les Italiens ont conservé ce beau mot : *rimembranza.*

Renges, I, 223. Les bandes de cuir qui retenaient l'épée à la ceinture. Ainsi nommées, suivant Bracton, *quod renes girant et circumdant,* ce qui est fort douteux. Le même mot avait encore le sens de *rênes.*

Repaire, II, 52. Résidence, retraite ordinaire; de là les noms si communs de *Beaurepaire.*

Sénéchal, I, 125. C'était à la fois l'intendant d'une maison, et le porte-étendard, le chef d'un *ost* ou armée. Il a dans nos romans ces deux acceptions.

Sergent, I, 242. Synonyme de serviteur. De *serviens*.

Serourge, I, 191. L'homme, le mari de la sœur, *sororis vir*. Mais il se prenait dans toutes les acceptions de notre *beau-frère*.

Siècle (*le*), I, 161. C'est-à-dire le monde, la vie du monde.

Signer (*se*), II, 19. Faire le signe de la croix.

Solier, I, 290. Le premier étage d'une maison.

Soudée, I, 128. Payement. Nous avons remplacé cette forme si française par celle de *solde*, tout en conservant « *soudoyer*, entretenir des gens de guerre, solder. » (Dict. de l'Acad.)

Tierce, I, 144. La troisième des heures canoniales, répondant à neuf heures du matin. C'était la première des heures diurnales, particulièrement consacrée à la psalmodie. (Voy. l'*Addenda*, à la fin du tome Ier.)

Varlet. — *Vallet*, II, 9. Jeune homme de condition honorable. C'est la traduction de *vassaletus*, vassal en herbe, comme *domicellus* et *domicella*, damoiseau, damoiselle.

Vassal, I, 327. Chevalier. D'où *vasselage*, pour bravoure, courage.

Vavasseur, I, 243. Vassal de second degré; formé de *vassus vassorum*, vassal d'autres vassaux.

PUBLICATIONS
DE LA
LIBRAIRIE LÉON TECHENER
rue de l'Arbre-Sec, n° 52,
A PARIS.

Lettres de Marie de Rabutin Chantal, marquise de Sévigné, édition revue, annotée, avec une introduction, par M. Silvestre de Sacy, de l'Académie française : 11 volumes ancien format in-12, ornés de deux portraits dessinés et gravés à l'eau-forte par M. Jules Jacquemart ; prix, brochés (*édition complète*). 55 fr.

Grand papier vergé de Hollande, imprimés sur format petit in-8 (à petit nombre), brochés et doubles portraits avant et avec la lettre et les entourages. 110 fr.

Cette édition, d'une correction irréprochable, d'une belle exécution typographique et d'un format commode, ne s'adresse pas aux savants, aux curieux, aux amateurs d'anecdotes et de détails historiques; elle est faite pour ceux qui ne cherchent dans les lettres de Mme de Sévigné que Mme de Sévigné toute seule, et qui souffrent avec impatience les longues notes, les commentaires multipliés.

Prenant pour base de son travail les éditions originales dont il relève les variantes, M. de Sacy s'est attaché principalement à donner dans toute sa pureté le texte de cette admirable correspondance ; les notes concises qu'il y a jointes ont seulement pour but d'ajouter des dates, des noms de famille, ou d'expliquer les locutions hors d'usage aujourd'hui et les allusions à des circonstances oubliées.

Ces soins judicieux répondent à tout ce qu'on devait attendre du goût délicat de l'éditeur, et sa préface, où brillent la grâce et la finesse de cet éminent écrivain, sera lue surtout avec un vif plaisir, et ajoutera encore à la valeur de cette intéressante publication.

Les Souvenirs de Madame de Caylus. Nouvelle édition, avec une introduction et des notes, par Ch. Asselineau ; un vol. in-12, portrait et figures sur acier.   8 fr.
Grand papier vergé.   18 fr.

Souvenirs ou *Indiscrétions* d'une des dames les plus spirituelles du siècle de Louis XIV. Ce livre est par sa forme tout à fait attrayant et digne de figurer dans les bibliothèques d'élite.

Cette édition est la seule qui contienne des figures ; elles sont gravées sur acier d'après les compositions de M. J. Leman, représentant : *Madame de Montespan fait l'office de femme de chambre près mademoiselle de la Vallière. — Réconciliation du roi avec madame de Montespan. — Promenade de madame de Maintenon et de madame de Montchevreuil dans la forêt de Fontainebleau. — Le prince de Condé refusant de laisser entrer le roi chez la princesse de Condé atteinte de la petite vérole et dangereusement malade. — Portrait de madame de Caylus.*

Les Historiettes de Tallemant des Réaux, édition originale, revue sur le texte original et publiée par Paulin Paris et Monmerqué. 1862 ; 6 vol. in-12, brochés. 24 fr.

Jolie édition portative et complète de ces curieux mémoires biographiques et anecdotiques, renfermant beaucoup de particularités et de détails intimes qui ne se trouvent point ailleurs, relatifs à des personnes du règne de Henri IV et Louis XIII.

DERNIÈRES PUBLICATIONS.

Le Goupillon, poëme héroï-comique d'Antonio Diniz, traduit du portugais par J.-Fr. Boissonade, et précédé d'une Notice sur l'auteur par Ferdinand Denis. *Paris*, 1867; 1 vol. in-12, broché.   4 fr.
Grand papier de Hollande.   10 fr.

Les Romans de la Table Ronde, mis en nouveau langage et accompagnés de recherches sur l'origine et le caractère de ces grandes compositions, par Paulin Paris. *Paris*, 1868; 2 vol. in-12 ornés de quatre pl., br.   12 fr.
Papier vergé tiré à cent exemplaires, 15 fr. le volume.   30 fr.

Souvenirs de Charles Henri, baron de Gleichen, précédés d'une Notice par Paul Grimblot. *Paris*, 1868; 1 vol. in-12, broché.   5 fr.

    Le baron de Gleichen, né en 1737, est mort en 1807.

Vie de Madame de la Fayette, par Mme de Lasteyrie, sa fille; précédée d'une Notice sur sa mère, par Mme la duchesse d'Ayen, 1737-1807. *Paris*, 1868; 1 vol. in-12, br.   5 fr.

Paris. — Imp. de Ad. Laine et J. Havard, rue des Saints-Pères, 19.

www.ingramcontent.com/pod-product-compliance
Lightning Source LLC
Chambersburg PA
CBHW052132230426
43671CB00009B/1216